Schwierigkeiten beim Schriftspracherwerb

Psychologie im Schulalltag
Band 6

Schwierigkeiten beim Schriftspracherwerb

Prof. Dr. Gerhard Büttner, Prof. Dr. Janin Brandenburg, Dr. Anne Fischbach, Prof. Dr. Marcus Hasselhorn

Gerhard Büttner
Janin Brandenburg
Anne Fischbach
Marcus Hasselhorn

Schwierigkeiten beim Schrift-spracherwerb

hogrefe

Prof. Dr. Gerhard Büttner, geb. 1954. 1979–1986 Studium der Psychologie und der Erziehungswissenschaften in Würzburg. 1991 Promotion. 1998 Habilitation. Wissenschaftlicher Assistent an der Universität Würzburg. Vertretung von Professuren (Gießen, Frankfurt am Main, Würzburg). 2003–2020 Professor und seit 2020 Seniorprofessor für Pädagogische Psychologie an der Goethe-Universität Frankfurt am Main. Forschungsschwerpunkte: Selbstreguliertes Lernen, Entwicklung des Arbeitsgedächtnisses und der Metakognition, Lernschwierigkeiten und intellektuelle Beeinträchtigungen.

Prof. Dr. Janin Brandenburg, geb. 1985. 2005–2011 Studium der Psychologie in Gießen. 2011–2021 wissenschaftliche Mitarbeiterin am DIPF | Leibniz-Institut für Bildungsforschung und Bildungsinformation (Frankfurt). 2016 Promotion. 2021–2022 wissenschaftliche Mitarbeiterin an der Universität Hildesheim. Seit 2022 Universitätsprofessorin an der TU Dortmund. Forschungsschwerpunkte: Ursachen und Folgen von Lernschwierigkeiten, diagnostische Kompetenz von Lehrkräften, Arbeitsgedächtnisfunktionen.

Dr. Anne Fischbach, geb. 1984. 2004–2008 Studium der Psychologie in Göttingen. Seit 2009 wissenschaftliche Mitarbeiterin am DIPF | Leibniz-Institut für Bildungsforschung und Bildungsinformation (Frankfurt). 2013 Promotion. 2022 Approbation als Kinder- und Jugendlichenpsychotherapeutin. Forschungsschwerpunkte: Lernstörungen im Grundschulalter, Implementation von Diagnostik und Förderung bei Lernschwierigkeiten im Primarbereich.

Prof. Dr. Marcus Hasselhorn, geb. 1957. 1977–1983 Studium der Psychologie in Göttingen und Heidelberg. 1986 Promotion. 1993 Habilitation. 1993–1997 Professor für Entwicklungspsychologie an der TU Dresden. 1997–2007 Professor für Pädagogische Psychologie und Entwicklungspsychologie an der Universität Göttingen. Seit 2007 Professor für Psychologie an der Goethe-Universität Frankfurt und Direktor der Abteilung Bildung und Entwicklung am DIPF | Leibniz-Institut für Bildungsforschung und Bildungsinformation in Frankfurt am Main. Forschungsschwerpunkte: Frühe Bildung, pädagogisch-psychologische Diagnostik, Lernstörungen.

Bibliografische Information der Deutschen Nationalbibliothek
Die Deutsche Nationalbibliothek verzeichnet diese Publikation in der Deutschen Nationalbibliografie; detaillierte bibliografische Daten sind im Internet über http://dnb.dnb.de abrufbar.

Hogrefe Verlag GmbH & Co. KG
Merkelstraße 3
37085 Göttingen
Deutschland
Tel. +49 551 999 50 0
Fax +49 551 999 50 111
info@hogrefe.de
www.hogrefe.de

Umschlagabbildung: © iStock.com by Getty Images / Imgorthand
Satz: Sabine Rosenfeldt, Hogrefe Verlag GmbH & Co. KG, Göttingen
Druck: mediaprint solutions GmbH, Paderborn
Printed in Germany
Auf säurefreiem Papier gedruckt

1. Auflage 2023

(E-Book-ISBN [PDF] 978-3-8409-2855-0; E-Book-ISBN [EPUB] 978-3-8444-2855-1)
ISBN 978-3-8017-2855-7
https://doi.org/10.1026/02855-000

Dem Frankfurter IDeA-Zentrum
zum 15-jährigen Jubiläum gewidmet

Inhaltsverzeichnis

1 Einleitung

Fallbeispiel Lorenz (Leseschwierigkeiten)

Lorenz ist anfangs sehr gerne in die Schule gegangen. Schon im Kindergarten war er sehr wissbegierig und lernte mit Freude etwas Neues. Bei seiner Einschulung kannte er bereits einige Zahlen und konnte seinen Namen schreiben. Doch mittlerweile – er besucht bereits die dritte Klasse – hat er kaum mehr Freude an der Schule. Das Lesen sei sehr mühselig für ihn, erzählt seine Mutter. Lorenz lese sehr stockend und er brauche viel Zeit. Das Erlesen der einzelnen Wörter dauere so lange, dass er häufig am Ende eines längeren Satzes nicht mehr wisse, was am Anfang stand. Lesen mache ihm keinen Spaß, sagt Lorenz, doch leider müsse er zu Hause jeden Tag üben. Die Mutter erklärt, das Lesen-Üben sei für ihn zu einer unangenehmen Pflichtaufgabe geworden, durch die er sich regelrecht durchquälen müsse, und das führe auch manchmal zu Streit. Seine Deutschlehrerin habe berichtet, dass Lorenz von Anfang an langsamer darin gewesen sei, die Buchstaben-Laut-Verbindungen zu erlernen und deren Abruf zu automatisieren. Buchstabe für Buchstabe erlese er sich die einzelnen Silben und Wörter. Gelegentlich erschließe er sich die Wortenden und lese daher ungenau. Das Schreiben falle ihm hingegen nicht so schwer. Die Lehrerin habe beobachtet, dass es ihm besser gelinge, Wörter, die er bereits im Kopf habe, zu verschriftlichen und dabei Laute in Buchstaben zu übersetzen, als umgekehrt geschriebene Wörter zu entschlüsseln. Mittlerweile falle ihm seine geringe Lesefertigkeit auch in anderen Schulfächern zur Last. In Mathe sollen Textaufgaben gelöst und im Sachunterricht Informationen aus Büchern entnommen werden. Hierfür brauche Lorenz deutlich mehr Zeit als die anderen Kinder in seiner Klasse. Die Lehrerin zweifle mittlerweile, ob der normale Deutschunterricht ausreiche, um Lorenz in seiner Leseentwicklung zu unterstützen. Sie empfehle daher weiter abklären zu lassen, ob eine Lesestörung vorliege und ob Lorenz einer intensiveren Unterstützung (z. B. einer Lerntherapie) bedürfe.

Fallbeispiel Lea (Rechtschreibschwierigkeiten)

Lea besucht die 8. Klasse einer Realschule. Sie berichtet, dass sie sich Sorgen um ihre Noten mache und sogar manchmal richtig traurig sei und befürchte zu dumm für die Schule zu sein. Es falle ihr zwar nur das Schreiben schwer, aber leider sei das in fast jedem Schulfach wichtig. Ihre Mutter erinnert sich, dass Lea von Anfang an mit dem Rechtschreiben so ihre Probleme gehabt habe. Als Lea in der Grundschule das Schreiben lernte, sei es ihr deutlich schwerer als ihren Geschwistern gefallen, die Laute in Wörtern zu erkennen oder ähnlich klingende Laute zu unterscheiden und lautgetreu zu schreiben. Anfangs habe sie diese Schwierigkeit jedoch noch gut kompensieren können, indem sie sich die Schreibweise von Wörtern durch viel Üben einprägte und Diktate auswendig lernte. Dadurch seien die Schwierigkeiten im Rechtschreiben erst in der dritten Klasse deutlich zu Tage getreten, als die Ansprüche stiegen, kleine Aufsätze geschrieben und zunehmend Rechtschreibregeln eingeführt worden seien. In der vierten Klasse sei die Rechtschreibstörung aufgrund des bevorstehenden Schulwechsels auf die weiterführende Schule durch eine testpsychologische Diagnostik festgestellt worden. Obwohl die Diagnostik ergab, dass Lea über eine gute Intelligenz im oberen Durchschnittsbereich verfügt, muss sie selbst oft an sich zweifeln. Lea erzählt, dass sie im Rechtschreiben die schlechteste Schülerin der Klasse sei und sich deshalb auch nicht traue, im Unterricht etwas an die Tafel zu schreiben. Zu oft sei sie schon von anderen ausgelacht worden.

Die beiden Fallbeispiele veranschaulichen einige der Probleme, die bei Kindern und Jugendlichen mit Schwierigkeiten im Schriftspracherwerb auftreten können. Von besonderer Bedeutung ist, dass die Schwierigkeiten nicht durch unzureichende Lernmotivation oder fehlende Leistungsbereitschaft bedingt sind, sondern durch Faktoren, die außerhalb der Kontrolle der betroffenen Kinder und Jugendlichen liegen. Um die Schwierigkeiten adäquat einordnen zu können, ist es hilfreich, mehr über die Hintergründe ihres Entstehens und über Begleiterscheinungen zu wissen. Beim Lesen und beim Rechtschreiben sind spezifische kognitive Funktionsmechanismen beteiligt (u.a. Sprachverarbeitung, Gedächtnis, auditive und visuelle Informationsverarbeitung), die eine *biologische* Grundlage haben. Sie variieren interindividuell und tragen bei ungünstiger Konstellation zur Entstehung von Lese- und Rechtschreibschwierigkeiten bei. Vielfach treten Schwierigkeiten im Schriftspracherwerb nicht isoliert, sondern in Kombination mit anderen Lern- und Verhaltensschwierigkeiten auf und gehen mit emotionalen und sozialen Belastungen einher. Befunde zur Persistenz der Schwierigkeiten, zu Komorbiditäten und zu sozial-emotionalen Begleiterscheinungen können dazu beitragen, unrealistische Erwartungen zu vermeiden und die Tragweite der Schwierigkeiten für den Bildungserfolg der betroffenen Kinder und Jugendlichen realistisch abschätzen zu können. Von Bedeutung ist ferner die Einsicht, dass es sich bei Lese- und Rechtschreibschwierigkeiten um wissenschaftliche Konstrukte handelt, die in verschiedenen aktuellen Ansätzen in unterschiedlicher Weise definiert und operationalisiert werden. Die divergierenden Operationalisierungen führen nicht nur dazu, dass empirische Befunde (z.B. zu Häufigkeiten, mit denen Lese- und Rechtschreibschwierigkeiten diagnostiziert werden) teilweise sehr unterschiedlich ausfallen und so zu unterschiedlichen Schlussfolgerungen führen können (z. B. im Hinblick auf Zusammenhänge zwischen Lese- und Rechtschreibschwierigkeiten und Geschlecht), sondern sie können im schulischen Alltag auch praktische Auswirkungen haben auf das diagnostische Vorgehen und die Identifikation von Kindern und Jugendlichen, denen schulische und außerschulische Fördermaßnahmen angeboten werden (sollten).

Im vorliegenden Band werden die skizzierten Hintergründe mit der Zielsetzung thematisiert, ein psychologisch fundiertes Verständnis von Lese- und Rechtschreibschwierigkeiten zu vermitteln. Es soll die Leserinnen und Leser in die Lage versetzen, kompetent die wissenschaftliche Diskussion über Schwierigkeiten im Schriftspracherwerb zu verfolgen, alternative Sichtweisen gegeneinander abzuwägen, im schulischen Alltag die Auswirkungen von Lese- und Rechtschreibschwierigkeiten für betroffene Schülerinnen und Schüler sensitiv wahrzunehmen, Anlässe zu diagnostischen Untersuchungen zu erkennen und angemessene Unterstützungsangebote zu unterbreiten.

Die nachfolgenden Kapitel sind in zwei Teile gegliedert:

In Kapitel 2 bis 4 werden zunächst theoretische Grundlagen, Definitionen und Operationalisierungen von Lese- und/oder Rechtschreibschwierigkeiten erörtert und anschließend wird auf den aktuellen Forschungsstand zu Prävalenzen, Persistenzen, Ursachen, Komorbiditäten und sozial-emotionalen Begleiterscheinungen von Schwierigkeiten im Schriftspracherwerb eingegangen.

In Kapitel 5 bis 7 steht der praktische Umgang mit Lese-Rechtschreibschwierigkeiten im Mittelpunkt. Erörtert werden Vorgehensweisen und Verfahren der Diagnostik, evidenzbasierte Fördermaßnahmen in Schule und Lerntherapie sowie die Regelungen in den LRS-Erlassen der verschiedenen Bundesländer.

2 Lese- und Rechtschreibschwierigkeiten

2.1 Verarbeitung von Schriftsprache – Asymmetrien zwischen Lesen und Rechtschreiben

Unter Schriftspracherwerb versteht man den Erwerb des Lesens und des Rechtschreibens. Sowohl beim Lesen als auch beim Rechtschreiben werden Schriftzeichen *(Grapheme)* und Laute *(Phoneme)* einander zugeordnet. Während beim Lesen Grapheme in Phoneme umgewandelt und zu Wörtern zusammengesetzt werden, besteht beim Rechtschreiben die Anforderung darin, Wörter in Phoneme zu zergliedern und die Phoneme in Grapheme zu transformieren. Lesen ist jedoch nicht exakt der spiegelbildliche Prozess von Schreiben und die beim Lesen und beim Schreiben beteiligten kognitiven Prozesse sind nicht völlig identisch. Die Asymmetrie der kognitiven Prozesse trägt dazu bei, dass Lese- und Rechtschreibkompetenzen intraindividuell divergieren können. Wer eine der beiden Fertigkeiten ausreichend gut beherrscht, ist in der anderen Fertigkeit nicht notwendigerweise in ähnlichem Ausmaß kompetent. Dies zeigt sich unter anderem daran, dass manche Kinder gravierende Probleme nur im Lesen haben, andere Kinder nur im Rechtschreiben und wieder andere Kinder in beiden Bereichen.

Bedingt durch die verschiedenartigen Anforderungen, die das Lesen und das Rechtschreiben charakterisieren, sind in der deutschen Sprache die Schwierigkeitsniveaus der beiden Fertigkeiten unterschiedlich hoch. Der Leseprozess ist leichter zu bewältigen als das Rechtschreiben (Schneider, 2017). Dies hat damit zu tun, dass in der deutschen Schriftsprache die Möglichkeiten der Transformation von Graphemen in Phoneme (relevant fürs *Lesen*) weniger zahlreich sind als umgekehrt von Phonemen in Grapheme (relevant fürs *Schreiben*). Schriftsprachen unterscheiden sich darin, wie eindeutig die Transformationen zwischen Phonemen und Graphemen geregelt sind. In sogenannten transparenten Sprachen ist diese Eindeutigkeit relativ hoch. Die deutsche Sprache gilt (im Unterschied z.B. zur englischen Sprache, in der es viele Unregelmäßigkeiten gibt) als vergleichsweise transparent, wobei die Regelmäßigkeit beim Schreiben jedoch geringer ist als beim Lesen. Zum Beispiel kann das Phonem/ks/in sechs verschiedene Grapheme transformiert werden:

He<x>e, E<chs>e, zwe<cks>, Ke<ks>, le<gs>t und e<ggs>t.

In jedem Einzelfall muss entschieden werden, welche der sechs alternativen Schreibweisen die richtige ist. Umgekehrt kann jedes der sechs Grapheme

<x>, <chs>, <cks>, <ks>, <gs> und <ggs>

ausschließlich in das Phonem/ks/transformiert werden.

Ein zweiter Grund dafür, dass Rechtschreiben ein höheres Schwierigkeitsniveau als Lesen aufweist, liegt in den unterschiedlichen Gedächtnisanforderungen, die mit den beiden Fertigkeiten verbunden sind. Beim Lesen besteht die Anforderung darin, Wörter anhand einer visuellen Vorlage *wiederzuerkennen,* während beim Rechtschreiben die richtige Schreibweise ohne externe Hilfsmittel *frei abgerufen* werden muss. Das Wiedererkennen beim Lesen gelingt in der Regel einfacher und mit weniger Fehlern als der freie Abruf beim Rechtschreiben.

2.2 Merkmale von Lese- und Rechtschreibschwierigkeiten

Den meisten Kindern gelingt es, Lesen und Schreiben während der Grundschulzeit in ausreichendem Maße zu erlernen. Aber ein nicht unbeträchtlicher Teil erreicht dieses Ziel nicht. In der 2021 durchgeführten *Internationalen Grundschul-Lese-Untersuchung (IGLU)* zeigten sich bei ca. 25 % der Viertklässlerinnen und Viertklässler unzureichende Lesekompetenzen, die den Kompetenzniveaus I und II entsprachen (Lorenz, McElvany, Schilcher & Ludewig, 2023). Kinder auf Kompetenzstufe II können in einem längeren Text Informationen nicht hinreichend miteinander verknüpfen und sie sind kaum in der Lage, aufgrund von Vorwissen Schlussfolgerungen zu ziehen, die über die Textbasis hinausgehen. Als Folgen sind Schwierigkeiten in der Sekundarstufe zu erwarten, da in den meisten schulischen Fächern ausreichende Lesekompetenzen von großer Bedeutung sind.

Unter den Kindern mit unzureichenden Kompetenzen befinden sich auch diejenigen mit Lese- und Rechtschreibschwierigkeiten im engeren Sinn, mit denen wir uns in den nachfolgenden Kapiteln beschäftigen. Diesem Teil der Grundschulkinder fehlt es an den basalen Grundlagen, um in hinreichendem Maße und angemessener Zeit Lese- und Rechtschreibfertigkeiten zu erwerben. Ihre Lese- und Rechtschreibleistungen sind nicht annähernd altersangemessen.

Im *Lesen* äußern sich die Schwierigkeiten darin, dass Wörter und Sätze nur stockend gelesen werden und trotz des verlangsamten Lesens viele Lesefehler auftreten (z. B. Auslassen, Ersetzen oder Hinzufügen von Wortteilen), die teilweise so gravierend sind, dass gelesene Wörter nicht mehr wiedererkannt werden können (z. B. *furchsteufel* für *fuchsteufelswild*). Schwierige Wörter, die in einem Text mehrfach enthalten sind, werden oft auf unterschiedliche Weise falsch gelesen. Darüber hinaus sind Wort- und Satzmelodie nicht adäquat und die Bedeutung der gelesenen Wörter und Sätze wird nicht oder nur unzureichend erfasst.

Beim Schreiben (auch beim Abschreiben) treten viele Rechtschreibfehler bis zur Wortunkenntlichkeit auf, Groß- und Kleinschreibung sind nicht korrekt, ähnlich aussehende Buchstaben wie <d> und <b> und ähnlich klingende Phoneme wie/e/ und/ä/oder/g/und/k/werden verwechselt, die Buchstabenreihenfolge wird vertauscht, teilweise werden Buchstaben oder ganze Silben weggelassen. Auch Rechtschreibfehler treten oft inkonsistent in dem Sinne auf, dass dasselbe Wort immer wieder anders und in unterschiedlicher Weise falsch geschrieben wird (z. B. *Ferd* und *Pfärd* für *Pferd*).

In Abbildung 2.1 ist beispielhaft wiedergegeben, wie ein Kind mit Rechtschreibschwierigkeiten zu Beginn der vierten Klasse Aufgaben aus dem *Diagnostischen Rechtschreibtest für 3. Klassen – DRT 3* (Müller, im Druck) bearbeitet hat.

36. Jan Stampt mit dem Fuß.
37. Nina hat einen Schreck bekommen.
38. Sein Zimmer ist Ferbiltlich aufgeräumt.
39. Woher kommt dieser ekelhafte Gestank?
40. Max ist Fertreumt.
41. Der Vogel Kralt sich fest.
42. Eis hat einen guten Geschmäig.
43. Übung Stergt die Muskeln.
44. Das Auto Blignt vor dem Abbiegen.
45. Emil stolpert über Majas Stipflspitse.
46. Wir spielen gern Qartet.

Abbildung 2.1: Rechtschreibleistungen eines Kindes mit besonderen Rechtschreibschwierigkeiten (Aufgaben aus dem *Diagnostischen Rechtschreibtest für 3. Klassen – DRT 3;* Müller, im Druck)

Die skizzierten Fehler treten mit unterschiedlicher Häufigkeit bei *allen* Kindern auf, die das Lesen und das Rechtschreiben erlernen. Während die meisten Grundschulkinder die anfänglichen Fehler aber relativ rasch überwinden, gelingt dies den Kindern mit besonderen Lese- und Rechtschreibschwierigkeiten nicht. Die Fehler*arten* sind deshalb *nicht* typisch für Kinder mit Lese- und Rechtschreibschwierigkeiten. Die Fehler werden von ihnen aber *häufiger* gemacht und die Probleme bleiben bei ihnen *über einen langen Zeitraum* mit gravierenden Folgen für die weitere schulische Entwicklung erhalten.

2.3 Lese- und Rechtschreibschwierigkeiten nach den internationalen Klassifikationssystemen

Lese- und Rechtschreibschwierigkeiten sind bereits seit einigen Jahrzehnten Gegenstand wissenschaftlicher Forschung. Verschiedene Disziplinen (Psychologie, Medizin, Erziehungswissenschaften) haben sich dem Thema aus unterschiedlicher Perspektive genähert und legen teilweise divergente Kriterien an, nach denen sie Lese- und Rechtschreibschwierigkeiten definieren. In der Psychologie hat sich eine Auffassung etabliert, die an den internationalen Klassifikationssystemen *ICD-10 (International Statistical Classification of Diseases and Related Health Problems)* der Weltgesundheitsorganisation (WHO) und *DSM-5 (Diagnostic and Statistical Manual of Mental Disorders)* der American Psychiatric Association (APA) orientiert ist.

Die internationalen Klassifikationssysteme weisen in der Definition von Lese- und Rechtschreibschwierigkeiten große Gemeinsamkeiten auf, setzen jedoch auch unterschiedliche Akzente. Seit 2022 gilt in der Nachfolge von ICD-10 offiziell die ICD-11 (auch wenn sie erst nach einer mehrjährigen Übergangszeit die ICD-10 endgültig ablösen wird) und auch zwischen diesen beiden Klassifikationssystemen gibt es neben Überlappungen divergierende Festlegungen zu den Störungsbildern im Schriftspracherwerb. Nachfolgend werden die Positionen zu Lese- und Rechtschreibschwierigkeiten in der ICD-10, der ICD-11 und dem DSM-5 skizziert.

2.3.1 Lese- und Rechtschreibschwierigkeiten nach der ICD-10

In der ICD-10 werden gravierende Lese-Rechtschreibschwierigkeiten zu den *umschriebenen Entwicklungsstörungen schulischer Fertigkeiten* (F81) gezählt. Entwicklungsstörungen sind dort allgemein durch drei Kriterien definiert:

- Ihre Anfänge liegen in der Kindheit.
- Die Entwicklungseinschränkung hängt mit der Reifung des Zentralnervensystems zusammen und ist die Folge einer neurobiologischen Dysfunktion.

- Der Entwicklungsverlauf ist stetig, ohne dass es zu Spontanerholungen und anschließenden Rückfällen kommt (Dilling, Mombour & Schmidt, 2015).

Übertragen auf Lese-Rechtschreibschwierigkeiten bedeuten diese Kriterien:
- Die Schwierigkeiten werden in den ersten Schuljahren (und nicht erst im Jugend- oder im Erwachsenenalter) offenkundig.
- Die Schwierigkeiten basieren auf biologisch bedingten Besonderheiten in der (neuro)-kognitiven Verarbeitung von Schriftsprache.
- Die Lese-Rechtschreibleistungen unterliegen im schulischen Entwicklungsverlauf nicht einer großen Schwankungsbreite, sondern bewegen sich weitgehend stabil im unterdurchschnittlichen Bereich.

Entwicklungsstörungen schulischer Fertigkeiten sind in der ICD-10 definiert als schulische Leistungen, die
- unzureichend sind,
- erwartungswidrig auftreten und
- nicht ausschließlich durch eine allgemeine Intelligenzminderung oder durch eine Hirnschädigung oder durch mangelnde Lerngelegenheiten (z. B. durch unzulängliche Beschulung) bedingt sind.

Als *unzureichend* werden individuelle schulische Leistungen dann angesehen, wenn sie in einem standardisierten Schulleistungstest substanziell unter dem Mittelwert der Altersnormen bzw. der Klassennormen liegen.

Als *erwartungswidrig* gelten schulische Leistungen dann, wenn sie deutlich unter dem Niveau liegen, das aufgrund der kognitiven Leistungsfähigkeit einer Schülerin bzw. eines Schülers erwartet werden kann. Die kognitive Leistungsfähigkeit wird mit Hilfe eines Intelligenztests erfasst. Fallen die Leistungen in einem Schulleistungstest substanziell schlechter aus als in einem Intelligenztest, wird davon ausgegangen, dass die Beeinträchtigungen in den schulischen Leistungen spezifisch sind und nicht durch eine Beeinträchtigung der allgemeinen kognitiven Leistungsfähigkeit erklärt werden können.

Eine *allgemeine Intelligenzminderung* wird in der ICD-10 angenommen, wenn der IQ<70 ist. Unzureichende schulische Leistungen werden in diesem Fall nicht als domänenspezifische Beeinträchtigungen im Sinne der o.g. Entwicklungsstörungen schulischer Fertigkeiten angesehen, sondern auf die allgemein beeinträchtigte kognitive Leistungsfähigkeit zurückgeführt.

In der ICD-10 werden drei Entwicklungsstörungen schulischer Fertigkeiten unterschieden, die für den Schriftspracherwerb relevant sind:
- *Lese- und Rechtschreibstörung* (F81.0), bei der entweder nur das Lesen oder sowohl Lese- als auch Rechtschreibleistungen beeinträchtigt sind
- *Isolierte Rechtschreibstörung* (F81.1), bei der nur die Rechtschreibfertigkeiten betroffen sind

- *Kombinierte Störungen schulischer Fertigkeiten* (F81.3), die dadurch charakterisiert sind, dass nicht nur im Lesen und Rechtschreiben, sondern zusätzlich auch im Rechnen Minderleistungen vorhanden sind. Kombinierten Störungen können in den beiden Varianten *Lese-Rechtschreibstörung plus Rechenstörung* sowie *Rechtschreibstörung plus Rechenstörung* auftreten.

2.3.2 Lese- und Rechtschreibschwierigkeiten nach den Diagnostischen Kriterienkatalogen der ICD-10

Die Weltgesundheitsorganisation (WHO) hat 1992 und 1993 zur ICD-10 zwei Kataloge zur Beschreibung und zur Definition von Störungsbildern veröffentlicht, die auch für Entwicklungsstörungen schulischer Fertigkeiten relevant sind: (1) Forschungskriterien (in der ICD-10 als *Diagnostische Kriterien für Forschung und Praxis* bezeichnet) und (2) *Klinisch-diagnostische Leitlinien* für die Diagnosestellung in der Praxis. Die beiden Kataloge haben mit Ergänzungen und Modifikationen auch heute noch Gültigkeit. Sie dienen unterschiedlichen Zielsetzungen und unterscheiden sich in der Vorgehensweise, wie Störungen definiert werden.

Die Forschungskriterien enthalten strenge und präzise Operationalisierungen von Lernschwierigkeiten (Dilling, Mombour, Schmidt & Schulte-Markwort, 2016). Das Ziel der Kriterien besteht darin, in empirischen Studien mit homogenen Stichproben arbeiten zu können, die sich aus Fällen zusammensetzen, deren diagnostische Zuordnung gesichert ist. Zweifelsfälle sollen nach Möglichkeit aus den Studien ausgeschlossen werden, um die Aussagekraft von Studienergebnissen zu erhöhen.

Mit den *Klinisch-diagnostischen Leitlinien* ist eine größere Flexibilität im klinischen Alltag und der pädagogisch-psychologischen Beratung verbunden. Sie sollen sicherstellen, dass auch weniger eindeutige Fälle, bei denen nicht alle Definitionskriterien vollständig erfüllt sind, einem Störungsbild zugeordnet werden können, sofern der klinische Eindruck dies begründet, und Personen mit einer weniger eindeutigen Zuordnung somit nicht von einer Behandlung und Unterstützung ausgeschlossen werden.

Forschungskriterien

Der Grad der Beeinträchtigung, der gefordert wird, damit von einer Störung des Schriftspracherwerbs ausgegangen werden kann, ist in den Forschungskriterien *populationsabhängig* definiert. Lese- und Rechtschreibleistungen verteilen sich in der Bevölkerung kontinuierlich in Form einer Normalverteilung (vgl. Abbildung 2.2). Die Verteilung der Lese- und Rechtschreibleistungen in der Gesamtpopulation bildet die Grundlage für die Festlegung der Kriterien zur Bestimmung von Störungen des Schriftspracherwerbs.

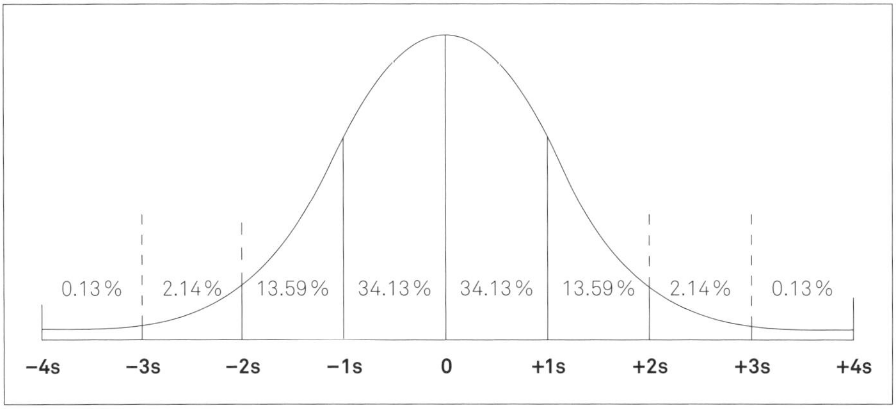

Abbildung 2.2: Normalverteilung mit Angabe prozentualer Anteile innerhalb definierter Bereiche

Eine Normalverteilung zeichnet sich dadurch aus, dass präzise spezifiziert werden kann, wie groß der Prozentsatz an Fällen ist, der in einen definierten Bereich fällt. Die Bereiche lassen sich mit Hilfe des statistischen Verteilungsparameters *Standardabweichung* festlegen. In die Bereiche zwischen Mittelwert und einer Standardabweichung *unter-* bzw. *oberhalb* des Mittwerts fallen bei einer Normalverteilung jeweils 34.1% aller Fälle. In den Extrembereichen nehmen die Auftretenshäufigkeiten drastisch ab. In den beiden Bereichen, die mehr als zwei Standardabweichungen vom Mittelwert entfernt sind, liegen jeweils nur etwa 2.3% der Fälle.

Doppeltes Diskrepanzkriterium

Die WHO hat in den Forschungskriterien der ICD-10 festgelegt, dass Minderleistungen in den schulischen Fertigkeiten nur dann *Störungs*charakter haben, wenn sie mindestens zwei Standardabweichungen unterhalb des Niveaus liegen, das aufgrund des chronologischen Alters *und* der allgemeinen Intelligenz zu erwarten wäre (Dilling et al., 2016).

Es hat sich etabliert, die geforderte Abweichung der schulischen Fertigkeit von der nach dem Alter *und* der Intelligenz zu erwartenden Leistung als *doppeltes Diskrepanzkriterium* zu bezeichnen.

- Die *altersbezogene* Diskrepanz wird populationsorientiert bestimmt (Diskrepanz zwischen Kind und Peergruppe) und ergibt sich als Abweichung der individuellen Leistung in einem standardisierten Schulleistungstest von dem Mittelwert der Peergruppe. In Deutschland sind viele Schulleistungstests nicht nach dem chronologischen Alter, sondern nach der Klassenstufe normiert. Der Grund hierfür liegt darin, dass schulische Leistungen stärker vom Grad der Beschulung als vom chronologischen Alter abhängig sind. Nach den Forschungskriterien muss die individuelle Leistung in dem Test in den Extrembereich fallen, der mindes-

tens zwei Standardabweichungen unterhalb des Mittelwerts der Peergruppe liegt, damit die Abweichung das erforderliche Ausmaß für eine Störung erfüllt.
- Die *intelligenzbezogene* Diskrepanz ist eine Diskrepanz innerhalb des Kindes und spiegelt die Abweichung zwischen den Testergebnissen in einem Schulleistungs- und einem Intelligenztest wider. Das Ergebnis im Schulleistungstest muss nach den Forschungskriterien mindestens zwei Standardabweichungen schlechter ausfallen als die Leistung im Intelligenztest, damit von einer Störung ausgegangen werden kann.

Das doppelte Diskrepanzkriterium erfordert den Vergleich von Leistungen aus zwei Testverfahren, die unterschiedlich skaliert sind. Zur Erfassung der Intelligenz wird zumeist eine Skala mit einem Mittelwert *(M)* von 100 und einer Standardabweichung *(SD)* von 15 verwendet. Sie wird als IQ-Skala bezeichnet (IQ ist die Abkürzung für *I*ntelligenz-*Q*uotient). Demgegenüber ist bei Schulleistungstests eher eine Skala mit M=50 und SD=10 üblich, die als T-Skala bezeichnet wird. Die Abkürzung *T* geht auf McCall (1922) zurück und wurde zu Ehren der beiden Psychologen Edward L. *T*horndike und Lewis M. *T*erman gewählt, um deren Beiträge zur Entwicklung psychologischer Testverfahren zu würdigen. Ein Vergleich von Werten aus den beiden Skalen ist jedoch unmittelbar möglich, weil die Normwerte standardisierter Testverfahren an eine Normalverteilung angepasst sind. Skalenwerte verschiedener Testverfahren können dadurch mit Hilfe einer linearen Transformation eindeutig ineinander umgerechnet werden. Aufgrund der skizzierten Zusammenhänge lässt sich bei einem gegebenen IQ-Wert der für die Diagnose einer Lernstörung kritische Wert in einem Schulleistungstest eindeutig bestimmen. Die Formel zur Umrechnung von IQ-Werten in T-Werte findet sich in Kapitel 5.1.

Die strengen Festlegungen in den diagnostischen Kriterien für die Forschung haben zur Folge, dass nur ein sehr geringer Prozentsatz an Kindern diese Kriterien erfüllt. Geht man von einer Normalverteilung der Lese- und Rechtschreibleistungen in der Bevölkerung aus, weisen nur etwa 2.3 % der Personen Leistungen auf, die mindestens zwei Standardabweichungen unterhalb des Mittelwerts der Bevölkerung liegen. Dieser Anteil reduziert sich noch, wenn als zusätzliches Kriterium erfüllt sein muss, dass die Leistungen im Lesen bzw. Rechtschreiben mindestens zwei Standardabweichungen schlechter sind, als nach dem Intelligenzniveau des Kindes zu erwarten wäre. Nach den strengen Forschungskriterien müssten in empirischen Studien Screenings mit mehr als tausend Personen durchgeführt werden, um auf adäquate Stichprobengrößen mit Kindern zu kommen, die den Kriterien entsprechen. In der Forschungspraxis haben sich deshalb liberalere Kriterien durchgesetzt. Üblich sind Diskrepanzwerte von 1.5, 1.2 oder nur einer Standardabweichung. Teilweise wird zur Definition von Lese-Rechtschreibschwierigkeiten sogar ein Prozentrang von ≤20 % akzeptiert, was einem Diskrepanzwert von nur 0.8 Standardabweichungen entspricht.

Einfaches Diskrepanzkriterium

Im Zusammenhang mit der Lese- und Rechtschreibstörung (F81.0) wird eine weitere Lese-Rechtschreibschwierigkeit thematisiert, die als *allgemeine Leseschwäche (general reading backwardness)* bezeichnet wird. Sie ist durch eine ausschließlich altersbezogene Diskrepanz *(einfaches Diskrepanzkriterium)* operationalisiert. Eine allgemeine Leseschwäche ist dann gegeben, wenn die Lese-Rechtschreibfertigkeiten mindestens zwei Standardabweichungen unterhalb des Niveaus liegen, das aufgrund des chronologischen Alters zu erwarten wäre. Die Diskrepanz zwischen Intelligenz und schulischer Fertigkeit spielt bei der Definition der allgemeinen Leseschwäche keine Rolle. Für die isolierte Rechtschreibstörung (F81.1) und die kombinierte Störung schulischer Fertigkeiten (F81.3) sieht die ICD-10 *keine* Ergänzung in Form einer Schwäche wie bei der Lese-Rechtschreibstörung vor. In der Forschung hat sich allerdings die Differenzierung zwischen Störung und Schwäche auch für diese Störungsbereiche etabliert.

Eine Begründung für die Unterscheidung zwischen Lese-Rechtschreibstörung und allgemeiner Leseschwäche wird in der ICD-10 in Hinweisen darauf gesehen, dass die beiden Varianten von Lese-Rechtschreibschwierigkeiten einen unterschiedlich starken Zusammenhang zur Sprachentwicklung aufweisen. Die Validität der Differenzierung galt jedoch von Anfang an nicht als gesichert und wurde in der Folgezeit von externer Seite nachdrücklich in Frage gestellt. Auf die Problematik der Unterscheidung zwischen Störung und Schwäche wird an späterer Stelle (Kapitel 2.7) ausführlicher eingegangen.

Klinisch-diagnostische Leitlinien

Für den klinischen und pädagogisch-psychologischen Gebrauch wurden Leitlinien entwickelt, in denen auf eine strenge Operationalisierung der Störungen verzichtet wurde (Dilling, Mombour & Schmidt, 2015). Um die Diagnose einer umschriebenen Entwicklungsstörung schulischer Fertigkeiten stellen zu können, müssen nach diesen Leitlinien fünf Kriterien erfüllt sein.

1. Im ersten Kriterium wird gefordert, dass die Beeinträchtigung *klinisch eindeutig* ist. Ähnlich wie in den diagnostischen Kriterien für Forschung und Praxis kann das Ausmaß der Beeinträchtigung nach statistischen Gesichtspunkten definiert werden. Eine schulische Leistung wird als störungsrelevant angesehen, wenn sie bei weniger als 3 % der Schulkinder erwartet werden kann. Diese Festlegung ist erfüllt, wenn die schulischen Leistungen mindestens 1.9 Standardabweichungen unter dem Altersmittelwert liegen. Der Unterschied zu den zwei Standardabweichungen, die in den Forschungskriterien gefordert sind, ist marginal.
   Andere Aspekte, die dazu beitragen können, die Schwere der Beeinträchtigung einzuschätzen, sind vorausgegangene Störungen in der Entwicklung (z. B. Entwicklungsverzögerungen in der Sprache) sowie Komorbiditäten (zu denen u. a.

Aufmerksamkeitsschwierigkeiten oder emotionale Probleme zählen; vgl. ausführlich Kapitel 4). Ein weiterer Aspekt ist die Beeinflussbarkeit der schulischen Schwierigkeiten. Wenn sich die individuellen Beeinträchtigungen trotz vermehrter schulischer oder häuslicher Hilfestellungen kaum oder gar nicht verbessern, ist die Diagnose einer umschriebenen Entwicklungsstörung schulischer Fertigkeiten in Betracht zu ziehen.

2. Das zweite Kriterium fordert, dass die Beeinträchtigung *spezifisch* ist und nicht allein auf eine Minderung der allgemeinen Intelligenz zurückgeführt werden kann. Dieses Kriterium impliziert, dass die schulischen Leistungen schwächer ausfallen als die Intelligenzleistungen. Als klinische Richtlinie wird vorgegeben, dass von einer Störung dann auszugehen ist, wenn die schulische Fertigkeit des Kindes eindeutig unter dem Niveau liegt, das nach dem Intelligenzalter des Kindes zu erwarten wäre. Eine nähere Bestimmung dessen, was unter *eindeutig* zu verstehen ist, wird der diagnostischen Expertise der Personen überlassen, die das schulische Leistungsniveau überprüfen.
3. Das dritte Kriterium bezieht sich auf den *Beginn* der Beeinträchtigungen. Die schulischen Schwierigkeiten haben nur dann den Charakter einer Störung, wenn sie sich bereits früh in der Grundschulzeit manifestieren und nicht erst zu einem späteren Zeitpunkt auftreten.
4. Als viertes Kriterium wird vorgegeben, dass die schulischen Schwierigkeiten nicht auf *externe Faktoren* (längere Abwesenheit von der Schule, unangemessener Unterricht) zurückgeführt werden können.
5. Mit dem fünften Kriterium wird gefordert, dass die schulischen Minderleistungen nicht durch *sensorische* Beeinträchtigung im Sehen bzw. Hören bedingt sind.

Übertragen auf den Bereich des Schriftspracherwerbs bedeuten diese Kriterien, dass eine Störung dann diagnostiziert werden soll, wenn die Leistungen im Lesen und/oder Rechtschreiben unter dem Niveau liegen, das aufgrund des Alters, der allgemeinen Intelligenz und der Beschulung (Klassenstufe) zu erwarten ist. Im Lesen sind von der Störung die Aspekte der Lesegeschwindigkeit, der Lesegenauigkeit und des Leseverständnisses betroffen, im Rechtschreiben sind es die Fertigkeiten, richtig buchstabieren und Wörter korrekt schreiben zu können (Dilling et al., 2015, S 334ff).

In der klinischen und pädagogisch-psychologischen Praxis wird zur Diagnose von Lese- und Rechtschreibschwierigkeiten häufig auf das Diskrepanzkriterium zurückgegriffen. Das strenge Kriterium von 1.9 Standardabweichungen, das in den klinisch-diagnostischen Leitlinien der ICD-10 empfohlen wird, würde allerdings dazu führen, dass nur sehr wenige Kinder und Jugendliche Anspruch auf Fördermaßnahmen hätten. Zur Identifikation von förderbedürftigen Kindern und Jugendlichen werden in Deutschland in aller Regel weniger strenge Kriterien akzeptiert. In der Diagnosepraxis haben sich zur Feststellung von Lernstörungen Diskrepanzwerte von 1.0 bis 1.5 Standardabweichungen etabliert.

2.3.3 Lese- und Rechtschreibschwierigkeiten nach der ICD-11

Nach mehrjähriger internationaler Entwicklungsarbeit wurde im Mai 2019 die ICD-11 verabschiedet. Sie ist seit 01.01.2022 gültig und ersetzt die ICD-10. Bevor die ICD-10 in Deutschland von der ICD-11 abgelöst wird, sind Übersetzungsleistungen, Regelungen für die Überleitung von ICD-10 auf ICD-11 und gegebenenfalls Modifikationen erforderlich, deren Umsetzung mehrere Jahre in Anspruch nehmen wird. Über den konkreten Zeitpunkt, zu dem die ICD-11 in Deutschland die ICD-10 verbindlich ablösen wird, sind zum Zeitpunkt der Drucklegung dieses Bandes keine verlässlichen Aussagen möglich.

Teilweise sind mit der ICD-11 deutliche Veränderungen im Verständnis von Störungsbildern verbunden. Informationen darüber, wie in der ICD-11 *Lernstörungen* definiert sind, lassen sich im Internet über folgende Links abrufen: https://tinyurl.com/LernstoerungenICD11 bzw. https://tinyurl.com/LernstoerungenICD11deutsch

Die fachliche Bezeichnung für Lernschwierigkeiten lautet in der ICD-11 *Lernentwicklungsstörung (developmental learning disorders)*. Sie sind operationalisiert als Fertigkeiten im Lesen, Rechtschreiben oder Rechnen, die deutlich unter dem Niveau liegen, das aufgrund des chronologischen Alters *und* der intellektuellen Leistungsfähigkeit zu erwarten wäre und das mit einer bedeutsamen Beeinträchtigung der schulischen oder beruflichen Leistungsfähigkeit einhergeht. Die Abweichung der individuellen schulischen Leistung sowohl vom Mittelwert der Altersgruppe *als auch* von der eigenen kognitiven Leistungsfähigkeit (Intelligenz) wird somit in der ICD-11 weiterhin als ein wesentliches Merkmal von Lernstörungen angesehen und das doppelte Diskrepanzkriterium soll weiterhin Anwendung finden.

Im Zusammenhang mit Lesen und Rechtschreiben werden folgende zwei Formen von entwicklungsbedingten Lernstörungen unterschieden:

- *Beeinträchtigung im Lesen (developmental learning disorder with impairment in reading)*. Die Schwierigkeiten im Lesen betreffen die Lesegenauigkeit, die Leseflüssigkeit und das Leseverständnis.
- *Beeinträchtigung im Schreiben (developmental learning disorder with impairment in written expression)*. Die Beeinträchtigungen im Schreiben werden weiter gefasst als in der ICD-10 und umfassen neben Schwierigkeiten im Erwerb von Rechtschreibfertigkeiten zusätzlich Probleme in der Aneignung von Fertigkeiten, die Grammatik, Zeichensetzung sowie den schriftlichen Ausdruck (Organisation und Kohärenz von Ideen) betreffen.

2.3.4 Lese- und Rechtschreibschwierigkeiten nach dem DSM-5

Im DSM-5 (Falkai & Wittchen, 2018) werden Schwierigkeiten im Lesen und Rechtschreiben den *Störungen der neuronalen und mentalen Entwicklung* zugeordnet und im Kapitel *Spezifische Lernstörung* zusammengefasst. Unterschieden werden folgende für den Schriftspracherwerb relevante Störungsbilder mit zugehörigen Symptombereichen:

- *Spezifische Lernstörung mit Beeinträchtigung beim Lesen*
  - Lesegenauigkeit
  - Lesegeschwindigkeit oder -flüssigkeit
  - Leseverständnis
- *Spezifische Lernstörung mit Beeinträchtigung beim schriftlichen Ausdruck*
  - Rechtschreibung
  - Genauigkeit der Grammatik und der Zeichensetzung
  - Klarheit oder Strukturierung des schriftlichen Ausdrucks

Bei den spezifischen Lernstörungen werden drei Schweregrade (leicht, mittel, schwer) unterschieden. Der Schweregrad ist über drei Kriterien definiert: zum Ersten über die Anzahl der betroffenen Leistungsbereiche, zum Zweiten über das Ausmaß an Förderung, das erforderlich ist, um die angestrebten Fertigkeiten zu erwerben und zum Dritten über Aufgabenmodifikationen, die notwendig sind, damit die Aufgabenanforderungen erfüllt werden können.

- Ein *leichter* Störungsgrad liegt vor, wenn ein oder zwei Leistungsbereiche von einzelnen Schwierigkeiten betroffen sind und zu erwarten ist, dass das Kind die Schwierigkeiten gut kompensieren kann oder wenn eine angemessene Modifikation der Aufgabenstellung ausreicht, mit den Schwierigkeiten zurechtzukommen.
- Ein *mittlerer* Störungsgrad ist gegeben, wenn ein oder mehrere Leistungsbereiche von deutlichen Schwierigkeiten betroffen sind und es einer intensiven und speziellen Förderung bedarf, damit das Kind die angestrebten Fertigkeiten im Lesen, Schreiben und Rechnen erwirbt und wenn Modifikationen in den Aufgabenstellungen erforderlich sind, damit sie adäquat bewältigt werden können.
- Ein *schwerer* Störungsgrad ist zu diagnostizieren, wenn in mehreren Leistungsbereichen stark ausgeprägte Schwierigkeiten vorhanden sind und voraussichtlich eine dauerhafte intensive und spezielle Förderung während eines Großteils der Schuljahre notwendig sein wird, um Fortschritte beim Erwerb der Fertigkeiten zu erzielen, ohne dass zu erwarten ist, dass (auch nicht mit angemessenen Aufgabenmodifikationen) die Schwierigkeiten endgültig überwunden werden und die alltäglichen Anforderungen im Lesen, Schreiben oder Rechnen erfüllt werden können.

Lese- und Rechtschreibstörungen werden im DSM-5 (im Gegensatz zu den früheren Versionen des DSM) nicht mehr über die *Erwartungswidrigkeit* von schwachen schulischen Leistungen (erfasst über das doppelte Diskrepanzkriterium) definiert, sondern über die *Persistenz* der schwachen Leistungen *trotz Fördermaßnahmen.* Eine spezifische Lernstörung mit Beeinträchtigung beim Lesen bzw. beim schriftlichen Ausdruck soll dann diagnostiziert werden, wenn schwache Schulleistungen trotz der Teilnahme an einer intensiven schulischen oder häuslichen Lernförderung für mindestens sechs Monate persistieren.

Anknüpfend an das qualitativ neuartige Verständnis von spezifischen Lernstörungen wird im DSM-5 im Unterschied zur ICD-10 und zur ICD-11 auf das doppelte Diskrepanzkriterium verzichtet. Die Diagnose einer Lese- und/oder Rechtschreibstörung wird dann vergeben, wenn die schulischen Leistungen deutlich unter dem Niveau liegen, das dem chronologischen Alter des Kindes entspricht (einfaches Diskrepanzkriterium). Als Grenzwert für die Diskrepanz zwischen individueller Leistung und Altersmittelwert werden 1.5 Standardabweichungen angegeben. Liegen aus verschiedenen Quellen (klinische Untersuchung, Schulzeugnisse, Testergebnisse) mehrere Hinweise auf Lernschwierigkeiten vor, kann der Grenzwert auf eine Standardabweichung verringert werden. Ebenso wie nach den Kriterien in der ICD-10 und der ICD-11 muss jedoch das Vorliegen einer Intelligenzminderung (d.h. IQ<70) diagnostisch ausgeschlossen werden.

In Tabelle 2.1 sind die Kriterien, die in ICD-10, ICD-11 und DSM-5 zur Definition von Lernstörungen verwendet werden, im Vergleich gegenübergestellt.

Tabelle 2.1: Vergleich der (Forschungs-)Kriterien für Lernstörungen nach ICD-10, ICD-11 und DSM-5

	ICD-10	ICD-11[1]	DSM-5
Bezeichnung	Entwicklungsstörungen: Umschriebene Entwicklungsstörung schulischer Fertigkeiten	Lernentwicklungsstörung	Störungen der neuronalen und mentalen Entwicklung: Spezifische Lernstörung
Hauptkriterium	Schulische Leistung, die deutlich unterhalb des Niveaus liegt, das aufgrund des Alters und der allgemeinen Intelligenz zu erwarten wäre	*(keine Änderung zur ICD-10)*	Schwierigkeiten beim Erwerb und beim Gebrauch akademischer Fertigkeiten trotz eingesetzter Fördermaßnahmen seit mindestens 6 Monaten und in mindestens einem der folgenden Bereiche: a. Lesegeschwindigkeit und -genauigkeit b. Leseverständnis c. Rechtschreibschwierigkeiten d. Schreibschwierigkeiten (Grammatik, Ausdruck)

Tabelle 2.1: Fortsetzung

	ICD-10	ICD-11[1]	DSM-5
			e. Zahlensinn, Rechnen f. Mathematisches Denken
Konzept	Erwartungswidrigkeit: von Intelligenz und Alter deutlich (= 2 *SD*) abweichende Fertigkeiten	*(keine Änderung zur ICD-10)*	*Persistenz:* andauernde und nicht auf Fördermaßnahmen ansprechende Schwierigkeiten *Erwartungswidrigkeit:* vom Alter deutlich (= 1.5 *SD*) abweichende Fertigkeiten
Beginn	Lernschwierigkeiten bestehen seit den frühesten Anfängen des Fertigkeitenerwerbs	*(keine Änderung zur ICD-10)*	Beginn während des Fertigkeitenerwerbs (meist in den ersten Schuljahren oder zu einem späteren Zeitpunkt, wenn die Anforderungen die individuellen Kapazitäten überschreiten)
Störungswert	Lernschwierigkeiten behindern die Schulausbildung oder alltägliche Tätigkeiten	Lernschwierigkeiten beeinträchtigen bedeutsam die schulische oder berufliche Leistungsfähigkeit	Lernschwierigkeiten erschweren bedeutsam die akademische Leistung oder Tätigkeiten des täglichen Lebens
Ausschlusskriterien	Nicht bedingt durch: • Nonverbale Intelligenz im Bereich einer allgemeinen Intelligenzminderung (IQ< 70) • Seh- oder Hörstörungen oder eine neurologische Erkrankung (dürfen aber komorbid vorhanden sein) • unzureichende Lerngelegenheit (keine extremen Unzulänglichkeiten in der Beschulung oder Erziehung)	Nicht bedingt durch: • Beeinträchtigungen in der Intelligenz • sensorische Beeinträchtigungen (Sehen oder Hören), neurologische bzw. motorische Störungen • unzureichende Beschulung, unzureichende Kenntnisse in der Unterrichtssprache sowie psychosoziale Probleme	Lernschwierigkeiten können nicht besser erklärt werden durch: • niedrige intellektuelle Fähigkeiten (operationalisiert durch IQ< 70) • eine allgemeine Entwicklungsverzögerung • Seh- und Hörschwierigkeiten, mentale oder neurologische Erkrankungen • Mangel an Sprachkenntnissen oder Lerngelegenheit, psychosoziale Belastungen

Tabelle 2.1: Fortsetzung

	ICD-10	ICD-11[1]	DSM-5
Lesestörung	F81.0 Lese- und Rechtschreibstörung (umfasst auch isolierte Lesestörungen und isolierte Rechtschreibstörungen mit Leseschwierigkeiten in der Vorgeschichte)	6A03.0 Beeinträchtigung im Lesen (Lesegeschwindigkeit, -genauigkeit und -verständnis)	Beeinträchtigung im Lesen (Lesegeschwindigkeit, -genauigkeit und -verständnis)
Schreibstörung	F81.1 isolierte Rechtschreibstörung F81.8 Sonstige Entwicklungsstörungen schulischer Fertigkeiten (z.B. Entwicklungsstörung des expressiven Schreibens)	6A03.1 Beeinträchtigung im Schreiben (Rechtschreibung, Grammatik, Zeichensetzung, schriftlicher Ausdruck)	Beeinträchtigung im expressiven Schreiben (Rechtschreibung, Grammatik, Zeichensetzung, schriftlicher Ausdruck)
Rechenstörung	F81.2 Rechenstörung	6A03.2 Beeinträchtigung im mathematischen Denken (Zahlensinn, numerischer Faktenabruf, Rechnen, mathematisches Schlussfolgern)	Beeinträchtigung im mathematischen Denken (Zahlensinn, Rechnen, mathematisches Schlussfolgern)
Mehrfache Lernstörungen	F81.3 Kombinierte Störungen schulischer Fertigkeiten (im Rechnen und im Lesen und/oder Rechtschreiben)	*Voraussichtlich Vergabe der entsprechenden Einzeldiagnosen*	*Vergabe der entsprechenden Einzeldiagnosen*

Anmerkung: [1] Da die offiziellen Übersetzungen der ICD-11 zum Zeitpunkt der Veröffentlichung dieses Buches noch nicht vorliegen, können die Begrifflichkeiten von der späteren deutschen Version der ICD-11 abweichen.

2.4 Lese-Rechtschreibschwierigkeiten nach der S3-Leitlinie

Die von den *Wissenschaftlichen Medizinischen Fachgesellschaften* herausgegebenen Leitlinien dienen über die beteiligten Disziplinen und Professionen hinweg zur Orientierung bei der Diagnostik und Behandlung von psychischen und somatischen Störungen. Die Leitlinien mit den höchsten wissenschaftlichen Standards werden als *S3-Leitlinien* bezeichnet. Anknüpfend an die ICD-10 und das DSM-5 ist auf nationaler Ebene unter Federführung der Deutschen Gesellschaft für Kinder- und Jugendpsychiatrie, Psychosomatik und Psychotherapie (DGKJP) und unter Mitwirkung einer Reihe weiterer Organisationen (u.a. die Deutsche Gesellschaft für Psychologie, DGPs) eine *Leitlinie zur Diagnostik und Behandlung von Kindern und Jugendlichen mit Lese- und/oder Rechtschreibstörung* erarbeitet worden, in der auf der Basis einer systematischen Analyse des aktuellen Forschungsstands evidenzbasierte Empfehlungen zum Vorgehen bei der Diagnostik und zu Interventionen gegeben werden (Arbeitsgemeinschaft der Wissenschaftlichen Medizinischen Fachgesellschaften, AWMF, 2015).

Abweichend von der ICD-10 (nicht aber ICD-11) wird in der S3-Leitlinie die isolierte Lesestörung als eine eigenständige Kategorie von Lernstörungen angesehen. In der Leitlinie wird empfohlen, eine Lese-Rechtschreibstörung, eine isolierte Lesestörung oder eine isolierte Rechtschreibstörung dann zu diagnostizieren, wenn die Leistungen in diesen Bereichen substanziell unter der Alters- *oder* der Klassennorm *oder* unterhalb des Niveaus liegen, das aufgrund der Intelligenz zu erwarten wäre *und* wenn Alltagsanforderungen nicht adäquat bewältigt werden können. Schulte-Körne und Galuschka (2019) verweisen darauf, dass im Sinne der S3-Leitlinie eine alleinige Diskrepanz zwischen Intelligenz und schulischer Leistung nicht ausreicht, um eine Störung im Schriftspracherwerb diagnostizieren zu können, sondern eine im Vergleich zur Alters- oder Klassennorm unterdurchschnittliche Leistung im Lesen und/oder Rechtschreiben Bedingung für die Diagnose einer Störung ist.

Als Mindestdiskrepanz zwischen Alters- bzw. Klassennorm und der individuellen schulischen Leistung wird in der S3-Leitlinie der Wert von einer Standardabweichung angegeben. Die Diskrepanz zwischen Intelligenz und schulischer Leistung soll demgegenüber mindestens 1.5 Standardabweichungen betragen. Liegt aus einer klinischen Untersuchung Evidenz für substanzielle Schwierigkeiten im Lesen bzw. Rechtschreiben vor, kann der Grenzwert für die Diskrepanz zwischen Intelligenz und schulischer Leistung ebenfalls auf eine Standardabweichung herabgesetzt werden.

In einem Sondervotum hat die *Deutsche Gesellschaft für Psychologie* dafür plädiert, wie im DSM-5 auch in der S3-Leitlinie auf das Kriterium der Diskrepanz zwischen Intelligenz und schulischer Leistung zu verzichten. Dieser Weg wurde erst in der später erschienenen S3-Leitlinie zur *Rechenstörung* beschritten (Arbeitsgemeinschaft der Wissenschaftlichen Medizinischen Fachgesellschaften, AWMF, 2018). Dass bei Lese-Rechtschreibschwierigkeiten und bei Rechenschwierigkeiten diesbezüglich uneinheitliche Diagnosekriterien verwendet werden, ist unbefriedigend. Die S3-Leitlinie zu *Lese-Rechtschreibstörungen* steht aktuell zur Überarbeitung an. Eine Harmonisierung der Diagnosekriterien in den verschiedenen Leitlinien wäre sowohl für den Bereich der Forschung als auch für die Praxis ein Gewinn.

Die Kriterien, die in der S3-Leitlinie zur Diagnose von Lese- und Rechtschreibstörungen empfohlen werden, sind in Tabelle 2.2 zusammengefasst.

Tabelle 2.2: Diagnostische Kriterien für Lese- und Rechtschreibstörungen nach der S3-Leitlinie

	S3-Leitlinie
Bezeichnung	Lese- und/oder Rechtschreibstörung
Kriterium	schulische Leistung, (1) die deutlich unterhalb des Niveaus liegt, das aufgrund des Alters/der Klassenstufe oder (2) aufgrund des Alters *und* der allgemeinen Intelligenz zu erwarten wäre.
Operationalisierung	(1) Diskrepanz zwischen den Lese-/Rechtschreib-/Lese-Rechtschreibleistungen und der Altersnorm (1.0 SD) bzw. Klassennorm (1.0 SD) oder (2) Diskrepanz zwischen den Lese-/Rechtschreib-/Lese-Rechtschreibleistungen und der Altersnorm (1.0 SD) bzw. Klassennorm (1.0 SD) sowie der Intelligenz (1.5 SD) oder (3) Diskrepanz zwischen den Lese-/Rechtschreib-/Lese-Rechtschreibleistungen und der Altersnorm (1.0 SD) bzw. Klassennorm (1.0 SD) sowie der Intelligenz (1.0 SD) (wenn die Lese- und/oder Rechtschreibschwierigkeiten durch Evidenz aus der klinischen Untersuchung *und* den Ergebnissen der psychometrischen Verfahren belegt sind)
Beginn	Erlernen des Lesens und/oder des Rechtschreibens
Störungswert	Bewältigung der Alltagsanforderungen ist beeinträchtigt oder gefährdet
Ausschlusskriterien	intellektuelle Einschränkungen; allgemeine Entwicklungsverzögerung; Seh- oder Hörstörungen; unzureichende Beschulung; psychische, neurologische oder motorische Störungen
Zusatzdiagnostik	psychische, soziale und körperliche Entwicklung
Indikatoren der Lesestörung	geringe Lesegeschwindigkeit, viele Lesefehler und geringes Leseverständnis

Tabelle 2.2: Fortsetzung

	S3-Leitlinie
Indikatoren der Rechtschreibstörung	Fehler in der Rechtschreibung beim Schreiben von Wörtern und/oder Texten
Indikatoren der Lese-Rechtschreibstörung	geringe Lesegeschwindigkeit, viele Lesefehler und geringes Leseverständnis; Fehler in der Rechtschreibung beim Schreiben von Wörtern und/oder Texten
Indikatoren mehrfacher Lernstörungen	geringe Lesegeschwindigkeit, viele Lesefehler und geringes Leseverständnis; Fehler in der Rechtschreibung beim Schreiben von Wörtern und/oder Texten; unzureichende Rechenleistungen

2.5 Prävalenzen von Lese- und Rechtschreibschwierigkeiten

Die Häufigkeit, mit der Störungen in einer Population auftreten, wird in epidemiologischen Studien erfasst und als *Prävalenz* bezeichnet. Prävalenzen geben u. a. darüber Auskunft, ob verschiedene Personengruppen (z. B. Jungen vs. Mädchen oder Kinder mit vs. ohne Zuwanderungshintergrund) in unterschiedlichem Ausmaß von Störungen betroffen sind und ob die Störungen in Ländern mit unterschiedlich transparenten Sprachen unterschiedlich häufig auftreten.

Prävalenzraten von Schwierigkeiten beim Schriftspracherwerb sind sowohl von theoretischem als auch von praktischem Interesse. In theoretischer Hinsicht kann das Wissen über Auftretenshäufigkeiten dazu beitragen, Bedingungsfaktoren (z. B. genetische Unterschiede, Erziehungseinflüsse, Transparenz der Sprache) besser zu verstehen. In praktischer Hinsicht geben Auftretenshäufigkeiten Hinweise auf den Bedarf an institutionalisierten Unterstützungsmaßnahmen.

2.5.1 Einflussfaktoren auf Prävalenzschätzungen

Zur Prävalenz von Lese-Rechtschreibschwierigkeiten liegen mehrere nationale und internationale Studien vor. Die dabei berichteten Prävalenzzahlen schwanken erheblich, selbst innerhalb eines Landes. Dies hat mehrere Gründe.

Repräsentativität der Stichprobe

Studien unterscheiden sich darin, wie die Stichproben gewonnen worden sind. Optimal sind Erhebungen, die für die gesamte Population repräsentativ sind. Dies setzt umfassende und aufwändige nationale Screenings voraus. Wegen des hohen Aufwands, der mit landesweiten Datenerhebungen verbunden ist, werden nicht selten lokal begrenzte Screenings durchgeführt. Dies kann zu Stichproben mit ethnischen oder sozio-ökonomischen Zusammensetzungen führen, die nicht vollständig repräsentativ für die Gesamtbevölkerung sind. In den einzelnen Bundesländern variiert z.B. der Anteil der Bevölkerung mit Zuwanderungshintergrund deutlich (Statistisches Bundesamt, 2022). Da Kinder mit Zuwanderungshintergrund in der Regel mit der deutschen Sprache weniger gut vertraut sind, führen unterschiedlich hohe Anteile solcher Kinder in einem Screening zu unterschiedlich hohen Prävalenzraten von Schwierigkeiten im Schriftspracherwerb (vgl. Brandenburg, Fischbach, Labuhn, Rietz, Schmid & Hasselhorn, 2016).

Diagnostische Kriterien

Einer der wichtigsten Gründe für differierende Prävalenzzahlen liegt in den unterschiedlichen Kriterien zur Operationalisierung von Lese- und Rechtschreibschwierigkeiten in den internationalen Klassifikationssystemen. Das im DSM-5 vorgesehene einfache Diskrepanzkriterium lässt höhere Prävalenzschätzungen erwarten als das doppelte Diskrepanzkriterium, das in der ICD-10 und der ICD-11 der Definition von Lernstörungen zugrunde gelegt wird (Wyschkon, Kohn, Ballaschk & Esser, 2009).

Auch wenn sich Studien ausschließlich auf das doppelte Diskrepanzkriterium beziehen, können unterschiedliche Prävalenzzahlen resultieren in Abhängigkeit davon, welche Cut-off-Werte zur Festlegung der Diskrepanzen verwendet werden. Üblich sind Werte von einer, 1.2 oder 1.5 Standardabweichungen. Je liberaler die verwendeten Grenzwerte sind, umso höhere Prävalenzzahlen sind zu erwarten (Moll, Kunze, Neuhoff, Bruder & Schulte-Körne, 2014).

Die Prävalenzzahlen werden weiterhin davon beeinflusst, ob multiple Lernschwierigkeiten kontrolliert werden oder nicht. In der ICD-10 wird die *isolierte Rechtschreibstörung* von der *Lese-/Rechtschreibstörung* und der *kombinierten Störung schulischer Fertigkeiten* (Störung im Lesen, Rechtschreiben und Rechnen) unterschieden. Werden in epidemiologischen Studien nicht alle drei schulischen Fertigkeiten Lesen, Rechtschreiben und Rechnen parallel erfasst, kann zwischen den Störungsbildern nicht präzise differenziert werden und es besteht die Gefahr, dass Kinder mit einem umfassenderen Störungsbild irrtümlich einem weniger komplexen Störungsbild zugeordnet werden. Dessen Auftretenshäufigkeit wird damit überschätzt (Fischbach et al., 2013).

Intelligenz

In epidemiologischen Studien, die sich an den strengen Kriterien der ICD-10 orientieren, werden Kinder aus der Datenerhebung ausgeschlossen, deren IQ kleiner als 70 ist. In einigen Studien wurden jedoch bereits Kinder mit einem IQ kleiner als 85 mit der Begründung ausgeschlossen, deren Minderleistungen seien nicht durch spezifische, sondern durch allgemeine Lernschwierigkeiten bedingt. Die beiden Ausschlusskriterien führen zu unterschiedlichen Prävalenzraten.

Testnormen

Auswirkungen auf die Prävalenzraten von Schwierigkeiten im Schriftspracherwerb hat auch die Gültigkeit der Normen des verwendeten Intelligenztests. Intelligenzleistungen unterliegen gesellschaftlichen Veränderungen. Werden Prävalenzzahlen mit Hilfe von Normen erhoben, die dieses veränderte Kompetenzniveau in den Intelligenztestleistungen nicht widerspiegeln, resultieren Werte, die das Vorkommen von Schwierigkeiten im Schriftspracherwerb falsch einschätzen. Denn die Prävalenzzahlen werden *über*schätzt, wenn die aktuelle Kohorte im Intelligenztest durchschnittlich besser abschneidet als die (veraltete) Normierungskohorte des Tests. Den Kindern wird dann ein zu hoher IQ attestiert. Dies hat zur Folge, dass das vorgegebene Kriterium der Diskrepanz zwischen Intelligenz und Leistungen im Lesen bzw. Rechtschreiben von mehr Kindern erfüllt wird. Auch fallen dann weniger Kinder unter das Ausschlusskriterium der Minderintelligenz von IQ<70, wodurch sich die Prävalenzraten für spezifische Lese-Rechtschreibschwierigkeiten ebenfalls erhöhen.

Auch die Fertigkeiten im Lesen und Rechtschreiben verändern sich. Das *Institut zur Qualitätsentwicklung im Bildungswesen (IQB)* hat in einer jüngeren Studie zum Bildungsmonitoring berichtet, dass sich die Rechtschreibkompetenzen von Viertklässlern im Vergleich zur letzten Erhebung fünf Jahre zuvor signifikant verschlechtert haben (Weirich, Wittig & Stanat, 2017). Analog zur Intelligenz haben Veränderungen solcher Art Auswirkungen auf die Prävalenzraten von Schwierigkeiten im Schriftspracherwerb. Sie führen zu einer Fehleinschätzung des Anteils an Kindern mit Lernschwierigkeiten, so lange die Normen von Testverfahren den veränderten Bedingungen nicht angepasst sind (vgl. auch Brandenburg et al., 2016).

Verwendete Testformate

Einen Einfluss auf die Prävalenzzahlen haben auch die Testverfahren, die zur Feststellung von schriftsprachlichen Leistungen verwendet werden. Verschiedene Verfahren unterscheiden sich darin, welche Aspekte von Lesen und Rechtschreiben sie erfassen (z. B. Lesegeschwindigkeit vs. Lesegenauigkeit vs. Leseverständnis; lautgetreue vs. orthographisch korrekte Schreibung) oder in welchem Format die Fertigkeiten erfasst werden (z. B. Lückentext vs. Fließtext). In jüngerer Zeit werden Schulleistungstests als Online-Verfahren angeboten, von denen nicht unmittelbar klar ist, inwieweit sie andere Anforderungen stellen als Papier-Versionen der Verfahren. Alle angesprochenen Faktoren können dazu beitragen, dass Prävalenzraten unterschiedlich ausfallen.

Prävalenzzahlen aus verschiedenen Studien sind also häufig nicht unmittelbar miteinander vergleichbar. Es gibt jedoch keinen Standard, der verbindlich festlegen würde, welche Vorgehensweise bei der Prävalenzschätzung die richtige ist und welcher der Prävalenzschätzungen der Vorzug zu geben wäre. Aus diesem Grund ist es eher angemessen, vorhandene Studien zu bündeln und daraus einen Schätzbereich der Prävalenz anzugeben.

2.5.2 Empirische Befunde zu Prävalenzen von Lese- und Rechtschreibschwierigkeiten

In jüngerer Zeit sind einige umfangreiche Prävalenzstudien mit unterschiedlichen Festlegungen der Definitionskriterien von Lernstörungen (doppeltes vs. einfaches Diskrepanzkriterium, strengere vs. liberalere Diskrepanzgrenzen) durchgeführt worden, deren Befunde erkennen lassen, wie sich Auftretenshäufigkeiten von Lese- und Rechtschreibschwierigkeiten verändern, wenn unterschiedliche Operationalisierungen verwendet werden.

Prävalenzraten bei doppeltem Diskrepanzkriterium in Abhängigkeit von verschieden strengen Diagnosekriterien

Wyschkon et al. (2009) überprüften bei Grundschulkindern mit nonverbalem IQ ≥ 70 Prävalenzraten für Lese-, Rechtschreib- und kombinierte Lese-/Rechtschreibschwierigkeiten nach dem doppelten Diskrepanzkriterium.

In Abbildung 2.3 sind die Ergebnisse der Studie zusammengefasst. Die verschiedenen Berechnungsmethoden, die beispielhaft an derselben Stichprobe angewandt wurden, führten zu einer großen Bandbreite der Prävalenzschätzungen. Bei den kombinierten Lese-/Rechtschreibstörungen z. B. reichte sie von 1.4 % (Diskrepanzkriterium von zwei Standardabweichungen) bis zu 8.3 % (Diskrepanzkriterium von 1.2 Standardabweichungen).

Prävalenzraten bei doppeltem und einfachem Diskrepanzkriterium

Fischbach et al. (2013) untersuchten Lese- und Rechtschreibschwierigkeiten bei Kindern aus der zweiten und dritten Klasse sowohl anhand des doppelten als auch des einfachen Diskrepanzkriteriums. Darüber hinaus wurde konsequent zwischen isolierter Lese- bzw. isolierter Rechtschreibschwierigkeit einerseits und Lese- und Rechtschreibschwierigkeiten in kombinierter Form (Schwierigkeiten im Lesen *und* im Rechtschreiben bzw. Schwierigkeiten im Lesen, im Rechtschreiben und im Rechnen) andererseits unterschieden. Kinder mit einem nonverbalen IQ< 85 wurden aus der Erhebung ausgeschlossen. Beim einfachen Diskrepanzkriterium wurde eine

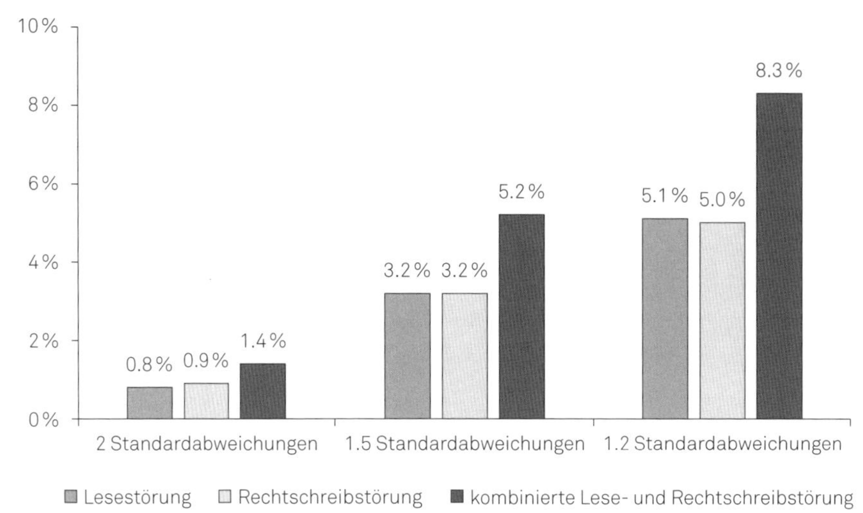

Abbildung 2.3: Prävalenzraten von Störungen des Schriftspracherwerbs in Abhängigkeit von unterschiedlich strengen doppelten Diskrepanzkriterien (nach Wyschkon et al., 2009)

Schwierigkeit im Schriftspracherwerb angenommen, wenn eine Minderleistung im Lesen bzw. Rechtschreiben von mindestens einer Standardabweichung unter dem Altersdurchschnitt vorlag. Das doppelte Diskrepanzkriterium war als eine Minderleistung im Lesen bzw. Rechtschreiben von mindestens einer Standardabweichung unter dem Altersdurchschnitt sowie einer Diskrepanz von mindestens 1.2 Standardabweichungen zwischen Intelligenz und schulischer Leistung definiert. Die unterschiedlichen Prävalenzraten in Abhängigkeit von der Art des Diskrepanzkriteriums sind in Abbildung 2.4 dargestellt.

Insgesamt erfüllten 10.7 % der Kinder das doppelte Diskrepanzkriterium und bei weiteren 7.6 % war nur das einfache, nicht aber das doppelte Diskrepanzkriterium erfüllt. Zusammen genommen waren somit 18.3 % der Kinder von Schwierigkeiten im Schriftspracherwerb betroffen.

Prävalenzraten bei Kindern mit Deutsch als Mutter- und als Zweitsprache

Brandenburg et al. (2016) untersuchten bei Kindern zu Beginn der dritten Klasse (nonverbaler IQ ≥ 70) Prävalenzraten nach dem doppelten Diskrepanzkriterium der ICD-10. Als Grenzwert für die Abweichung der individuellen schulischen Leistung vom Mittelwert der Altersgruppe und für die Diskrepanz zwischen Intelligenz und Leistung im Lesen und Rechtschreiben wurden 1.2 Standardabweichungen festgelegt. Erfasst wurden Lese-Rechtschreibschwierigkeiten, isolierte Rechtschreibschwierigkeiten und kombinierte Lernschwierigkeiten. Ein Großteil der Kinder (45.8 %) hatte Deutsch nicht als Mutter-, sondern als Zweitspra-

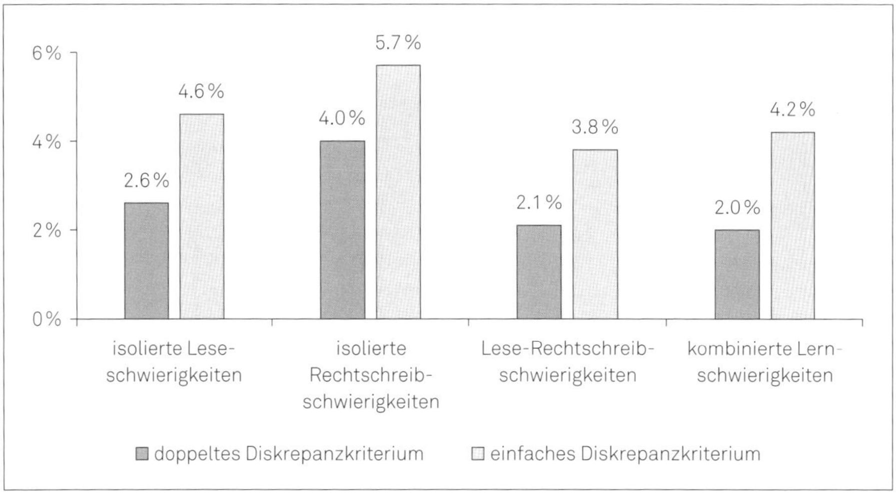

Abbildung 2.4: Prävalenzraten von Schwierigkeiten im Schriftspracherwerb nach dem doppelten und einfachen Diskrepanzkriterium (nach Fischbach et al., 2013)

che erworben. Dies bot die Möglichkeit zu prüfen, ob bei Kindern mit Deutsch als Muttersprache und mit Deutsch als Zweitsprache unterschiedliche Prävalenzzahlen von Schwierigkeiten im Schriftspracherwerb zu finden sind. Die Befunde sind in Tabelle 2.3 zusammengefasst.

Tabelle 2.3: Prävalenzraten von Störungen im Schriftspracherwerb bei Kindern mit Deutsch als Mutter- und als Zweitsprache (nach Brandenburg et al., 2016)

	Lese-Rechtschreibstörung	Isolierte Rechtschreibstörung	Kombinierte Lernstörung
Deutsch als Muttersprache	4.1%	5.3%	2.5%
Deutsch als Zweitsprache	5.6%	9.4%	7.3%
Gesamtstichprobe*	4.8%	7.5%	4.7%

Anmerkung: * eigene Berechnungen

Die Kinder mit Deutsch als Zweitsprache wiesen erhöhte Prävalenzzahlen von Schwierigkeiten im Schriftspracherwerb auf. Ein Grund hierfür kann in einer geringeren Vertrautheit mit der deutschen Sprache gesehen werden, die dazu führt, dass überproportional viele Kinder das Kriterium einer signifikanten Abweichung der Lese- bzw. Rechtschreibleistung von der nonverbalen Intelligenz erfüllen. Um diese Erklärungsmöglichkeit zu überprüfen, wurden für die beiden Teilstichproben separate Normen für die schriftsprachlichen Leistungen berechnet und als

Grundlage genommen, um die Prävalenzen von Lernstörungen zu bestimmen. Die auf dieser Basis berechneten Prävalenzraten unterschieden sich nicht signifikant zwischen den beiden Teilgruppen der Kinder mit Deutsch als Mutter- und Deutsch als Zweitsprache. Befunde dieser Art wurden teilweise zum Anlass genommen, bei Schulleistungstests in Ergänzung zu den Normen für die Gesamtstichprobe zusätzlich separate Normen für Kinder zu erstellen, die Deutsch nicht als Muttersprache erworben haben. Umgesetzt worden ist dieses Vorgehen im Bereich *Lesen* beim ELFE II (Lenhard & Lenhard, 2017) und im Bereich *Rechtschreiben* bei der WRT-Reihe (Birkel, 2007a–c; Birkel & Berwanger, 2022).

Prävalenzraten in Abhängigkeit vom Geschlecht

Von grundlegendem Interesse ist bei Prävalenzstudien die Frage, ob sich Schwierigkeiten im Schriftspracherwerb bei Jungen und Mädchen gleich oder verschieden verteilen. In größeren epidemiologischen Studien zeichnet sich ein differenziertes Bild ab. Geschlechtsspezifische Effekte sind nachweisbar, treten jedoch bei verschiedenen Formen von Schwierigkeiten im Schriftspracherwerb in unterschiedlichem Ausmaß auf. In der Studie von Fischbach et al. (2013) war der Geschlechtseffekt am stärksten bei der Lese-Rechtschreibschwierigkeit ausgeprägt. Jungen waren zwei bis drei Mal häufiger betroffen als Mädchen. Geringer fiel das Ungleichgewicht bei isolierten Rechtschreibschwierigkeiten aus. Sie traten bei Jungen im Vergleich zu Mädchen etwa doppelt so häufig auf. Bei isolierten Leseschwierigkeiten fanden sich keine Unterschiede zwischen den Anteilen an Jungen und Mädchen und bei der kombinierten Lernstörung bestand sogar eine leichte Tendenz zu einem größeren Anteil an Mädchen im Vergleich zu Jungen. Dies lässt sich darauf zurückführen, dass an kombinierten Lernschwierigkeiten neben den Schwierigkeiten im Lesen und Rechtschreiben zusätzlich Rechenschwierigkeiten beteiligt sind und Rechenschwierigkeiten bei Mädchen insgesamt häufiger auftreten als bei Jungen. Befunde aus anderen neueren Prävalenzstudien, in denen ebenfalls zwischen verschiedenen Formen von Schwierigkeiten im Schriftspracherwerb unterschieden wurde, entsprechen weitgehend denen von Fischbach et al. (2013). Deutlich mehr Jungen als Mädchen wiesen Lese-/Rechtschreibschwierigkeiten bzw. isolierte Rechtschreibschwierigkeiten auf, während bei den Leseschwierigkeiten das Geschlechterverhältnis annähernd ausgeglichen war (z. B. Moll, Kunze et al., 2014).

2.6 Persistenzen von Lese- und Rechtschreibschwierigkeiten

In der Schule bahnen sich Lese- und Rechtschreibschwierigkeiten früh an. Erste Hinweise auf Schwierigkeiten im Lesen können sich bereits im Anfangsunterricht manifestieren, wenn es Kindern erkennbar schwerfällt, mehrere Grapheme zu einem Wort zusammenzuziehen (lautierendes Lesen). Die Leseflüssigkeit ist stark reduziert. Im Rechtschreiben gehört zu den frühen Anzeichen besonderer Schwierigkeiten, dass es Probleme bereitet, die Phoneme eines gehörten Wortes vollständig und in der richtigen Reihenfolge als Grapheme zu schreiben (lautorientiertes Schreiben). Die Persistenz von diagnostizierten Lese-Rechtschreibschwierigkeiten wird in Längsschnittstudien untersucht. Studien dieser Art sind für den deutschsprachigen Sprachraum nur in begrenzter Anzahl vorhanden.

Persistenz von Schwierigkeiten im Lesen und Rechtschreiben bei Kindern mit Lese-Rechtschreibstörung

In zwei (Potsdamer) Studien mit teilweise überlappenden Stichproben (Kohn, Wyschkon, Ballaschk, Ihle & Esser, 2013; Wyschkon et al., 2018) wurde die Stabilität von Lese-Rechtschreibschwierigkeiten untersucht, die nach den Kriterien der ICD-10 diagnostiziert worden waren. In der Studie von Wyschkon et al. (2018) wurden die Entwicklungsverläufe von Lese-Rechtschreibschwierigkeiten bei Kindern und Jugendlichen aus der zweiten bis zur neunten Klasse über einen Zeitraum von fünf Jahren analysiert. Die Schwierigkeiten im Schriftspracherwerb wurden in Anlehnung an die ICD-10 über das einfache und doppelte Diskrepanzkriterium (mit einer Diskrepanz von jeweils 1.5 Standardabweichungen) erfasst. Etwa dreieinhalb Jahre nach der Diagnose einer *Lese-Rechtschreibstörung* (definiert über das doppelte Diskrepanzkriterium) wiesen noch 73 % der betroffenen Kinder und Jugendlichen weit unterdurchschnittliche Leistungen im Schriftspracherwerb auf: Bei 41 % war weiterhin das doppelte Diskrepanzkriterium für eine Lese-Rechtschreibstörung erfüllt und 32 % zeigten unterdurchschnittliche schriftsprachliche Leistungen, die das einfache Diskrepanzkriterium (Lese-Rechtschreibschwäche) erfüllten.

Im weiteren Entwicklungsverlauf verbesserten sich über einen Zeitraum von eineinhalb Jahren bei etwa einem Drittel der Kinder und Jugendlichen, die noch in der Studie verblieben waren, die schriftsprachlichen Kompetenzen so weit, dass sie nicht mehr im unterdurchschnittlichen Bereich lagen. Bei der Mehrheit blieben die Schwierigkeiten jedoch erhalten. Bei 48 % waren die Kriterien für eine Lese-Rechtschreibstörung und bei 20 % für eine Lese-Rechtschreibschwäche erfüllt.

Persistenz von Schwierigkeiten im Lesen und Rechtschreiben bei Kindern mit kombinierten Störungen schulischer Fertigkeiten

In einer zweijährigen Längsschnittstudie haben Skowronek, Schuchardt und Mähler (2018) bei Kindern mit *kombinierten Störungen schulischer Fertigkeiten* (unterdurchschnittliche Leistungen im Leseverständnis und/oder Rechtschreiben und im Rechnen bei mindestens durchschnittlicher Intelligenz) die Stabilität von Lese- und von Rechtschreibschwierigkeiten untersucht. Die Störungsdiagnose erfolgte Ende der zweiten/Anfang der dritten Klasse nach dem doppelten Diskrepanzkriterium (schulische Leistungen mindestens eine Standardabweichung unter dem Klassenmittelwert und Diskrepanz zwischen schulischer Leistung und Intelligenz mindestens 1.2 Standardabweichungen). Über zwei Jahre hinweg waren bei den Kindern mit kombinierten Störungen schulischer Fertigkeiten die Rechtschreibschwierigkeiten persistierender als die Leseschwierigkeiten. Am Ende der vierten Klasse lagen bei 70 % der Kinder mit ursprünglicher Störungsdiagnose die *Rechtschreibleistungen* weiterhin im weit unterdurchschnittlichen Bereich. Demgegenüber lag der Anteil der Kinder, die im *Lesen* weit unterdurchschnittliche Leistungen erbrachten, nur bei 47 %.

Persistenz von Schwierigkeiten im Lesen und im Rechtschreiben bei Kindern mit Lese-, Rechtschreib- oder kombinierter Lese-Rechtschreibschwäche

Moll, Gangl, Banfi, Schulte-Körne und Landerl (2020) haben bei Kindern aus der dritten Klasse in einem ein- bzw. zweijährigen Längsschnitt die Stabilität von Schwierigkeiten im Schriftspracherwerb (isolierte Lese-, isolierte Rechtschreib- und kombinierte Lese-Rechtschreibschwierigkeiten) überprüft. Die Schwierigkeiten waren nach dem einfachen Diskrepanzkriterium als Leistungen im Lesen bzw. im Rechtschreiben mit einem Prozentrang ≤ 20 operationalisiert. Kinder mit einem nonverbalen IQ < 85 waren aus der Studie ausgeschlossen. In allen drei Gruppen gab es einen nicht unerheblichen Anteil an Kindern, die zum zweiten Messzeitpunkt nach ein bis zwei Jahren weiterhin die Kriterien für Schwierigkeiten im Schriftspracherwerb erfüllten. Die Stabilitäten waren bei den isolierten Leseschwierigkeiten (mit einem Anteil von 60 % an Kindern mit stabiler Gruppenzugehörigkeit) und den Lese-Rechtschreibschwierigkeiten (Anteil stabiler Gruppenzugehörigkeit 63 %) deutlich höher als bei den Schwierigkeiten im Rechtschreiben (Anteil stabiler Gruppenzugehörigkeit 32 %).

Insgesamt zeigen die Befunde studienübergreifend, dass Schwierigkeiten im Schriftspracherwerb nicht unüberwindbar sind. In allen Studien haben sich über mehrjährige Zeiträume bei einem Teil der Kinder mit diagnostizierten Lese-Rechtschreibschwierigkeiten die schriftsprachlichen Kompetenzen so weit verbessert, dass sie im unauffälligen Bereich lagen. Der überwiegende Teil der Kinder und Jugendlichen zeigte jedoch Lese- und Rechtschreibleistungen, die weitgehend stabil im unterdurchschnittlichen Bereich verblieben. Dies ist auch deshalb bedeutsam, weil unzureichende Lese-Rechtschreibkompetenzen mit einer Gefährdung des Schulerfolgs (schlechtere Schulnoten, vermehrte Klassenwiederholungen, seltenerer Übertritt ins Gymnasium) und einer Beeinträchtigung der späteren gesellschaftlichen Teilhabe (niedrigeres Berufsausbildungsniveau, geringeres Einkommen) einhergehen (Kohn, Wyschkon, Ballaschk et al., 2013).

2.7 Kontroversen zu den Konstrukten der Lese- und Rechtschreibschwierigkeiten

In den vorangegangenen Abschnitten haben wir dargelegt, wie Lese- und Rechtschreibschwierigkeiten in den internationalen Klassifikationssystemen ICD und DSM und in der nationalen S3-Leitlinie definiert und operationalisiert werden. Es hat sich gezeigt, dass die Festlegungen nicht einheitlich sind. Vielmehr liegen unterschiedliche und z. T. sogar gegensätzliche Auffassungen vor. Die Bandbreite verschiedener Auffassungen zu Schwierigkeiten beim Erwerb von Lese- und Rechtschreibfertigkeiten ist weitaus größer, als sich in den Klassifikationssystemen und der S3-Leitlinie widerspiegelt und reicht hin bis zu kritischen Positionen, die darauf abzielen, die Konstrukte selbst in Frage zu stellen (z. B. Elliott & Grigorenko, 2014). Neben divergierenden Auffassungen in der wissenschaftlichen Diskussion finden sich auch im schulischen Umfeld sehr heterogene Auffassungen zu den typischen Fragen, was unter Lese- und Rechtschreibschwierigkeiten verstanden werden sollte, wie Lese- und Rechtschreibschwierigkeiten diagnostiziert werden sollten und welche Interventionen angemessen sind. Ausgewählte kontroverse Auffassungen und Herangehensweisen erörtern wir im Folgenden detaillierter.

2.7.1 Unterschiedliche Richtlinien zum Umgang mit Lese- und Rechtschreibschwierigkeiten in den Bundesländern

Die Kultusministerkonferenz (KMK) hat allgemeine Grundsätze formuliert, die darauf abzielen, Kinder mit besonderen Schwierigkeiten beim Erwerb von Lesen, Rechtschreiben und Rechnen durch spezifische schulische Maßnahmen (individuelle Förderpläne, Nachteilsausgleich, „Notenschutz") zu unterstützen (Kultusministerkonferenz, 2007). In Anlehnung an diese Grundsätze wurden in allen 16 Bundesländern Richtlinien zur Förderung von Kindern mit Lese- und Rechtschreibschwierigkeiten erlassen. Die länderspezifischen Erlasse orientieren sich jedoch nicht unbedingt an den Klassifikationssystemen bzw. der S3-Leitlinie. Sie sind sehr unterschiedlich gestaltet und die Rahmenbedingungen zur Feststellung von Lernschwierigkeiten und zur individuellen schulischen Förderung betroffener Kinder unterscheiden sich zwischen den Bundesländern teilweise erheblich. So kann es im Einzelfall durchaus dazu führen, dass bei einem Schulortwechsel von einem zu einem anderen Bundesland die vorliegende Diagnose einer Lese-Rechtschreibschwierigkeit im neuen Bundesland nicht anerkannt wird und das betroffene Kind seinen Anspruch auf Fördermaßnahmen verliert. Auf die länderspezifischen Erlasse wird in Kapitel 7 ausführlicher eingegangen.

2.7.2 Lese-Rechtschreibstörung und allgemeine Leseschwäche

In der ICD-10 wird für den Bereich der Lese-Rechtschreibschwierigkeiten eine Unterscheidung zwischen Lese-Rechtschreibstörung und allgemeiner Leseschwäche vorgenommen. Die Operationalisierungen der Konstrukte *Störung* und *Schwäche* unterscheiden sich durch die Festlegung, welches Diskrepanzkriterium angewendet wird. Dem Störungskonzept liegt das *doppelte* Diskrepanzkriterium zugrunde (die schulische Leistung liegt deutlich unter dem Mittelwert der Peergruppe *und* auch signifikant unter dem Niveau, das aufgrund der individuellen Intelligenz erwartet werden kann). Bei einer Lernschwäche ist nur das *einfache* Diskrepanzkriterium (Abweichung der schulischen Leistung vom Mittelwert der Peergruppe) erfüllt. Die Differenzierung zwischen Lernstörung und Lernschwäche ist nicht trivial, sondern hat nach den gesetzlichen Regelungen für Kinder- und Jugendhilfe (Sozialgesetzbuch, SGB VIII § 35a) Auswirkungen auf den Anspruch einer Finanzierung von Fördermaßnahmen durch das Jugendamt. Die aktuellen gesetzlichen Regelungen sind so gestaltet, dass auch dann, wenn verschiedene Kinder in ihren schulischen Leistungen gleich schwach sind und die Abweichung ihrer individuellen Leistungen vom Mittelwert der Peergruppe gleich groß ist, dennoch ein unterschiedlicher Förderanspruch vorliegen kann, weil eine Finanzierung von Fördermaßnahmen selektiv nur gewährt wird, wenn die Diagnose einer Lern*störung* vorliegt. Kinder mit der Diagnose einer Lern*schwäche* fallen durch das Raster.

Als Begründung für die Unterscheidung zwischen Lese-Rechtschreibstörung und allgemeiner Leseschwäche wird in der ICD-10 angeführt, dass die beiden Varianten von Lese-Rechtschreibschwierigkeiten einen unterschiedlich starken Zusammenhang zur Sprachentwicklung aufweisen. In der wissenschaftlichen Literatur wird die Differenzierung zwischen Lernstörung und Lernschwäche kontrovers diskutiert. Als ein gewichtiges Argument für die Unterscheidung wurde verschiedentlich vorgetragen, dass sich Kinder mit Lern*störungen* und Lern*schwächen* in den kognitiven Faktoren und Prozessen unterscheiden, die ihren Schwierigkeiten zugrunde liegen. Darüber hinaus wurde die Auffassung vertreten, dass die beiden Gruppen auf Interventionen unterschiedlich ansprechen. Die Forschung konnte beide Auffassungen nicht eindeutig bestätigen (AWMF, 2015). Verschiedene Befunde deuten darauf hin, dass kognitive Funktionsdefizite in der phonologischen und visuellen Informationsverarbeitung oder im Arbeitsgedächtnis bei Kindern mit Lernstörungen und Lernschwächen nicht signifikant unterschiedlich ausfallen (Brandenburg et al., 2013). Darüber hinaus scheinen die beiden Teilgruppen in vergleichbarem Ausmaß von Interventionen im Rechtschreiben zu profitieren (Weber, Marx & Schneider, 2002). Selbst das Intelligenzniveau der betroffenen Kinder erwies sich insgesamt nicht als ein bedeutsamer Prädiktor für die Wirksamkeit von Interventionen im Lesen (Stuebing, Barth, Trahan, Reddy, Miciak &

Fletcher, 2015). Auf der Basis dieser Befundlage wird bereits seit längerer Zeit verschiedentlich gefordert, auf das Kriterium der Diskrepanz zwischen schulischer Leistung und Intelligenz ganz zu verzichten (vgl. Mähler, 2021). Im DSM-5 ist dieser Forderung entsprochen. In der ICD-10 und ebenfalls in der ganz aktuellen ICD-11 wird das Kriterium der Diskrepanz zwischen schulischer Leistung und Intelligenz demgegenüber beibehalten.

Aus der Perspektive der Befürworter des doppelten Diskrepanzkriteriums lässt sich als Argument anführen, dass die kognitiven Prozesse, die zu unterschiedlichen Fertigkeiten im Lesen und Rechtschreiben beitragen, nicht vollständig geklärt sind und somit nicht hinreichend sicher ausgeschlossen werden kann, dass in bisher nicht untersuchten kognitiven Funktionen systematische Unterschiede zwischen beiden Teilgruppen vorhanden sind, die eine Differenzierung rechtfertigen (Hasselhorn & Büttner, 2017). Aber auch dann, wenn es gelingen sollte, die beiden Teilgruppen anhand von kognitiven Faktoren zu differenzieren, ließe sich daraus nicht zwingend die Forderung ableiten, die Gruppen in unterschiedlicher Weise oder gar in unterschiedlichem Ausmaß zu fördern. Die adäquate Basis für evidenzbasierte Empfehlungen zur Implementation von Fördermaßnahmen stellen empirische Forschungsbefunde dar, die anhand von *Interventions*studien gewonnen worden sind und Hinweise darauf geben, welche Fördermaßnahmen für welche Personengruppen angemessen sind und bei ihnen zu substanziellen Leistungsverbesserungen führen (vgl. dazu ausführlicher Kapitel 6).

2.7.3 Kategoriale versus dimensionale Diagnostik

In den internationalen Klassifikationssystemen und in der S3-Leitlinie sind Lernschwierigkeiten dadurch definiert, dass schulische Leistungen einen festgelegten Grenzwert, operationalisiert über einen T-Wert in einem Schulleistungstest (z. B. T=35), unterschreiten. Diesem Vorgehen liegt eine kategoriale Denkweise der Diagnostik zugrunde, der zufolge Kinder mit und ohne Lernschwierigkeiten zwei distinkten Kategorien zuzuordnen sind, die sich qualitativ unterscheiden. Mit dieser Vorgehensweise sind verschiedene Aspekte verbunden, die kontrovers diskutiert werden.

Schulische Fertigkeiten verteilen sich in der Population der Schulkinder kontinuierlich (vergl. Kapitel 2.3.2). Vor diesem Hintergrund sind Schulleistungstests nach einer *dimensionalen* Denkweise konstruiert, der zufolge sich schulische Leistungen nach quantitativen und nicht nach qualitativen Aspekten unterscheiden. Dementsprechend bringen in einem Lese- oder Rechtschreibtest zwei unterschiedliche T-Werte ausschließlich zum Ausdruck, dass beim niedrigeren T-Wert (z. B. T=35) mehr Lese- oder Rechtschreibfehler gemacht wurden als beim höheren T-Wert (z. B. T=41), eine qualitative Differenzierung der schulischen Leistungen ist mit den unterschiedlichen T-Werten nicht per se verbunden. Bei der Interpretation von Testwerten hat sich etabliert, Leistungen, die mehr als eine Standardabweichung unterhalb des Mittelwertes liegen, als *unterdurchschnittlich* zu interpretieren. Diese Differenzierung erfolgt nach quantitativen, nicht nach qualitativen Gesichtspunkten.

In den Klassifikationssystemen und in der S3-Leitlinie dienen Standardabweichungen demgegenüber als Grenzwerte zur Einteilung von Kindern und Jugendlichen nach den Kategorien *mit* und *ohne Lernschwierigkeiten*. Diese *kategoriale* Festlegung impliziert eine qualitative Unterscheidung, die dahingehend kritisiert wird, dass sie ohne klares theoretisches Fundament und in ihren praktischen Konsequenzen diskussionswürdig ist. In theoretischer Hinsicht erweist sich als problematisch, dass die dimensionale Vorgehensweise keine Anhaltspunkte enthält, ab welchem Grenzwert eine Leistung als qualitativ andersartig und damit als behandlungsbedürftige Minderleistung anzusehen ist. Die in den Klassifikationssystemen und in der S3-Leitlinie vorgenommenen Festlegungen sind arbiträr und gehen mit Plausibilitätsproblemen einher. Ein Kind mit einer schulischen Leistung, die einem Wert von T = 39 entspricht, erhält bei einem Grenzwert von einer Standardabweichung gerade noch die Diagnose einer Lese- oder Rechtschreibschwierigkeit. Bei einem Kriterium von eineinhalb Standardabweichungen fällt es jedoch durch das Raster, weil seine Leistung nicht weit genug vom Mittelwert der Peergruppe abweicht. Während im ersten Fall eine schulische Leistung attestiert wird, die eine qualitative Besonderheit aufweist, wird im zweiten Fall die Diagnose einer qualitativen Andersartigkeit trotz identisch schwacher Leistung nicht vergeben.

Dies ist in praktischer Hinsicht problematisch, weil Fördermaßnahmen nur denjenigen Kindern zugutekommen, die einen festgelegten Grenzwert (Cut-Off) überschreiten. Kinder, die den Cut-Off-Wert verfehlen, erhalten keine Unterstützung. Im zuvor skizzierten Beispiel würde das Kind bei einem Grenzwert von einer Standardabweichung eine Fördermaßnahme erhalten, bei einem Grenzwert von eineinhalb Standardabweichungen demgegenüber nicht. Die Problematik hat noch einen weiteren Aspekt. Fördermaßnahmen werden auch dann nicht gewährt, wenn der Cut-Off-Wert nur ganz knapp verfehlt wird. Da sich die Leistungen in Lesen und Rechtschreiben kontinuierlich verteilen, werden durch die Setzung von Cut-Off-Werten manche Kinder von Fördermaßnahmen ausgeschlossen, obwohl sie sich in ihrer Leistungsfähigkeit nur minimal von Kindern unterscheiden, die den Cut-Off-Wert gerade überschreiten und die Diagnose einer Lernschwierigkeit erhalten (Büttner & Hasselhorn, 2011).

3 Ätiologie von Lese-Rechtschreibschwierigkeiten

Die Verursachung von Lese-Rechtschreibschwierigkeiten ist bisher nicht im Detail geklärt. Generell wird davon ausgegangen, dass Lernschwierigkeiten multifaktoriell (also durch viele gleichzeitig wirkende Faktoren) bedingt sind. Dies trifft auch auf Lese- und Rechtschreibschwierigkeiten zu. Nach gängigen biopsychosozialen Modellvorstellungen sind an der Herausbildung von Lese-Rechtschreibschwierigkeiten *biologische* Faktoren (u.a. Genom, Funktionsbesonderheiten verschiedener Hirnareale), *psychologische* Faktoren (u.a. kognitive Verarbeitung akustischer und visueller Informationen) und *soziale* Faktoren (u.a. ungünstige familiäre Lernumgebung) beteiligt. Beeinträchtigungen in all diesen Bereichen können Auswirkungen auf das Auftreten und das Ausmaß der Schwierigkeiten haben.

3.1 Genetische Grundlagen von Lese-Rechtschreibschwierigkeiten

Die Schrift und die damit verbundenen Fertigkeiten des Lesens und Schreibens sind in der Geschichte der Menschheit späte kulturelle Errungenschaften. Früheste Nachweise des Gebrauchs von *Keilschrift* gehen auf die Zeit ca. 5.500 vor Christus zurück und der Beginn der *Alphabetschrift* wird auf den Zeitraum ca. 1.500 vor Christus datiert. Anders als in der heutigen Zeit war die Kenntnis der Schrift in den frühen Kulturen einer kleinen Minderheit vorbehalten, und erst ab dem Mittelalter hatten breitere Bevölkerungsschichten Zugang zur Schriftkultur (Schneider, 2017). Die aus der Perspektive der Menschheitsentwicklung vergleichsweise kurze Zeitspanne von etwa 3.500 bis maximal 7.500 Jahren und die über lange Zeit geringe gesellschaftliche Verbreitung des Schriftsprachgebrauchs stellen keine ausreichende Grundlage dar, um im menschlichen Genom seinen Niederschlag in Form *schriftsprachspezifischer* Gene zu finden. An Lese- und Rechtschreibleistungen sind jedoch Fertigkeiten zur Verarbeitung von Lautsprache, zur visuellen Wahrnehmung von Objekten und zum Abruf von Informationen aus dem Gedächtnis beteiligt, deren genetischen Grundlagen unbestritten sind. Über diese schriftsprachrelevanten Fertigkeiten wirken sich die im menschlichen Genom verankerten genetischen Informationen auf den Erwerb von Schriftsprache aus.

Schriftsprachrelevante Fertigkeiten setzen sich aus Komponenten zusammen, die sehr unterschiedlichen kognitiven Bereichen zuzuordnen sind (z. B. phonologische Bewusstheit, visuelle Dekodierfähigkeit, Arbeitsgedächtnis). Die Funktionstüchtigkeiten kognitiver Mechanismen lassen sich in ihrer Heterogenität nicht auf einzelne Gene zurückführen, sondern basieren auf dem Zusammenwirken verschiedener Gene auf unterschiedlichen Chromosomen. Diese gehören zur genetischen Grundausstattung im menschlichen Genom und Variationen der Gene innerhalb des Genoms tragen zu einer kontinuierlichen Verteilung der Fertigkeiten in der Gesamtbevölkerung bei. Lese-Rechtschreibschwierigkeiten sind dementsprechend nicht durch einzelne Gene oder durch Genkonstellationen bedingt, die exklusiv bei den von den Schwierigkeiten betroffenen Personen vorhanden wären, sondern spiegeln Ausprägungen schriftsprachrelevanter Fertigkeiten am unteren Ende der Leistungsverteilung in der Gesamtpopulation wider. Aufgrund der genetischen Ausgangsbedingungen sind die Abstufungen graduell und eine klare *qualitative* Trennung zwischen Personen mit und ohne Schwierigkeiten ist auf dieser Basis nicht möglich.

Genetische Grundlagen von Lernschwierigkeiten wurden mit Hilfe von molekulargenetischen und verhaltensgenetischen Studien untersucht. In *molekular*genetischen Studien wird versucht, Risikogene zu identifizieren, die an der Entwicklung von Lernschwierigkeiten beteiligt sind. *Verhaltens*genetische Studien versuchen demgegenüber abzuschätzen, in welchem Verhältnis Erb- und Umweltfaktoren sowie deren Wechselwirkungen zur Ausprägung der Lernschwierigkeiten bzw. zur Erklärung individueller Unterschiede in schriftsprachlichen Leistungen beitragen.

Molekulargenetische Studien haben auf verschiedenen Chromosomen Hinweise auf Regionen ergeben, in denen vermutlich Risikogene für kognitive Fertigkeiten liegen, die mit Lese- und Rechtschreibfertigkeiten und damit auch mit Lese-Rechtschreibschwierigkeiten zusammenhängen. Einem Teil der Risikogene werden die Funktionen zugeschrieben, während der pränatalen Gehirnentwicklung die Wanderung von Neuronen an ihren endgültigen cerebralen Bestimmungsort und die Ausbildung von Verknüpfungen zwischen Neuronen zu steuern. Bei einem anderen Teil der Risikogene ist die Funktion noch unklar. Die Befunde sind jedoch insgesamt bisher wenig konsistent und eine allgemein akzeptierte Verifizierung der Risikogene und ihrer Funktionen steht noch aus (Pennington, McGrath & Peterson, 2019). Auch wenn auf molekulargenetischer Ebene die Identifikation von Risikogenen und eine Entschlüsselung ihrer Funktionen bisher nicht abgeschlossen ist, gilt dennoch als gesichert, dass die kognitiven Fertigkeiten, die zu schriftsprachlichen Leistungen beitragen, genetische Grundlagen haben. Das zeigen verhaltensgenetische Studien, in denen die Auftretenshäufigkeit von Lese-Rechtschreibschwierigkeiten in Familien mit erhöhtem Risiko für das Auftreten von Schriftsprachschwierigkeiten überprüft wurden.

Verhaltensgenetische Studien zu Lese-Rechtschreibschwierigkeiten basieren darauf, dass die Vererbung von Genen zu Gemeinsamkeiten im Genom zwischen Eltern und Kindern und zwischen Verwandten ersten Grades (z. B. Geschwistern) führt. Geprüft wird in solchen Studien, ob bei Personen, deren Eltern und/oder Geschwister von Lese-Rechtschreibschwierigkeiten betroffen sind, gehäuft Schriftsprachprobleme auftreten. Familien, in denen mindestens ein Mitglied von Lese-Rechtschreibschwierigkeiten betroffen ist, werden als Familien mit erhöhtem Risiko für das Auftreten von Schriftsprachschwierigkeiten bezeichnet. Snowling und Melby-Lervåg (2016) analysierten in einer Metaanalyse, die sich auf 21 unabhängige Stichproben stützte, die Prävalenzraten von *Lese*schwierigkeiten (Dyslexie). Während bei Personen aus Familien mit erhöhtem Dyslexie-Risiko die durchschnittliche Prävalenzrate 45 % betrug, traten bei Personen aus Familien ohne erhöhtes Dyslexie-Risiko Leseschwierigkeiten lediglich mit einer Häufigkeit von 12 % auf.

Neben Familien mit erhöhtem Risiko für das Auftreten von Schriftsprachschwierigkeiten sind in verhaltensgenetischen Studien Zwillingspaare einbezogen worden, um den Einfluss von Genen auf das Auftreten von Schriftsprachschwierigkeiten zu untersuchen. Eineiige Zwillinge haben ein identisches Genom mit hundertprozentiger Übereinstimmung. Das Genom zweieiiger Zwillinge stimmt demgegenüber wie bei altersungleichen Geschwistern durchschnittlich zu fünfzig Prozent überein. Sowohl bei eineiigen als auch bei zweieiigen Zwillingspaaren machen die Paarlinge zumeist ähnliche Umwelterfahrungen (z. B. in Form gleicher Beschulung). Tritt bei eineiigen im Vergleich zu zweieiigen Zwillingspaaren eine höhere Übereinstimmung (Konkordanz) in schriftsprachlichen Fertigkeiten und in der Auftretenshäufigkeit von Lese-Rechtschreibschwierigkeiten auf, wird dies als Hinweis auf genetische Einflussfaktoren gewertet.

Zur Überprüfung der Konkordanz stehen ein kategorialer und ein dimensionaler Ansatz zur Verfügung. Bei der *kategorialen* Vorgehensweise wird ein Cut-off-Wert verwendet, um Personen mit und ohne Lernschwierigkeiten zu unterscheiden und es wird analysiert, ob sich die Konkordanzraten von Lernschwierigkeiten bei eineiigen und zweieiigen Zwillingen unterscheiden. In der *Colorado Zwillingsstudie* waren bei 68 % von 186 eineiigen Zwillingspaaren beide Paarlinge von Leseschwierigkeiten betroffen. Demgegenüber betrug die Konkordanzrate bei 138 zweieiigen gleichgeschlechtlichen Zwillingspaaren nur 38 % (DeFries & Alarcón, 1996). Bei der *dimensionalen* Vorgehensweise wird berücksichtigt, dass die Verteilung schulischer Leistungen kontinuierlich ist. Die Konkordanz wird überprüft, indem über das gesamte Leistungsspektrum hinweg Korrelationen zwischen den Leistungen der Paarlinge berechnet werden. In der *Florida Zwillingsstudie* betrug bei eineiigen Zwillingen die Korrelation zwischen Leseleistungen über die Grundschuljahre hinweg etwa $r = .80$, während sie bei zweieiigen gleichgeschlechtlichen Zwillingen bei etwa $r = .50$ lag (Hart, Logan, Soden-Hensler, Kershaw, Taylor & Schatschneider, 2013).

Die höheren Konkordanzraten bei den eineiigen Zwillingen verweisen auf den Einfluss genetischer Faktoren auf die Prävalenz von Leseschwierigkeiten. Gleichzeitig zeigen die Befunde, dass Umweltfaktoren ebenfalls einen nicht unerheblichen Einfluss auf die Ausprägung von Schwierigkeiten im Schriftspracherwerb haben, da die Konkordanz bei den eineiigen Zwillingen deutlich unter 100 % lag.

Die bisher berichteten Befunde belegen den Einfluss genetischer Faktoren auf die Ausprägung von Lese-Rechtschreibschwierigkeiten. In weiterführenden Analysen wurde versucht, das Ausmaß dieses Einflusses zu quantifizieren, indem die *Erblichkeit (Heritabilität)* von Lese-Rechtschreibschwierigkeiten geschätzt wurde. Die Erblichkeit wird dabei über einen Index erfasst, der angibt, welcher Anteil der phänotypischen Variation eines Merkmals auf die Variation in der genetischen Ausstattung zurückgeführt werden kann. Der Index kann Werte zwischen null und hundert Prozent annehmen. Anteile der phänotypischen Variation, die nicht auf Unterschiede in der genetischen Ausstattung zurückgeführt werden können, werden durch Variationen in den Umweltbedingungen erklärt. Befunde aus Zwillingsstudien lassen darauf schließen, dass Unterschiede in der genetischen Ausstattung in der Gesamtpopulation zu etwa 50 bis 60 % zu den individuellen Unterschieden in Bezug auf Leseschwierigkeiten beitragen (Olson, Keenan, Byrne & Samuelsson, 2017). Werden nach sozialen oder familialen Merkmalen Subgruppen gebildet, sind unterschiedliche Ausprägungen der Erblichkeit in den Subgruppen nicht untypisch. In einer Studie von Friend, DeFries und Olson (2008) erwies sich das Bildungsniveau der Eltern als ein Faktor, der einen Einfluss auf die Erblichkeit von Leseschwierigkeiten hatte. Höheres Bildungsniveau der Eltern ging mit einem Erblichkeitsindex von 71 % einher, während in Familien mit einem niedrigeren Bildungsniveau der Erblichkeitsindex 49 % betrug. Diese Befunde deuten darauf hin, dass sich in Familien mit höherem Bildungsniveau Unterschiede in den Lernumgebungen weniger gravierend auf die Ausprägung von Leseschwierigkeiten auswirkten als in Familien mit niedrigerem Bildungsniveau (z. B. weil die Unterschiede in den Lernumgebungen in Familien mit höherem Bildungsniveau geringer waren als in Familien mit niedrigerem Bildungsniveau) und dadurch bei der Bestimmung der Erblichkeit Unterschiede in der genetischen Ausstattung als Bedingungsfaktoren von Leseschwierigkeiten stärker ins Gewicht fielen.

Fokus 3.1: Erblichkeit und Veränderbarkeit eines Merkmals

Ein mögliches Missverständnis besteht darin, einen hohen Erblichkeitsindex gleichzusetzen mit geringer pädagogischer Veränderbarkeit eines Merkmals. Die Erblichkeit eines Merkmals bringt jedoch nur zum Ausdruck, in welchem Ausmaß genetische Faktoren im Vergleich zu Umweltfaktoren zu den unterschiedlichen Ausprägungen des Merkmals in einer Population beitragen. Über die Veränderbarkeit des Merkmals macht der Erblichkeitsindex keine Angaben. Dies bedeutet, dass auch bei einem hohen Erblichkeitsindex die Möglichkeit vorhanden sein kann, durch geeignete Maßnahmen das Merkmal zu beeinflussen. Ein Beispiel hierfür ist Intelligenz, die als Persönlichkeitsmerkmal einen vergleichsweise hohen Erblichkeitsindex aufweist und gleichzeitig durch Fördermaßnahmen substanziell (wenn auch nicht beliebig) gesteigert werden kann.

3.2 Neurofunktionale Grundlagen von Lese-Rechtschreibschwierigkeiten

Gesteuert von genetischen Prozessen wird während der vorgeburtlichen Entwicklung die Struktur des menschlichen Großhirns ausdifferenziert. Es bilden sich zwei Gehirnhälften, die jeweils in vier Hirnlappen unterteilt sind und die als *Frontallappen* (Stirn), *Parietallappen* (Scheitel), *Temporallappen* (Schläfe) und *Okzipitallappen* (Hinterhaupt) bezeichnet werden (vergl. Abbildung 3.1). Die Hirnlappen bestehen aus neuronalen Zellverbänden *(graue Substanz),* die auf unterschiedliche Aufgabenstellungen und Funktionen (z. B. Produktion vs. Verstehen von Sprache, Wahrnehmung von visuellen oder akustischen Reizen) spezialisiert sind. Zwi-

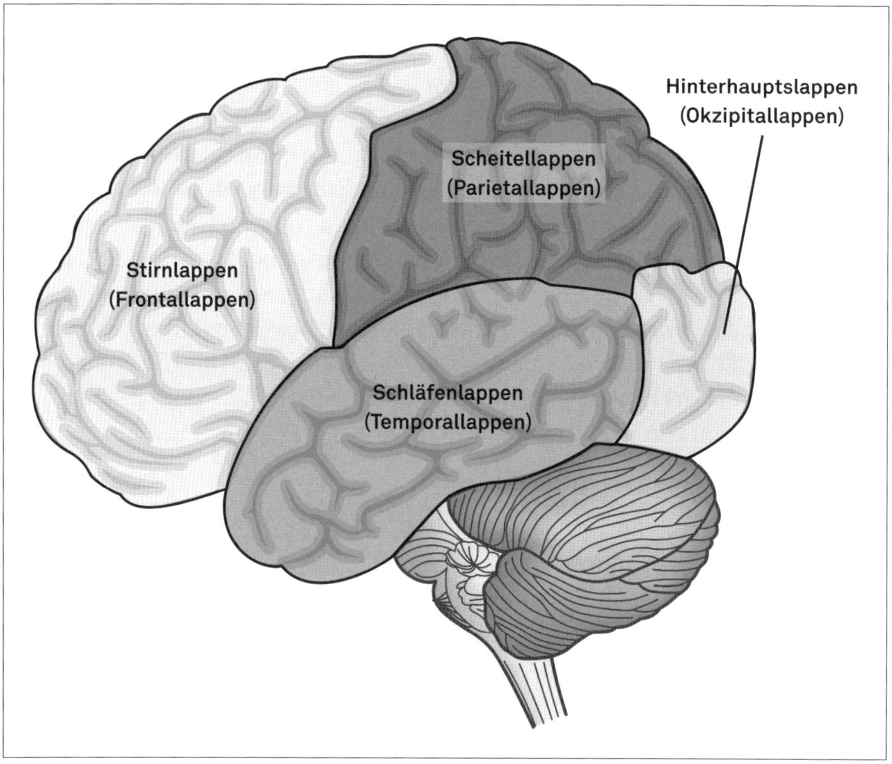

Abbildung 3.1: Lage der Hirnlappen in der linken menschlichen Großhirnhälfte

schen einzelnen neuronalen Zellverbänden gibt es Verbindungen über spezifische Nervenfaserbahnen *(weiße Substanz)*.

Keines der menschlichen Hirnareale ist ursprünglich auf die Verarbeitung von *Schrift*sprache spezialisiert. Für die Fertigkeiten, die mit Lesen und Rechtschreiben verknüpft sind, werden vielmehr Areale des Gehirns genutzt, die sich in der Menschheitsentwicklung ausdifferenziert haben, lange bevor die Schriftsprache als kulturelle Errungenschaft entwickelt worden ist. Die schriftsprachrelevanten Hirnareale sind dementsprechend multifunktional und in weitere kognitive Aktivitäten (z. B. Regulation der Aufmerksamkeit, Produktion von Sprache) eingebunden (Bailey, Aboud, Nguyen & Cutting, 2018).

Studien mit bildgebenden Verfahren zur Erfassung von Aktivitäten einzelner Hirnareale bei der Bearbeitung spezifischer Aufgabenstellungen haben schriftsprachrelevante Aktivitäten in beiden Gehirnhälften nachweisen können. Von besonderer Bedeutung sind jedoch drei Regionen in der *linken* Gehirnhälfte, die auf die Identifikation von visuellen Reizen und auf die Verarbeitung und Produktion von mündlicher Sprache spezialisiert sind (D'Mello & Gabrieli, 2018; vgl. Abbildung 3.2).

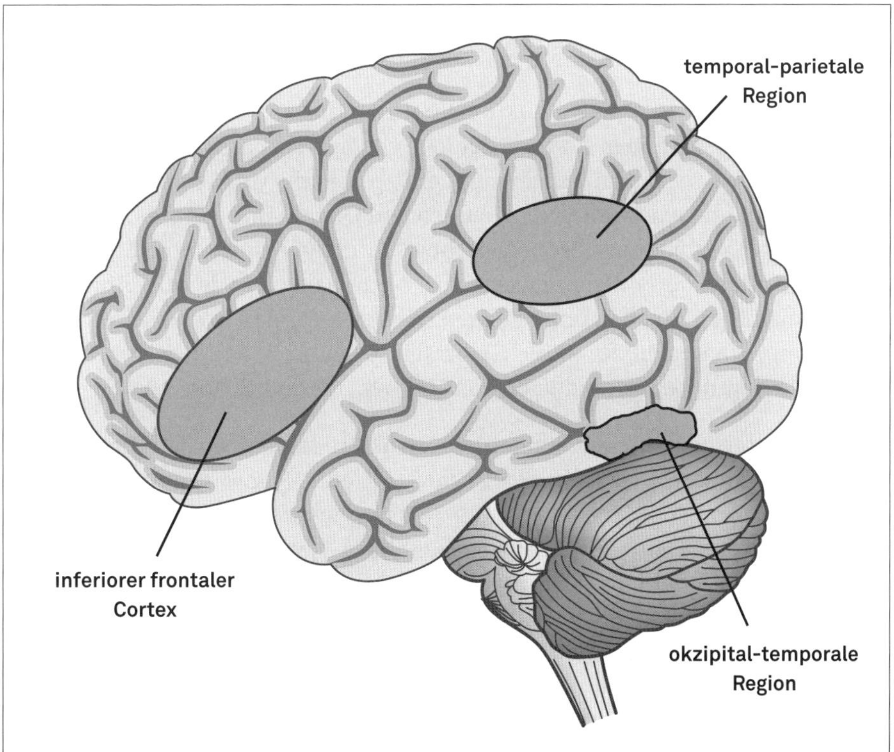

Abbildung 3.2: Schriftsprachrelevante Regionen in der linken Gehirnhälfte

(1) Die *okzipital-temporale* Region im Grenzbereich zwischen Hinterhaupts- und Schläfenlappen ist für die automatisierte visuelle Verarbeitung von Schriftzeichen von Bedeutung. Sie wird insbesondere beim Lesen von Wörtern aktiviert, die häufig vorkommen, gut vertraut sind und als Wortbilder aus dem Gedächtnis abgerufen werden können.
(2) Die *temporal-parietale* Region im Grenzbereich zwischen Schläfen- und Scheitellappen ist eine wesentliche Grundlage für die Verarbeitung von Lautsprache. Sie bildet die anatomische Basis phonologischer Bewusstheit (also der Einsicht in die Laut-, Silben- und Wortstruktur der Sprache) und ist involviert, wenn sprachliche Laute identifiziert und zu Wörtern verknüpft werden. Darüber hinaus ist die Region an intermodaler Integration beteiligt, wenn Laute der gesprochenen Sprache (Phoneme) und visuelle Schriftzeichen (Grapheme) einander zugeordnet werden.
(3) Der *inferiore frontale Cortex* im Stirnlappen hat mehrere schriftsprachrelevante Funktionen. Er ist beteiligt, wenn Einzelinformationen (z. B. die Laute in einem Wort) sequenziert werden. Auch scheint er bei der semantischen Verarbeitung, der Sprachproduktion und der Aussprache gelesener Wörter eine Rolle zu spielen.

Die schriftsprachrelevanten Hirnregionen sind untereinander verbunden und bilden über Nervenfaserbahnen ein Netzwerk von Neuronenverbänden, die während des Lesens und Schreibens dynamisch miteinander interagieren (Tsapkini & Hillis, 2014).

Forschungsarbeiten zu neurofunktionalen Grundlagen von *Schwierigkeiten* im Lesen und Rechtschreiben sind von der Idee geprägt, Hirnareale identifizieren zu können, die bei Personen mit und ohne Schriftsprachschwierigkeiten Unterschiede aufweisen. Untersucht wurden (1) Volumen und Dichte von Neuronenverbänden, (2) Stärke der Verbindungsfasern zwischen schriftsprachrelevanten Hirnarealen sowie (3) Ausmaß der Aktivierung einzelner Neuronenverbände bei schriftsprachlichen Leistungen. In allen untersuchten Aspekten wurden in den schriftsprachrelevanten Hirnarealen der *linken* Gehirnhälfte Unterschiede zwischen den beiden Personengruppen gefunden (vgl. D'Mello & Gabrieli, 2018).

zu (1): Anatomische Untersuchungen zum strukturellen Aufbau des Hirngewebes ergaben bei Kindern mit Schriftsprachschwierigkeiten Hinweise auf eine weniger stark ausgeprägte *graue* Substanz in der okzipital-temporalen und der temporal-parietalen Region. Diese Abweichungen ließen sich sowohl im Vergleich zwischen altersgleichen Kindern als auch zwischen älteren und jüngeren Kindern, die in ihren Leseleistungen ähnliches Niveau aufwiesen, nachweisen. Darüber hinaus traten bei Kindern aus Familien mit erhöhtem Risiko für das Auftreten von Schriftsprachschwierigkeiten Abweichungen in der grauen Substanz bereits *vor* dem Erwerb von Schriftsprachfertigkeiten auf. Insgesamt lässt sich die verminderte graue Substanz bei Kindern mit Schriftsprachschwierigkeiten eher als Vorläufer und nicht als Konsequenz eines eingeschränkten Schriftspracherwerbs interpretieren.

zu (2): Bei der *weißen* Substanz fanden sich Unterschiede in einem Netzwerk, das die okzipital-temporale Region mit der temporal-parietalen Region verbindet. Die Stärke der Verbindung war bei Kindern und Erwachsenen mit Schriftsprachschwierigkeiten geringer ausgeprägt als bei Personen aus einer lernunauffälligen Vergleichsgruppe. Befunde aus Längsschnittstudien legen nahe, dass weiße Substanz eine bedeutsame Rolle bei der Entwicklung von phonologischen Fertigkeiten spielt. Es wird vermutet, dass eine geringe Stärke der weißen Substanz Auswirkungen auf die Interaktion zwischen verschiedenen Hirnregionen hat und Leseerwerbsprozesse beeinträchtigt.

zu (3): Korrespondierend zu der weniger stark ausgeprägten grauen Substanz wurden in der linken okzipital-temporalen und temporal-parietalen Region *Unter*aktivierungen gefunden, die mit Schwierigkeiten bei der visuellen Worterkennung, bei der Identifikation und Manipulation von Lauten und Wortstrukturen sowie bei der gegenseitigen Zuordnung von Phonemen und Graphemen in Verbindung gebracht werden.

Im Kontrast zu den Unteraktivierungen im Okzipital-, Temporal- und Parietallappen wurden im inferioren frontalen Cortex des linken Frontallappens wiederholt *erhöhte* Aktivierungen gefunden, wenn Kinder und Erwachsene mit Schriftsprachschwierigkeiten schriftsprachrelevante Aufgabenstellungen bearbeiteten. Über die Bedeutung dieser erhöhten Aktivierungen ist viel spekuliert worden. Es gibt Hinweise darauf, dass sie eine hohe Anstrengung während des Leseprozesses widerspiegeln, die charakteristisch ist, wenn Lesefertigkeiten (noch) nicht hinreichend ausgebildet sind. Dafür sprechen Befunde, (1) dass die Aktivierungen im linken Frontallappen bei Kindern mit unauffälliger Leseentwicklung alterskorreliert abnehmen, die erhöhten Aktivierungen bei Kindern mit Leseschwierigkeiten jedoch über die Zeit erhalten bleiben und (2) dass bei Jugendlichen mit beeinträchtigten Lesekompetenzen das Aktivierungsniveau höher ausfällt als bei unauffälligen Peers, aber vergleichbar hoch wie bei jüngeren Kindern mit normaler Leseentwicklung und gleicher Lesefertigkeit wie die älteren Jugendlichen mit Lesebeeinträchtigung (D'Mello & Gabrieli, 2018).

3.3 Phonologische Informationsverarbeitung

Die Verarbeitung von Schriftsprache beim Lesen und beim Rechtschreiben erfordert u.a. die Verarbeitung phonologischer Informationen, indem Laute aufgenommen, gespeichert und wieder abgerufen werden. Als für den Schriftspracherwerb bedeutsame Teilkomponenten der phonologischen Informationsverarbeitung hat sich die von Wagner und Torgesen (1987) vorgeschlagene Unterscheidung zwischen *phonologischer Bewusstheit,* dem *phonologischen Arbeitsgedächtnis* und dem *phonologischen Rekodieren beim Abruf lexikalischer Einheiten aus dem Langzeitgedächtnis* bewährt.

Unter *phonologischer Bewusstheit* wird die Einsicht in die Laut-, Silben- und Wortstruktur der gesprochenen und geschriebenen Sprache verstanden sowie die Fähigkeit, diese sprachlichen Einheiten aktiv manipulieren zu können. Man unterscheidet in der Forschung zwischen phonologischer Bewusstheit im weiteren und im engeren Sinn. *Phonologische Bewusstheit im weiteren Sinne* umfasst die Fähigkeit, größere sprachliche Einheiten (Wörter, Silben, Reime) erkennen und manipulieren zu können. Typische einschlägige Aufgabenstellungen bestehen z.B. darin, Silben zu klatschen oder zu beurteilen, ob Wörter wie *Haus - Bahn - Maus* gleich klingen und sich reimen. *Phonologische Bewusstheit im engeren Sinne* bezieht sich einerseits auf die Fähigkeit zur Identifikation einzelner Phoneme innerhalb eines Wortes (z.B. hören zu können, dass im Wort *Affe* das Phonem/a/vorkommt, *nicht* aber das Phonem/i/) und andererseits auf den Umgang mit Phonemen (z.B. einzelne Phoneme zu einem Wort zusammenfügen zu können). Typische Aufgabenstellungen hierzu bestehen beispielsweise darin anzugeben, welches Wort resultiert, wenn bei *Eis* das letzte Phonem weggelassen wird oder welches Kunstwort sich ergibt, wenn beim Wort *Löwe* die ersten beiden Phoneme vertauscht werden.

Die phonologische Bewusstheit ist eine wesentliche Grundlage dafür, dass das alphabetische Prinzip von Schriftsprachen erkannt und verstanden wird. Bei alphabetischen Schriftsprachen entsprechen Buchstaben oder Buchstabenkombinationen des Alphabets einzelnen Sprachlauten. Beim Rechtschreiben trägt die phonologische Bewusstheit dazu bei, dass im Fluss der gesprochenen Sprache Silben und einzelne Laute identifiziert werden können, denen beim Schreiben die Grapheme zugeordnet werden. Auch beim Lesen ist phonologische Bewusstheit förderlich. Grapheme in geschriebenen Wörtern können nur dann hinreichend mit Lauten in Verbindung gebracht werden, wenn die Laute in der gesprochenen Sprache gehört und erkannt werden.

Das *phonologische Arbeitsgedächtnis* dient dazu, sprachliche Information (z.B. Phoneme) kurzzeitig klangbasiert zu speichern. Es wird auch als *phonologische Schleife* bezeichnet und setzt sich aus einer Speicher- und einer Prozess-Komponente zusammen: (1) Im *phonetischen Speicher* wird sprachliche Information für ca. zwei Sekunden behalten, bevor sie zerfällt, wenn sie nicht aktiv aufgefrischt wird. (2) Eine aktive Auffrischung der sprachlichen Information kann über einen *subvokalen Rehearsalprozess* (inneres Wiederholen) erfolgen. Der Verbleib der Information im phonetischen Speicher wird dadurch verlängert. Die Gesamtkapazität der phonologischen Schleife wird über die maximale Anzahl an Items (z.B. Ziffern, Wörter) erfasst, die korrekt in derselben Reihenfolge wiedergegeben werden können, in denen sie dargeboten worden sind. Die Kapazität des phonetischen Speichers kann über das Nachsprechen von Kunstwörtern (z.B. *mokabili*) und die Funktionstüchtigkeit des Rehearsalprozesses kann über die Artikulationsrate (benötigte Zeit zum mehrmaligen schnellen Wiederholen sprachlicher Stimuli, z.B. des Worttripels *Haus-Ball-Tisch*) erfasst werden.

Das phonologische Arbeitsgedächtnis hat beim Lesen und beim Schreiben diktierter Wörter die Funktion, Phoneme und Phonemgruppen zu speichern. Dadurch wird es möglich, beim Lesen die Phoneme aktiv zu Worteinheiten zusammenzufügen und in größeren sprachlichen Einheiten (Sätze oder Sinneinheiten) zu speichern, was das Leseverständnis erleichtert. Die Fähigkeit zur präzisen Repräsentation und zum Bereithalten von Phonemen im Arbeitsgedächtnis ist insbesondere bei Kindern, die am Anfang des Lese- und Rechtschreiberwerbs stehen, von größerer Bedeutung. Sie sind mit Wortbildern noch wenig vertraut und müssen Wörter mühsam erlesen, indem sie einzelne Grapheme in Phoneme transformieren, sie mental bereithalten und aus den Phonemen Wörter bilden. Bei geübten Leserinnen und Lesern können ähnliche Prozesse stattfinden, wenn sie auf ein selten gebräuchliches oder auf ein Fremdwort stoßen, das ihnen nicht bekannt ist.

Das *phonologische Rekodieren beim Abruf lexikalischer Einheiten aus dem Langzeitgedächtnis* bezieht sich darauf, wie schnell bei einem visuellen Input die visuelle Repräsentation in eine phonologische Repräsentation transformiert und dadurch ein entsprechender Eintrag im mentalen Lexikon aktiviert und abgerufen werden kann. Diese Komponente der phonologischen Informationsverarbeitung wird häufig auch als *Benenngeschwindigkeit* bezeichnet und über sog. *RAN-Aufgaben (rapid automatized naming)* erfasst. Bei RAN-Aufgaben sind vertraute Items so schnell und so genau wie möglich zu benennen. Die Items können *alphanumerisch* (Buchstaben, Zahlen) oder *non-alphanumerisch* (Farben, Objekte) sein.

Phonologische Informationsverarbeitung und Schriftspracherwerb. Die Bedeutsamkeit der phonologischen Informationsverarbeitung für den Schriftspracherwerb und für Schwierigkeiten im Erwerb von Lese- und Rechtschreibfertigkeiten wurde in einer Vielzahl von Längsschnitt-, Querschnitt- und Interventionsstudien untersucht. Sie haben ein differenziertes Bild über komplexe Zusammenhangsmuster entstehen lassen. Allgemein kann festgehalten werden, dass die phonologische Informationsverarbeitung bedeutsame Zusammenhänge zum Schriftspracherwerb aufweist und Unterschiede in der Entwicklung von Lese- und Rechtschreibfertigkeiten aufzuklären vermag:

(1) *Längsschnitt*studien haben gezeigt, dass die Entwicklung von Lese- und Rechtschreibfertigkeiten nicht erst im Schulalter beginnt. Vielmehr haben sich vorschulische Kompetenzen in der phonologischen Informationsverarbeitung als Vorläufer erwiesen, die im Hinblick auf den Erfolg beim späteren schulischen Schriftspracherwerb von Bedeutung sind. Kinder mit späteren Schwierigkeiten im Schriftspracherwerb zeigen im Vorschulalter bereits vielfach schwächere Leistungen in der phonologischen Informationsverarbeitung als ihre Peers mit unauffälliger Entwicklung von Lese- und Rechtschreibfertigkeiten.

(2) *Querschnitt*studien haben darüber hinaus Hinweise erbracht, dass sich chronologisch gleichaltrige Grundschulkinder mit und ohne Lese-Rechtschreibschwierigkeiten in der phonologischen Informationsverarbeitung unterscheiden. Zum Teil schnitten ältere Kinder mit Schriftsprachschwierigkeiten in der

phonologischen Informationsverarbeitung sogar noch schlechter ab als jüngere Kinder, die im Lesen und im Rechtschreiben auf dem gleichen Leistungsniveau waren.

(3) *Interventions*studien schließlich haben gezeigt, dass Präventionsmaßnahmen zur Förderung von phonologischer Informationsverarbeitung das Potenzial haben, den Erwerb von Lese- und Rechtschreibfertigkeiten zu erleichtern und das Risiko von Schwierigkeiten im Schriftspracherwerb zu verringern (vgl. hierzu Kapitel 6).

Die berichteten Zusammenhänge zwischen phonologischer Informationsverarbeitung und Schriftspracherwerb bedürfen in mehrfacher Weise einer Differenzierung. Phonologische Bewusstheit, phonologisches Arbeitsgedächtnis und Benenngeschwindigkeit repräsentieren unterschiedliche Aspekte der phonologischen Informationsverarbeitung und Schriftsprachleistungen umfassen verschiedene Facetten wie Lesegeschwindigkeit, Lesegenauigkeit, Leseverständnis und Rechtschreiben. Beim Leseverständnis lässt sich noch zwischen Wortverständnis, Satzverständnis und Textverständnis unterscheiden. Die Zusammenhangsmuster zwischen phonologischer Informationsverarbeitung und Schriftsprache fallen unterschiedlich aus, je nachdem welche Komponente der Informationsverarbeitung und welche Facette der Schriftsprache betrachtet wird.

Zudem sind die Zusammenhangsmuster zwischen phonologischer Informationsverarbeitung und schriftsprachlichen Fertigkeiten nicht für alle Sprachen gleich, sondern können zwischen transparenteren und weniger transparenten Schriftsprachen variieren. Transparenz einer Sprache meint das Ausmaß, in dem die Zuordnung von Phonemen und Graphemen konsistent ist. Befunde, die z. B. im englischsprachigen Raum gewonnen worden sind, lassen sich oft nicht einfach auf den deutschen Sprachraum übertragen, weil die englische Sprache weniger transparent ist als die deutsche Sprache.

Auch ist von Bedeutung, in welchem Lebensalter phonologische Informationsverarbeitung und schriftsprachliche Fertigkeiten erfasst werden. Die Zusammenhangsmuster sind in ihrer Ausprägung davon abhängig, ob die Indikatoren der phonologischen Informationsverarbeitung *vor* oder *nach* Schuleintritt erhoben werden und ob sich der Erwerb der Lese- und Rechtschreibfertigkeiten gerade erst im Anfangs- oder bereits in einem fortgeschrittenen Stadium befindet, in dem die Fertigkeiten schon stärker automatisiert sind.

Weiterhin ist zu beachten, dass Aussagen über Zusammenhänge zwischen phonologischer Informationsverarbeitung und Schriftspracherwerb an Gruppen gewonnen worden sind und keine verlässlichen Schlussfolgerungen über Einzelfälle zulassen. Fallstudien zeigen, dass spezifische Schwächen in der phonologischen Informationsverarbeitung weder eine notwendige noch eine hinreichende Voraussetzung für Schwierigkeiten im Schriftspracherwerb sind (Catts, 2021; Gray et al., 2019).

Fokus 3.2: Phonologische Informationsverarbeitung und Leseschwierigkeiten: die Hypothese des doppelten Defizits (Double-Deficit-Hypothesis)

Die Bedeutsamkeit einer guten phonologischen Informationsverarbeitung für die schriftsprachliche Leistungsentwicklung ist mittlerweile für viele Sprachen bestätigt worden. Schwierigkeiten im Leseerwerb wurden ursprünglich in erster Linie auf Probleme in der phonologischen Bewusstheit zurückgeführt. Diese Sichtweise wurde später durch die Auffassung ergänzt, dass auch Probleme in der Benenngeschwindigkeit für Leseschwierigkeiten verantwortlich sein können. Anknüpfend an diese Auffassung wird in der internationalen Fachliteratur von einem *doppelten Defizit* der Dyslexie gesprochen. Leseschwache Kinder sind insbesondere bei diesen beiden Komponenten im Nachteil. Wolf, Bowers und Biddle (2000) beschreiben das doppelte Defizit von Kindern mit Leseschwierigkeiten folgendermaßen: Zum einen gelingt der Abruf phonologischer Codes aus dem Langzeitgedächtnis weniger gut, was sich in einer fehlerhaften oder verzögerten Aussprache von Worten und einem verlangsamten Erkennen von Wortbedeutungen niederschlägt. Zum anderen ist die als phonologische Bewusstheit bezeichnete Sensitivität für die Lautstruktur von Sprache, also für den Wortklang, weniger gut ausgeprägt. Anknüpfend an die Hypothese des doppelten Defizits wird in der Forschung die Auffassung vertreten, dass drei Formen von Leseschwierigkeiten unterschieden werden können: (a) bevorzugt bedingt durch phonologische Bewusstheits-Defizite, (b) bevorzugt bedingt durch Defizite in der Benenngeschwindigkeit und (c) bedingt sowohl durch Defizite in der phonologischen Bewusstheit als auch in der Benenngeschwindigkeit.

3.3.1 Befunde zur phonologischen Bewusstheit

Zusammenhänge zwischen phonologischer Bewusstheit und schriftsprachlichen Fertigkeiten sind vielfach gesichert worden. Die meisten Befunde sind korrelativer Art und stammen aus Studien, in denen die phonologische Bewusstheit entweder als vorschulische Vorläuferfertigkeit oder im Schulalter gemeinsam mit den schriftsprachlichen Leistungen erfasst wurde. Darüber hinaus gibt es Befunde aus Trainingsstudien, in denen geprüft wurde, ob die Förderung von phonologischer Bewusstheit mit einer Verbesserung von Lese- und Rechtschreibfertigkeiten einhergeht.

Analysen des Zusammenhangs zwischen phonologischer Bewusstheit als Vorläuferfertigkeit und kombinierten schriftsprachlichen Leistungen (in die sowohl Lese- als auch Rechtschreibleistungen einflossen) ergaben auf der Grundlage von Studien aus dem deutschen Sprachraum (mit erstem Messzeitpunkt im Kindergarten oder erster Klasse und zweitem Messzeitpunkt nach Beginn des formalen Unterrichts) eine niedrige Korrelation von $r = .25$. Bei differenzierterer Betrachtung wurden für schriftsprachliche *Teil*fertigkeiten unterschiedlich hohe Zusammenhänge gefunden. Am höchsten waren die Zusammenhänge zum Leseverständnis ($r = .39$)

und zum Rechtschreiben ($r=.34$), während sie für Lesegeschwindigkeit und Lesegenauigkeit (jeweils $r=.26$) vergleichsweise niedrig ausfielen (Pfost, 2015).

In einer Metaanalyse zum Zusammenhang zwischen phonologischen Fertigkeiten im Kindergarten und späteren *Lesefertigkeiten* (erfasst als Lesegenauigkeit und/oder Lesegeschwindigkeit) berichteten Melby-Lervåg, Lyster und Hulme (2012), dass phonologische Bewusstheit im *engeren* Sinne ein besserer Prädiktor war als phonologische Bewusstheit im *weiteren* Sinne. Lesefertigkeiten im Schulalter konnten durch die vorschulische Fähigkeit zur Identifikation und Manipulation von Phonemen besser vorhergesagt werden ($r=.43$) als durch die Fähigkeit zur Identifikation und Manipulation von Reimen ($r=.28$). Extremgruppenvergleiche bestätigten die zuvor berichteten Befunde, die an Stichproben vorrangig aus Regelinstitutionen des jeweiligen Schulwesens gewonnen worden waren, in denen das gesamte Leistungsspektrum vertreten war. Chronologisch gleichaltrige Kinder mit und ohne Leseschwierigkeiten zeigten unterschiedlich gute Leistungen in phonologischer Bewusstheit. Der Leistungsvorsprung der Kinder ohne Leseschwierigkeiten war im Umgang mit Phonemen jedoch größer ($d=-1.37$) als im Umgang mit Reimen ($d=-0.93$).

Hinweise darauf, dass Zusammenhänge zwischen phonologischer Informationsverarbeitung und Schriftspracherwerb je nach Facette der Schriftsprache differieren können, fanden sich in einer multinationalen Studie mit Kindern, deren Muttersprache *Deutsch, Französisch, Finnisch, Ungarisch* oder *Englisch* war. Moll, Ramus et al. (2014) analysierten in dieser Studie bei neun- bis elfjährigen Kindern u.a. Zusammenhänge zwischen phonologischer Bewusstheit im *engeren* Sinn und den schriftsprachlichen Fertigkeiten *Lesen* (differenziert nach Lesegeschwindigkeit und -genauigkeit) und *Rechtschreiben*. In allen fünf Sprachen war der Zusammenhang von phonologischer Bewusstheit zur Lese*genauigkeit* höher als zur Lese*geschwindigkeit*. Die Bedeutung der phonologischen Bewusstheit für *Rechtschreiben* differierte zwischen den fünf Sprachen. In der Stichprobe mit Deutsch als Muttersprache war der Zusammenhang von phonologischer Bewusstheit zu Rechtschreibfertigkeiten ($r=.37$) ähnlich hoch wie zur Lesegenauigkeit ($r=.38$).

Ergänzend zu den bisher berichteten Befunden gibt es Hinweise darauf, dass die Bedeutsamkeit der phonologischen Bewusstheit für das *Lesen* im Laufe der Grundschulzeit abnimmt. In einer Längsschnittstudie von Landerl und Wimmer (2008) war die zu Beginn der ersten Klasse erfasste phonologische Bewusstheit nur für die Lese*geschwindigkeit* am Ende der ersten Klasse ein signifikanter Prädiktor, nicht mehr jedoch für Leistungen in der vierten und der achten Klasse. Demgegenüber blieb die Vorhersagekraft der phonologischen Bewusstheit für das *Rechtschreiben* bis zur achten Klasse erhalten.

Bereits seit Ende der 1980er Jahre gibt es systematische Versuche, phonologische Bewusstheit im Vorschulalter zu trainieren in der Erwartung, Transfereffekte auf die Lese- und Rechtschreibleistungen in der Schule zu erzielen (Lundberg, Frost & Petersen, 1988). Insgesamt hat sich gezeigt, dass es zu solchen Transfereffekten kommt. Fischer und Pfost (2015) haben in einer Metaanalyse solche Effekte im deutschsprachigen Raum untersucht und statistisch bedeutsame, aber relativ kleine Transfereffekte gefunden. Kurzfristig ergab sich zusammengenommen für Lesen und Rechtschreiben ein Effekt von $d=.21$. Bei längerem Abstand nach Abschluss der Intervention reduzierte sich der Effekt auf $d=.14$. Die Befunde fielen weniger deutlich aus als im englischen Sprachraum. Als ein Grund hierfür wird vermutet, dass die deutsche Sprache in der Phonem-Graphem-Zuordnung konsistenter ist als die englische Sprache. Auch wenn die Transfereffekte in den deutschsprachigen Studien nur relativ gering ausgefallen sind, bestätigen sie dennoch, dass Kenntnisse in der phonologischen Bewusstheit den Erwerb von Lese- und Rechtschreibfertigkeiten begünstigen.

3.3.2 Befunde zum phonologischen Arbeitsgedächtnis

Zusammenhänge zwischen phonologischem Arbeitsgedächtnis und schriftsprachlichen Leistungen wurden häufig auf der Grundlage des Arbeitsgedächtnismodells von Baddeley (1986) untersucht, in dem drei Subsysteme unterschieden werden: eine übergeordnete Steuerungsinstanz (die als *zentrale Exekutive* bezeichnet wird) und zwei modalitätsspezifische Hilfssysteme zur Verarbeitung von verbaler bzw. räumlich-visueller Information (die als *phonologische Schleife* und als *visuell-räumlicher Notizblock* bezeichnet werden).

Die Leistungen in den drei Subsystemen lassen sich zu einem *Gesamtwert* zur Abschätzung der Funktionstüchtigkeit des Arbeitsgedächtnisses zusammenfassen und in einigen Studien wurde auf dieser Grundlage geprüft, in welchem Ausmaß diese Gesamtfunktionstüchtigkeit des Arbeitsgedächtnisses für den Schriftspracherwerb bedeutsam ist. In anderen Studien wurde in differenzierter Weise die relative Bedeutsamkeit der drei Subsysteme für den Schriftspracherwerb untersucht, weil davon ausgegangen wurde, dass das zentral-exekutive, das sprachgebundene und das visuell-räumliche Arbeitsgedächtnis in unterschiedlicher Weise zum Erwerb von Lese- und Rechtschreibleistungen und zu Schriftsprachproblemen beitragen.

Generell konnte bestätigt werden, dass das Arbeitsgedächtnis für den Erwerb der Schriftsprache von Bedeutung ist. Bereits im Vorschulalter sind Arbeitsgedächtnisleistungen prädiktiv für Vorläuferfertigkeiten des Schriftspracherwerbs und für spätere schulische Leistungen im Lesen und im Rechtschreiben. Darüber hinaus hat sich gezeigt, dass das Bedingungsgefüge zwischen den Komponenten des Arbeitsgedächtnisses und den verschiedenen Facetten der Schriftsprache komplex ist. Zentrale Exekutive, phonologische Schleife und visuell-räumlicher Notizblock tragen in unterschiedlicher Weise zur Vorhersage von Lesegeschwindigkeit, Lesegenauigkeit, Leseverständnis, Rechtschreibleistungen und auch von Vorläuferfertigkeiten bei. Dies zeigte sich z. B. in einer Studie von Preßler, Krajewski und Hasselhorn (2013), in der die phonologische Schleife und der visuell-räumliche Notizblock unterschiedlich prädiktiv für den Erwerb von phonologischer Bewusstheit waren. Kinder, die im letzten Kindergartenjahr unterdurchschnittliche Leistungen in der phonologischen Schleife aufwiesen, zeigten im Vergleich zu unauffälligen Kindern einer Vergleichsgruppe auch schwächere Leistungen in der phonologischen Bewusstheit (Phonemanalyse). Der visuell-räumliche Notizblock war zur Vorhersage von phonologischer Bewusstheit weniger gut geeignet. Kinder mit unterdurchschnittlichen Leistungen im visuell-räumlichen Notizblock und unauffällige Kinder einer Vergleichsgruppe unterschieden sich nicht in ihrer phonologischen Bewusstheit.

Belege dafür, dass die vorschulisch erfassbare Funktionstüchtigkeit des Arbeitsgedächtnisses für schriftsprachliche Leistungen in der Schule prädiktiv ist, fanden Preßler, Könen, Hasselhorn und Krajewski (2014). Sie erhoben bei Kindern im letzten Kindergartenjahr die Gesamtarbeitsgedächtniskapazität und setzten sie zu Leistungen in der Lese*geschwindigkeit* und im Rechtschreiben am Ende der ersten Klasse in Beziehung. Die Arbeitsgedächtniskapazität im Vorschulalter wies sowohl zur Lesegeschwindigkeit als auch zum Rechtschreiben bedeutsame Zusammenhänge auf. Die schulischen Leistungen waren durch das Arbeitsgedächtnis besser vorhersagbar als durch nonverbale Intelligenz. Ähnliche Befunde berichten auch Alloway und Alloway (2010). In ihrer Längsschnittstudie, die sich über sechs Jahre erstreckte, fanden sie Zusammenhänge zwischen vorschulischen zentral-exekutiven Arbeitsgedächtnisleistungen und späteren Schriftsprachleistungen. Das Arbeitsgedächtnis war für Lese- und Rechtschreibleistungen ein besserer Prädiktor als nonverbale Intelligenz.

In einer Reihe von Studien wurden Arbeitsgedächtnisleistungen von Kindern mit und ohne Schriftsprachschwierigkeiten verglichen in der Erwartung, durch den Vergleich einen differenzierten Einblick in das Gefüge von Bedingungsfaktoren schriftsprachlicher Leistungen gewinnen zu können. Ein wesentlicher Befund war, dass im Zusammenhang mit Schriftsprachschwierigkeiten häufig Probleme im Arbeitsgedächtnis auftraten, schwache Arbeitsgedächtnisleistungen teilweise aber auch bei Kindern mit unauffälligen Schriftsprachleistungen nachweisbar waren (Gray et al., 2019). Dieser Befund macht deutlich, dass Funktionseinschränkungen im Arbeitsgedächtnis ein gravierender *Risikofaktor* für Schriftsprachschwierigkeiten sind, aber nicht zwangsläufig zu unterdurchschnittlichen Lese- und Rechtschreibleistungen führen müssen. Welche Faktoren in welcher Weise dafür verantwortlich sind, ob niedrige Werte in der Arbeitsgedächtniskapazität mit auffälligen oder unauffälligen Lese- und Rechtschreibleistungen einhergehen, ist bisher keineswegs geklärt.

Ein zweiter wichtiger Befund war, dass Probleme im Lesen und im Rechtschreiben in unterschiedlicher Weise mit Funktionseinschränkungen im Arbeitsgedächtnis in Beziehung standen. Brandenburg et al. (2013) analysierten bei drei Gruppen von Kindern mit Schriftsprachschwierigkeiten (isolierte Leseschwierigkeiten, isolierte Rechtschreibschwierigkeiten sowie kombinierte Lese-/Rechtschreibschwierigkeiten) Ende der zweiten und Anfang der dritten Klasse Unterschiede in der Funktionstüchtigkeit des zentral-exekutiven, sprachgebundenen und visuell-räumlichen Arbeitsgedächtnisses. Bei allen Kindern waren komorbide Rechenschwierigkeiten ausgeschlossen. Im Vergleich zu einer unauffälligen Vergleichsgruppe zeigten die Kinder mit *isolierten Leseschwierigkeiten* in erster Linie schwächere Leistungen im zentral-exekutiven Arbeitsgedächtnis und teilweise auch in der phonologischen Schleife, während das visuell-räumliche Arbeitsgedächtnis unbeeinträchtigt war. Bei Kindern mit *isolierten Rechtschreibschwierigkeiten* waren demgegenüber lediglich Defizite in der phonologischen Schleife nachweisbar, nicht jedoch in den anderen beiden Arbeitsgedächtniskomponenten. Bei Kindern mit *kombinierten Lese- und Rechtschreibschwierigkeiten* addierten sich die Funktionsdefizite im Arbeitsgedächtnis. Sie zeigten schwächere Leistungen sowohl in der zentralen Exekutive als auch in der phonologischen Schleife. Auch in dieser Gruppe waren die Leistungen im visuell-räumlichen Arbeitsgedächtnis unauffällig.

Es finden sich zahlreiche Hinweise, dass Probleme im Lesen und im Rechtschreiben in erster Linie mit Beeinträchtigungen in der phonologischen Schleife und in der zentralen Exekutive einhergehen, nicht aber mit Funktionsdefiziten im visuell-räumlichen Bereich (vgl. Swanson, 2022). Beispielsweise fanden Schuchardt, Kunze, Grube und Hasselhorn (2006) in einer Studie mit Kindern der dritten Klasse, die Schriftsprachprobleme aufwiesen, keine Beeinträchtigungen im visuell-räumlichen Notizblock, die Leistungen in der zentralen Exekutive und in der phonologischen Schleife fielen jedoch bedeutsam schlechter aus als bei unauffälligen Vergleichskindern.

Vor dem Hintergrund der zahlreichen Studien, in denen bei Kindern mit Schriftsprachschwierigkeiten niedrigere Arbeitsgedächtnisleistungen gefunden wurden, hat es Versuche gegeben, das Arbeitsgedächtnis zu trainieren. Damit war die Hoffnung verbunden, nicht nur die Funktionstüchtigkeit des Arbeitsgedächtnisses zu verbessern *(naher Transfer)*, sondern auch Steigerungen in der Intelligenz und in Lese- und Rechtschreibleistungen zu erzielen *(weiter Transfer)*. Die bisherigen Befunde sind jedoch eher enttäuschend. Auch wenn vereinzelt trainingsbedingte Verbesserungen von Arbeitsgedächtnisleistungen berichtet wurden, hat es sich bei unauffälligen Kindern generell als sehr schwierig erwiesen, Effekte zu erzielen, die nachhaltig und auch nach längerer Zeit noch nachweisbar sind und die darüber hinaus Auswirkungen auf trainingsferne Bereiche wie z. B. Intelligenz oder schulische Leistungen haben (Holmes, Byrne & Graham, 2022; Sala & Gobet, 2017). Auch bei Kindern mit Lese-Rechtschreibschwierigkeiten waren bisherige Trainingsversuche wenig erfolgreich. Maehler, Joerns und Schuchardt (2019) trainierten Kinder aus der dritten Klasse mit und ohne Schwierigkeiten im Lesen und/oder im Rechtschreiben über einen Zeitraum von sechs Wochen. In keiner der drei Komponenten des Arbeitsgedächtnisses konnten bei den unauffälligen Kindern und bei den Kindern mit Lese-Rechtschreibschwierigkeiten nachhaltige Trainingseffekte nachgewiesen werden.

Banales, Kohnen und McArthur (2015) haben in einer Fallstudie bei vier Kindern mit Leseschwierigkeiten (geringe Lesegenauigkeit) und schwachem verbalen Arbeitsgedächtnis zunächst ein achtwöchiges Arbeitsgedächtnistraining (beschränkt auf die zentrale Exekutive) und anschließend ein achtwöchiges Lesetraining durchgeführt. Das Arbeitsgedächtnistraining verbesserte bei zwei Kindern die Leistungen in der zentralen Exekutive, nicht aber die Lesegenauigkeit. Das Lesetraining führte bei allen Kindern zu einer Steigerung der Lesegenauigkeit, hatte jedoch keine Effekte auf das Arbeitsgedächtnis. Das Befundmuster macht einmal mehr deutlich, dass der Zusammenhang zwischen Arbeitsgedächtnis und schriftsprachlichen Fertigkeiten in vielen Aspekten noch nicht eindeutig geklärt ist.

3.3.3 Befunde zur Benenngeschwindigkeit

Die Benenngeschwindigkeit ist in jüngerer Zeit in mehreren systematischen Reviews und Metaanalysen als Prädiktor von schriftsprachlichen Fertigkeiten untersucht worden. In einer aktuellen Metaanalyse wurden *längsschnittliche* Zusammenhänge zwischen Benenngeschwindigkeit, die im Vorschulalter erfasst worden war, und *Lese*leistungen in der Schule überprüft, wobei sich ein Zusammenhang von $r=.38$ ergab. Von besonderer Bedeutung war, dass die im Vorschulalter erfasste Benenngeschwindigkeit zusätzlich zur phonologischen Bewusstheit einen eigenständigen Beitrag zur Vorhersage von Lesefertigkeiten leistete (McWeeny, Choi, Choe, LaTourrette, Roberts & Norton, 2022). Dies steht im Einklang mit der Double-Deficit-Hypothese, dass sowohl Beeinträchtigungen in der phonologischen Bewusstheit als auch in der Benenngeschwindigkeit unabhängig voneinander zu Schwierigkeiten im Schriftspracherwerb führen können (Wolf & Bowers, 1999; vgl. Fokus 3.2). In einer weiteren Metaanalyse fanden sich sowohl für Lese- als auch für Rechtschreibleistungen bedeutsame Zusammenhänge (Chen, Thompson, Xu, Irey & Georgiou, 2021). Zwischen RAN und *Lesen* fielen sie etwas höher aus ($r=.44$) als zwischen RAN und *Rechtschreiben* ($r=.35$). Weiterführende Analysen im Bereich *Lesen* ergaben unterschiedlich hohe Zusammenhänge, wenn zwischen verschiedenen Facetten des Lesens differenziert wurde. Mit der Lese*geschwindigkeit* korrelierte RAN etwas höher ($r=.46$) als mit der Lese*genauigkeit* ($r=.38$).

Auch wenn die Benenngeschwindigkeit Zusammenhänge sowohl zum Lesen als auch zum Rechtschreiben aufweist, geben Extremgruppenvergleiche Hinweise darauf, dass die Geschwindigkeit, mit der Inhalte aus dem mentalen Lexikon abgerufen werden können, für die Entstehung von *Lese*schwierigkeiten bedeutsamer ist als für die Entstehung von *Rechtschreib*schwierigkeiten. Moll und Landerl (2009) verglichen bei Grundschulkindern aus der dritten und vierten Klasse, die entweder isolierte Lese- oder isolierte Rechtschreibschwierigkeiten aufwiesen, die Benenngeschwindigkeiten beim Abruf von alphanumerischem Material (Buchstaben und Ziffern). Die Gruppe der Kinder mit schwachen Lese-, aber unauffälligen Rechtschreibleistungen zeigten deutlich geringere Leistungen in der Benenngeschwindigkeit als die Kinder mit unauffälligen Lese- und schwachen Rechtschreibleistungen, deren RAN-Leistungen altersangemessen waren.

Die Bedeutsamkeit von Benenngeschwindigkeit als Prädiktor für *Lese*schwierigkeiten wurde auch in einer neueren Metaanalyse von Araújo und Faísca (2019) bestätigt. Jüngere und ältere Personen mit Leseschwierigkeiten erbrachten schlechtere Leistungen in der Benenngeschwindigkeit als gleichaltrige Personen ohne Schwierigkeiten im Leseerwerb ($d = 1.19$). Die Leistungen in der Benenngeschwindigkeit waren umso schwächer, je ausgeprägter die Leseschwierigkeiten waren. Von Interesse war, dass zwischen den beiden Gruppen sowohl bei alphanumerischen Stimuli (Buchstaben, Ziffern) als auch bei non-alphanumerischem Material (Farben, Objekte) Unterschiede auftraten, diese jedoch bei den alphanumerischen Stimuli größer ausfielen. Dies deutet darauf hin, dass für die Zusammenhänge zwischen Benenngeschwindigkeit und Lesefertigkeiten nicht ausschließlich schriftsprachspezifische Aspekte bedeutsam sind. So scheint etwa auch die Fähigkeit zum *seriellen* Verarbeiten von visuellen Informationseinheiten – und zwar unabhängig von der Art der Informationen – eine weitere Komponente zu sein, die beim automatisierten Lesen relevant ist.

Die Benenngeschwindigkeit trägt nicht nur zur Vorhersage der Entstehung von Leseschwierigkeiten bei, sondern auch zur Prädiktion von deren Überwindung. Brandenburg et al. (2022) analysierten bei Kindern mit Leseschwierigkeiten die Entwicklung der Lesefertigkeiten vom Ende der zweiten bzw. Anfang der dritten bis Ende der vierten Klasse. Etwas mehr als 20 % der Kinder verbesserten ihre Leseleistungen so deutlich, dass sie nicht mehr unterdurchschnittlich waren. Für die Vorhersage der Überwindung der Leseschwierigkeiten war neben dem Ausmaß der Lesebeeinträchtigung auch die Benenngeschwindigkeit von Bedeutung. Kinder mit weniger gravierenden Leseschwächen zu Beginn der Studie hatten eine höhere Wahrscheinlichkeit zu einer vorteilhaften Leseentwicklung. Darüber hinaus begünstigten gute Leistungen beim Benennen alphanumerischen Materials (Buchstaben und Ziffern) die Überwindung der Leseschwierigkeiten.

Ein weiterer Beleg für die Bedeutsamkeit von Benenngeschwindigkeit für das Lesen fand sich in einer aktuellen belgischen Interventionsstudie mit Grundschulkindern der zweiten Klasse zur Förderung der Benenngeschwindigkeit (Vander Stappen & Van Reybroeck, 2018). Die Übungsmaterialien bestanden aus farbigen Abbildungen sehr vertrauter Objekte. Das Training der Benenngeschwindigkeit führte selektiv zu Verbesserungen in der Wortlese*geschwindigkeit,* hatte jedoch keine nachweisbaren Effekte auf Lese*genauigkeit* und *Rechtschreiben*. Die differenziellen Befunde sind ein Hinweis darauf, dass die Geschwindigkeit, mit der Inhalte aus dem mentalen Lexikon abgerufen werden können, insbesondere für den Grad der Automatisierung des Lesens bedeutsam ist. Die Befunde der Trainingsstudie sind auch deshalb von besonderem Interesse, weil Trainingseffekte ein besonders guter Beleg für kausale Beziehungen sind. So kann die trainingsbedingte

Verbesserung der Lesefertigkeit in der Studie von Vander Stappen und Van Reybroeck (2018) dahingehend interpretiert werden, dass die Benenngeschwindigkeit einen kausalen Einfluss auf die Lesegeschwindigkeit hat.

In der Literatur wird diskutiert, ob die Wirkrichtungen zwischen Benenngeschwindigkeit und Lesefertigkeit wechselseitig sind. In einer Studie von Wolff (2014) führte ein Training der Leseflüssigkeit dazu, dass sich neben der Lese- auch die Benenngeschwindigkeit verbesserte. Zusammengenommen sprechen die Befunde der Studien von Vander Stappen und Van Reybroeck (2018) und Wolff (2014) daher eher für eine wechselseitige Wirkrichtung, dass also einerseits die Fähigkeit, Inhalte aus dem mentalen Lexikon schnell abrufen zu können, flüssiges Lesen begünstigt und dass andererseits eine zunehmende Übung im Lesen die Fähigkeit stärkt, Inhalte aus dem Langzeitgedächtnis seriell abrufen zu können.

3.4 Alphabetische Kenntnisse

In alphabetischen Schriftsprachen wie dem Deutschen sind Kenntnisse über das Alphabet eine zentrale Voraussetzung für das Lesen und das Schreiben. Die alphabetischen Kenntnisse umfassen u. a. (1) Wissen über die Form von Buchstaben, (2) Wissen über die Namen von Buchstaben und (2) Wissen darüber, mit welchen Lauten (Phonemen) Buchstaben oder Buchstabenkombinationen (z. B. <*ph*> oder <*chs*>) assoziiert sind. Alphabetische Kenntnisse können erfasst werden, indem Buchstaben gezeigt werden und sie entweder zu benennen sind *(Buchstaben-Namen)*, oder bei denen der Laut zu produzieren ist, der mit dem Buchstaben oder der Buchstabenkombination verbunden ist *(Buchstaben-Laut-Zuordnung)*. Die Kenntnis von Buchstabennamen und die Kenntnis von Buchstaben-Laut-Zuordnungen repräsentieren unterschiedliche Bereiche von Wissen über Schriftzeichen. In empirischen Studien werden die beiden Aspekte jedoch häufig nicht differenziert, sondern in aggregierter Form erfasst. Neben der *Genauigkeit* ist auch die *Geschwindigkeit*, mit der Buchstabennamen und Buchstaben-Laut-Zuordnungen identifiziert werden können, ein relevanter Aspekt von alphabetischem Wissen.

3.4.1 Befunde zu alphabetischen Kenntnissen

Kenntnisse über das Alphabet werden systematisch in der Grundschule vermittelt. Allerdings erwerben viele Kinder alphabetisches Wissen bereits im Vorschulalter. Bei Vierjährigen fanden Mähler, Grube und Schuchardt (2017), dass ca. 40 % der Kinder mindestens einen der zehn besonders häufigen Buchstaben der deutschen Schriftsprache korrekt benennen konnten. Bei Fünf- und bei Sechsjährigen stiegen die Anteile auf ca. 75 % und auf ca. 95 %. Die interindividuellen Kenntnisunterschiede waren enorm. In der Gruppe der Sechsjährigen konnte ca. ein Drittel der Kinder nur maximal zwei der zehn Buchstaben korrekt benennen, aber ein Viertel kannte alle zehn Buchstaben.

Die theoretisch erwarteten Zusammenhänge zwischen alphabetischen Kenntnissen und schriftsprachlichen Fertigkeiten wurden in der Forschung oft gefunden. Die meisten Befunde liegen für den Bereich des Lesens mit seinen unterschiedlichen Facetten vor. Sie belegen, dass alphabetische Kenntnisse für mehrere Aspekte des Lesens relevant sind. In einer Metaanalyse fanden Hjetland, Brinchmann, Scherer und Melby-Lervåg (2017) einen Zusammenhang zwischen im Vorschulalter erfassten alphabetischen Kenntnissen (Buchstabennamen und Buchstabe-Laut-Zuordnung aggregiert) und Lese*genauigkeit (Dekodierung)* in Höhe von $r=.38$. Der Zusammenhang zum Lese*verständnis* war mit einer Korrelation von $r=.42$ ähnlich hoch. Auch Zusammenhänge zwischen alphabetischen Kenntnissen und Lese*flüssigkeit* ließen sich nachweisen. In einer Studie von Schmitterer und Schroeder (2019) waren Kenntnisse über korrekte Buchstabe-Laut-Zuordnungen, die zehn Monate vor Schuleintritt erhoben worden waren, ein signifikanter Prädiktor für Leseflüssigkeit zehn Monate nach Schuleintritt. Interessant war darüber hinaus, dass die im Vorschulalter erfassten alphabetischen Kenntnisse die späteren schriftsprachlichen Leistungen besser vorhersagten als Kenntnisse, die zwei Monate *nach* Schuleintritt erhoben wurden. Dies macht deutlich, dass die Zeitpunkte, an denen Prädiktoren und schriftsprachliche Leistungen erhoben werden, Auswirkungen auf das Zusammenhangsmuster haben können. In inhaltlicher Hinsicht lassen sich die Befunde so erklären, dass nach der Einschulung die systematische Unterweisung in der Schriftsprache bei den Kindern zu einer Angleichung der Kenntnisse über Buchstaben und Buchstabe-Laut-Zuordnungen führt. Während zehn Monate vor Schuleintritt die Kinder von 32 Aufgaben zu Buchstabe-Laut-Zuordnungen im Schnitt 23.5 korrekt beantworten konnten, betrug die Anzahl korrekter Antworten vier Monate nach Schuleintritt im Schnitt 29.6. Die Bandbreite richtiger Antworten reichte beim ersten Messzeitpunkt von 10–32 und verringerte sich beim zweiten Messzeitpunkt auf 20–32, wodurch es weniger gut möglich war, auf der Basis der alphabetischen Kenntnisse die schriftsprachlichen Leistungen am Ende des ersten Schuljahres vorherzusagen.

Alphabetische Kenntnisse stehen auch im Zusammenhang mit *Rechtschreibleistungen*. In der Studie von Schmitterer und Schroeder (2019) konnten die im Vorschulalter erhobenen alphabetischen Kenntnisse Rechtschreibleistungen sogar besser vorhersagen als die Leseflüssigkeit. Auch Huschka, Georgiou, Brandenburg, Ehm und Hasselhorn (2021) berichten dies. In ihrer Studie wurden zu Beginn des letzten Kindergartenjahres in aggregierter Form alphabetische Kenntnisse erfasst und zu schriftsprachlichen Leistungen am Ende des ersten Schuljahres in Beziehung gesetzt. Für Rechtschreibleistungen waren die vorschulischen alphabetischen Kenntnisse mit einer Korrelation von $r=.47$ ein stärkerer Prädiktor als für Lese*flüssigkeit* ($r=.33$), jedoch ähnlich gut wie für Lese*verständnis* ($r=.43$).

Interventionen mit dem Ziel, alphabetische Kenntnisse zu verbessern, wurden teilweise in komplexere Programme eingebunden, die darauf ausgerichtet waren, mehrere Vorläufer von erfolgreichem Schriftspracherwerb (z. B. auch phonologische Bewusstheit) zu fördern. Ein Beispiel aus dem deutschsprachigen Raum für die kombinierte Förderung von phonologischer Bewusstheit und alphabetischen Kenntnissen ist *Hören, lauschen, lernen 2* (Plume & Schneider, 2004; vgl. Kapitel 6). Interventionen, in denen ausschließlich alphabetische Kenntnisse gefördert werden, wurden bisher nur selten empirisch überprüft. Daher sind Schlussfolgerungen nur mit Einschränkungen möglich. Dennoch scheint die Schlussfolgerung gerechtfertigt, dass die Vermittlung von alphabetischen Kenntnissen günstige, wenn auch eher kleine Auswirkungen auf den Erwerb von Schriftsprache hat.

Schneider, Roth und Ennemoser (2000) analysierten die Effekte eines vorschulischen Interventionsprogramms zur Förderung von alphabetischen Kenntnissen auf spätere Lese- und Rechtschreibfähigkeiten. Das Programm wurde bei Kindergartenkindern durchgeführt, die aufgrund gering ausgeprägter phonologischer Bewusstheit ein erhöhtes Risiko für spätere Lese-Rechtschreibschwierigkeiten aufwiesen. Zusätzlich wurde als weiteres Interventionsprogramm die *kombinierte* Förderung von phonologischer Bewusstheit und alphabetischen Kenntnissen in die Analysen einbezogen. Die isolierte Förderung von alphabetischen Kenntnissen hatte sowohl auf das Lesen als auch auf das Rechtschreiben schwächere Effekte als die kombinierte Förderung von phonologischer Bewusstheit *und* alphabetischen Kenntnissen. Im Lese*verständnis* ergaben sich am Ende der zweiten Klasse zwar keine Unterschiede zwischen den beiden Interventionsgruppen, aber bei der Lese*geschwindigkeit* und beim *Rechtschreiben* war das kombinierte Training überlegen. Auch der prozentuale Anteil der Kinder, deren Rechtschreibleistungen am Ende der zweiten Klasse mit einem Prozentrang kleiner als 25 im unteren Quartil lagen, betrug in der kombinierten Fördergruppe nur 6 %, während er in der Gruppe mit isolierter Förderung von alphabetischen Kenntnissen bei 22 % lag.

Einige Studien prüften auch die Effekte von Trainingsmaßnahmen zur Förderung alphabetischer Kenntnisse bei schwach lesenden Kindern, die bereits die Schule besuchten. Dabei fanden sich Effekte der Fördermaßnahme auf die Lese*genauigkeit* (Levlin & Nakeva von Mentzer, 2020).

3.5 Merkmale der Familie

In den vorausgegangenen Abschnitten wurde herausgearbeitet, dass der Schriftspracherwerb von Vorläuferfertigkeiten abhängig ist, die bereits im Vorschulalter erworben werden. Sowohl deren Entwicklung als auch die der schriftsprachlichen

Fertigkeiten selbst werden durch Merkmale der Familie (u.a. sozio-ökonomischer Status, Zuwanderungshintergrund, familiale Umwelt) beeinflusst, in der die Kinder aufwachsen. Der *sozio-ökonomische Status* ist ein strukturelles Merkmal und wird bevorzugt über die Berufstätigkeit bzw. die berufliche Stellung der Eltern, deren Bildungsgrad und über das Familieneinkommen erfasst. Die drei Kriterien sind eng miteinander verbunden. Für viele beruflichen Tätigkeiten werden spezifische Bildungsabschlüsse vorausgesetzt und sowohl Bildungsabschlüsse als auch berufliche Tätigkeiten korrespondieren mit dem Einkommen. Die enge Verknüpfung dieser Merkmale trägt dazu bei, dass der sozio-ökonomische Status mit schriftsprachlichen Fertigkeiten korrespondiert. Akademische Bildungsabschlüsse der Eltern und ein hohes Familieneinkommen begünstigen über Sprachgebrauch, elterliche Einstellungen gegenüber Leseaktivitäten und Verfügbarkeit von Bildungsgütern (z.B. Bücher) sowohl die Entwicklung von schriftsprachrelevanten Vorläufern wie allgemeines Sprachverständnis, Wortschatz oder Kenntnis von Buchstaben als auch den Erwerb von schriftsprachlichen Kompetenzen.

Der *Zuwanderungshintergrund* ist ebenfalls ein strukturelles Merkmal und wird über das Geburtsland eines Kindes und/oder seiner Eltern definiert. Der Anteil an Kindern und Jugendlichen unter 18 Jahren, die entweder selbst oder von deren Eltern mindestens ein Elternteil im Ausland geboren ist, steigt seit Jahren und beträgt aktuell ca. 40% (Statistisches Bundesamt, 2022). Charakteristisch für Kinder und Jugendliche mit Zuwanderungshintergrund ist, dass sie mehrsprachig aufwachsen und die Familiensprache zumeist nicht Deutsch ist. Dies führt in vielen Fällen dazu, dass die deutsche Sprache weniger gut beherrscht wird, was sich ungünstig auf den Schriftspracherwerb im Deutschen auswirkt.

Der sozio-ökonomische Status gibt Hinweise darauf, über welche Ressourcen eine Familie verfügt. Das Ausmaß, in dem diese Ressourcen im Alltag in Verhaltensweisen umgesetzt werden, die sich günstig auf die Entwicklung von schriftsprachrelevanten Kompetenzen auswirken, wird als familiale Umwelt bezeichnet. Die *familiale Umwelt* bietet für Kinder in unterschiedlichem Ausmaß Lerngelegenheiten. Im Hinblick auf spätere schriftsprachliche Leistungen hat man dazu unter dem Stichwort *Home Literacy Environment* geforscht. In der familialen Umwelt finden sich formelle und informelle elterliche Aktivitäten, in denen Schriftsprache direkt oder indirekt adressiert wird. *Formelle* Aktivitäten haben in erster Linie zum Ziel, mit der Schriftsprache vertraut zu machen (z.B. durch das Üben einzelner Buchstaben oder ganzer Wörter beim Lesen oder beim Schreiben). Demgegenüber stehen im Zentrum von *informellen* Aktivitäten Inhalte, die mit Hilfe von Schriftsprache dargestellt und vermittelt werden (z.B. wenn ein Kinderbuch gemeinsam gelesen oder vorgelesen wird oder wenn ein gemeinsamer Bibliotheksbesuch stattfindet). Bei den informellen Aktivitäten kommen die Kinder mit der Schriftsprache eher nebenbei in Berührung.

3.5.1 Befunde zu familialen Faktoren

Zusammenhänge zwischen dem sozio-ökonomischen Status, dem Zuwanderungshintergrund und schriftsprachlichen Leistungen wurden für den Grundschulbereich etwa in der IGLU-Studie 2021 und dem IQB-Bildungstrend 2021 untersucht. In beiden Studien wurden die Kompetenzen von Kindern der vierten Klassenstufe im Bereich Lesen erfasst und es zeigten sich bedeutsame soziale Disparitäten: Ein niedrigerer sozio-ökonomischer Status und ein Zuwanderungshintergrund gingen mit niedrigeren Lesekompetenzen einher (Henschel, Heppt, Rjosk & Weirich, 2022; Sachse, Jindra, Schumann & Schipolowski, 2022; Stubbe, Kleinkorres, Krieg, Schaufelberger & Schlitter, 2023). Ähnliche Befunde sind aus den PISA-Studien für Neuntklässlerinnen und Neuntklässler bekannt (Weis, Müller, Mang, Heine, Mahler & Reiss, 2019).

Auch mit *Schwierigkeiten* im Schriftspracherwerb weisen sozio-ökonomischer Status und Zuwanderungshintergrund Zusammenhänge auf. In einer breit angelegten Studie untersuchten Sullivan und Bal (2013) Disproportionalitäten in den Prävalenzen von verschiedenen Störungsbildern. Spezifische Lernstörungen (zu denen auch die Schwierigkeiten im Schriftsprachbereich gehören) wurden bei Kindern mit niedrigem sozio-ökonomischem Status signifikant häufiger diagnostiziert als bei Kindern mit hohem sozio-ökonomischem Status.

Zusammenhänge zwischen sozio-ökonomischem Status und *Lese*schwierigkeiten wurden in einer Längsschnittstudie analysiert, die den Zeitraum vom Kindergarten bis zum Ende der zweiten Klasse umfasste (Zuk et al., 2021). Auf der Basis von Vorläuferfertigkeiten (phonologische Bewusstheit, Benenngeschwindigkeit und/oder alphabetische Kenntnisse) wurden Kinder mit hohem Risiko für die Entwicklung von Leseschwierigkeiten identifiziert. Für die Entwicklung von Lesefertigkeiten war der sozio-ökonomische Status bei diesen Kindern ein bedeutsamer Prädiktor. Kinder mit späteren Schwierigkeiten beim Leseerwerb wiesen einen niedrigeren sozio-ökonomischen Status auf als die Kinder, die trotz erhöhten Risikos Lesefertigkeiten im unauffälligen Bereich entwickelten. Eine mögliche Erklärung hierfür wird in unterschiedlichen familialen Umwelten (Zugang zu Büchern, gemeinsame Leseaktivitäten mit den Eltern) gesehen, die mit dem sozio-ökonomischen Status verbunden sind.

Neben dem sozio-ökonomischen Status erhöht auch der mit dem *Zuwanderungshintergrund* assoziierte familiale Sprachgebrauch das Risiko, die Kriterien für die Diagnose von Lese- und Rechtschreibschwierigkeiten zu erfüllen (Brandenburg et al., 2016, vgl. Abschnitt 2.5.2; Lenhard & Lenhard, 2018). In Familien mit Zuwanderungshintergrund wird Deutsch häufig nicht als Familiensprache gesprochen. Die geringere Vertrautheit mit der deutschen Sprache geht bei Kindern aus diesen Familien mit einem geringeren deutschen Wortschatz und einer geringeren Präzision einher, mit der Begriffe der deutschen Sprache im mentalen Lexikon repräsentiert sind und die Geschwindigkeit des Zugriffs auf die Begriffe ist verlangsamt. Sowohl Lese- als auch Rechtschreibkompetenzen sind von den Einschränkungen im mentalen Lexikon nachteilig betroffen und die sprachlichen Schwierigkeiten sind mit ein Grund für die schwächeren schriftsprachlichen Leistungen, die bei Kindern mit Zuwanderungshintergrund gefunden werden. Hinsichtlich der Häufigkeit, mit der bei Kindern mit Zuwanderungshintergrund Schwierigkeiten im Schriftspracherwerb tatsächlich diagnostiziert werden, hat sich in der Studie von Lenhard und Lenhard (2018) der interessante Befund ergeben, dass die diagnostischen Urteile von Lehrkräften über das Vorliegen von Schriftsprachschwierigkeiten von der Sprache abhingen, die in der Herkunftsfamilie der Kinder gesprochen wurde. Nach Angaben der Lehrkräfte lagen bei 6.9 % der Kinder mit Deutsch als Familiensprache Schriftsprachschwierigkeiten vor. Bei Kindern, in deren Familien eine andere Sprache als Deutsch Familiensprache war, gaben die Lehrkräfte nur bei 4.6 % an, dass Schriftsprachschwierigkeiten vorliegen würden. Gleichzeitig zeigten die Lehrkräfte die Tendenz, bei diesen Kindern häufiger sonderpädagogischen Unterstützungsbedarf festzustellen.

In Studien zur familialen Umwelt *(Home Literacy Environment),* in denen zwischen formellen und informellen elterlichen Verhaltensweisen unterschieden wurde, zeigten sich konsistent differenzielle Effekte der elterlichen Aktivitäten auf Lesekompetenzen und entsprechende Vorläuferfertigkeiten. Sénéchal und LeFevre (2002) erfassten bei Eltern von vier- und fünfjährigen Kindergartenkindern per Fragebogen schriftsprachrelevante Aktivitäten in der Familie und analysierten Zusammenhänge dieser Aktivitäten zu Vorläuferfertigkeiten sowie zu Lesegenauigkeit und Leseverständnis der Kinder am Ende der ersten und der dritten Klasse. Aktivitäten, die darauf ausgerichtet waren, bei den Kindergartenkindern das Lesen und das Schreiben von Wörtern zu fördern, wiesen zu Beginn der ersten Klasse Zusammenhänge zu basalen schriftsprachlichen Fertigkeiten (Buchstabenkenntnisse, Lesen von Konsonant-Vokal-Konsonant-Wörtern, lautorientiertes Schreiben von Wörtern) auf, die ihrerseits prädiktiv waren für Lesefertigkeiten am Ende der ersten Klasse. Demgegenüber gingen Betrachten und Vorlesen von Bilderbüchern mit sprachlichen Kompetenzen (Wortschatz und Hörverstehen) zu Beginn der ersten Klasse einher, die prädiktiv waren für spätere Lesefertigkeiten am Ende der dritten Klasse.

Ähnliche Befunde berichten Lehrl, Ebert, Roßbach und Weinert (2012) von einer zweieinhalbjährigen Längsschnittstudie. Elterliche Aktivitäten bei Vierjährigen, die sich direkt auf die Schriftsprache bezogen (z. B. Anregung zum Lesen und Schreiben des eigenen Namens), wiesen Zusammenhänge zur Buchstabenkenntnis der Kinder im Alter von sechs Jahren auf. Demgegenüber waren elterliche Aktivitäten, die sich stärker auf Inhalte richteten (z. B. Häufigkeit des Vorlesens), mit dem Erwerb von grammatikalischen Kenntnissen (Verstehen von Sätzen) verknüpft.

4 Psychische Auffälligkeiten, schulische Risiken und langfristiger Bildungserfolg

In diesem Kapitel thematisieren wir, welche psychosozialen Begleiterscheinungen mit Schriftsprachschwierigkeiten einhergehen können und mit welchen langfristigen Folgen zu rechnen ist. Dazu legen wir dar, von welchen psychischen Auffälligkeiten und Störungen Kinder mit Schriftsprachschwierigkeiten gehäuft betroffen sind. Vorab erläutern wir, wie sich psychische Merkmale überhaupt erfassen und Auffälligkeiten feststellen lassen. Dann gehen wir auf die schulische Situation ein und prüfen, ob Kinder mit Schriftsprachschwierigkeiten negativere Einstellungen gegenüber der Schule haben, häufiger soziale Probleme zeigen, schlechter in die Klassengemeinschaft integriert sind, ein geringeres Selbstkonzept oder auch eine geringere Lernmotivation haben. Wir thematisieren auch, wie man die Lernfreude trotz Leistungsschwierigkeiten in der schulischen Praxis aufrechterhalten oder zurückgewinnen kann. Zuletzt nehmen wir die langfristigen sozialen Folgen in den Blick und schauen, welche Auswirkungen auf die schulische und berufliche Laufbahn von Kindern mit Schriftsprachschwierigkeiten zu erwarten sind.

4.1 Das Erleben und Verhalten psychodiagnostisch erfassen

Zur Psychodiagnostik gehört auch die Diagnostik von Auffälligkeiten im Erleben und Verhalten (Döpfner & Petermann, 2012). Die Diagnostik von psychischen Auffälligkeiten ist alles andere als trivial. Dies liegt zum einen daran, dass psychische Auffälligkeiten in inner-psychischen Prozessen ablaufen und nur teilweise von außen beobachtbar und beurteilbar sind. Zum anderen unterliegt das, was als psychisch auffällig gilt, normativ-kulturellen Maßstäben, die stetig im gesellschaftlichen Wandel sind. Es stellt sich somit die Frage, wie sich Auffälligkeiten im Erleben und Verhalten messen lassen, und wann etwas als auffällig gilt.

4.1.1 Kategoriale und dimensionale Diagnostik

Die Herausforderungen in der Erfassung und Bewertung von psychischen Auffälligkeiten lassen sich unterschiedlich lösen. Zunächst einmal können Erlebens- und Verhaltensweisen einfach beschrieben werden, ohne eine Einordnung über ihre Häufigkeit und Intensität vorzunehmen (z. B. „Lea klagt morgens vor der Schule über Bauchschmerzen."). Eine solche deskriptive Darstellung ist mit dem Vorteil verbunden, dass eine sehr individuelle Problembeschreibung erfolgen kann, die jedoch – und das ist der Nachteil – keine objektivierbare Schlussfolgerung darüber erlaubt, ob Auffälligkeiten vorliegen oder nicht, da das beschriebene Verhalten nicht mit einem verbindlichen Bewertungsmaßstab verglichen wird. Um eine solche Bewertung vorzunehmen, haben sich zwei unterschiedliche diagnostische Ansätze etabliert (Döpfner & Petermann, 2012):

Kategorialer Ansatz

Bei diesem Ansatz werden psychische Auffälligkeiten als klar umgrenzte Kategorien aufgefasst, die bestehen, sobald vorab definierte Kriterien erfüllt sind oder eine bestimmte Anzahl an Kriterien als Schwellenwert überschritten wird. Aus dieser Sichtweise heraus gibt es nur das Vorliegen oder Nicht-Vorliegen von psychischen Auffälligkeiten. Dieser Ansatz wird beispielsweise in den Klassifikationssystemen ICD und DSM (vgl. Kap. 2) verfolgt. Hier werden distinkte Störungskategorien unterschieden, die durch Kriterien definiert und operationalisiert sind. Die Kriterien und Kategorien werden dabei stetig an den wissenschaftlichen Erkenntnisstand und an gegebene kulturelle Normen angepasst.

Ein Nachteil der kategorialen Diagnostik besteht darin, dass sich psychische Auffälligkeiten wie Ängste oder Aggression nur künstlich als dichotome Merkmale abbilden lassen, also nur eingestuft wird, ob sie vorhanden sind oder nicht. Realitätsangemessener ist es allerdings, sie ähnlich wie bei Leistungsbeurteilungen als kontinuierlich verteilte Variablen aufzufassen, die unterschiedlich stark ausgeprägt sind.

Dimensionaler Ansatz

Beim dimensionalen Ansatz werden psychische Merkmale als kontinuierliche Dimensionen aufgefasst und psychische Auffälligkeiten als extreme Ausprägungen auf diesen Dimensionen verstanden. Die Häufigkeit oder Intensität des Erlebens oder Verhaltens ist entscheidend dafür, ob es als auffällig bewertet wird oder in den Normalbereich fällt. Dieses Prinzip ist uns bereits aus der Leistungsdiagnostik vertraut, in der ebenfalls anhand eines empirisch gewonnenen Mittelwertes und der Standardabweichung einer Population beschrieben wird, welche Ergebnisse als überdurchschnittlich gut oder unterdurchschnittlich schwach einzustufen sind.

In der dimensionalen Diagnostik ist zu beachten, dass das bloße Herausfallen aus dem Durchschnittsbereich nicht zwingend bedeutet, dass die Ausprägung auch unmittelbar störungswertig ist. Dazu bedarf es – wie übrigens auch in der kategorialen Diagnostik – noch einer normativen gesellschaftlichen Einordnung.

4.1.2 Diagnostische Methoden und Ablauf

Zur Erfassung psychischer Auffälligkeiten werden im diagnostischen Prozess mehrere Methoden eingesetzt. Döpfner und Petermann (2012) sprechen daher von multimethodaler Diagnostik, die folgende Methoden umfasst:

- *Exploration* des Kindes und seiner Bezugspersonen zu psychischen Auffälligkeiten und Kompetenzen des Kindes sowie zu deren Entstehung und Verlauf.
- *Verhaltensbeobachtung* des Kindes z. B. in Form einer Unterrichtsbeobachtung oder in der Untersuchungssituation selbst.
- *Strukturierte Interviews und Checklisten* zur Abfrage der Kriterien für psychische Auffälligkeiten z. B. nach ICD oder DSM. Hier sind Selbst- und Fremdbeurteilungen möglich.
- *Standardisierte (und normierte) Fragebogenverfahren* zur kategorialen und/oder dimensionalen Erfassung von psychischen Auffälligkeiten. Auch diese können als Selbst- und Fremdbeurteilung erfolgen.
- *Psychometrische Testverfahren* wie z. B. Aufmerksamkeitsleistungstests.
- *Apparative Verfahren* wie z. B. computer-basierte Testverfahren.
- *Medizinische Untersuchungen,* also eine fachärztlich durchgeführte körperliche Diagnostik.

Die Diagnostik beginnt mit dem Einsatz von Methoden und Verfahren, die eine große Bandbreite an psychischen Auffälligkeiten abdecken (sog. Breitband-Screenings); sie haben eine Art Filterfunktion (siehe Fokus-Kasten 4.1). Dabei werden anfangs durch eine offene Exploration des Kindes und seiner Bezugspersonen die problematischen Erlebens- und Verhaltensweisen, deren Entstehung und Verlauf erfragt. Auch können inhaltlich breit aufgestellte strukturierte und standardisierte Interviews oder Checklisten und normierte Fragebogenverfahren eingesetzt werden, die auf das Vorliegen von Problembereichen hinweisen (siehe Tabelle 4.1, S. 73–75). In der Untersuchungssituation kann zudem das Verhalten des Kindes durch die diagnostizierende Person beobachtet werden, um einen klinischen Eindruck zu gewinnen. Da nur Personen mit einer psychodiagnostischen Qualifikation solche Verfahren durchführen können, werden nur in seltenen Fällen Lehrkräfte als diagnostizierende Person agieren. Oftmals werden allerdings Lehrkräfte mit ihren Einschätzungen zum Kind als Informationsquelle in das diagnostische Vorgehen einbezogen und gebeten, entsprechende Einschätzskalen auszufüllen.

Aus den Informationen, die in der ersten Phase gewonnen wurden, lassen sich Problembereiche bestimmen, deren Vorliegen und Ausmaß in einem weiteren

Schritt durch störungsspezifische Fragebögen und Testverfahren (siehe Tabelle 4.1, S. 73–75) bzw. durch Methoden, die spezifisch zur Erfassung des interessierenden psychischen Merkmals geeignet sind, ausführlicher bestimmt werden. Bei Kindern mit Schriftsprachschwierigkeiten sind dabei auch sozio-emotionale Kompetenzen und Auffälligkeiten von Interesse, wie beispielsweise die Ausprägung ihres Selbstkonzeptes, ihre Lern- und Leistungsmotivation, ihr Sozialverhalten und ihre soziale Integration in der Klasse.

Zuletzt werden in einer dritten Phase die Informationen und Ergebnisse der dimensionalen und kategorialen Diagnostik zu einem Gesamteindruck integriert. Die Informationen der offenen und unstrukturierten Methoden, wie der Exploration und Verhaltensbeobachtung, werden deskriptiv beschrieben. Die Ergebnisse der normierten Verfahren werden hingegen zu einer dimensionalen Beschreibung der Häufigkeit oder Intensität der Erlebens- und Verhaltensauffälligkeiten zusammengefasst. Darauf fußt eine kategoriale Diagnose der zutreffenden Störung, wobei gleichzeitig naheliegende, aber nichtzutreffende Störungskategorien ausgeschlossen werden.

Fokus 4.1: Anwendung diagnostischer Verfahren

1. Phase: Explorative Diagnostik
- Exploration des Kindes und seiner Bezugspersonen
- Verhaltensbeobachtung
- strukturierte Interviews und Checklisten (Selbst- und Fremdbeurteilung)
- normierte Breitband-Screenings (Selbst- und Fremdbeurteilung)

2. Phase: Spezifische Diagnostik
- (störungs-)spezifische normierte Fragebogenverfahren (Selbst- und Fremdbeurteilung)
- situationsspezifische Verhaltensbeobachtung
- (störungs-)spezifische normierte Testverfahren
- (störungs-)spezifische Interviews und Checklisten (Selbst- und Fremdbeurteilung)

3. Phase: Integration der diagnostischen Befunde
- deskriptive Beschreibung der psychischen Auffälligkeit
- dimensionale Beschreibung der psychischen Auffälligkeit
- kategoriale Diagnose

Multiaxiales Klassifikationsschema

Bei der Diagnostik von psychischen Störungen im Kindes- und Jugendalter ist es geläufig, auf das aus dem medizinischen Bereich stammende multiaxiale Klassifikationsschema zurückzugreifen (Remschmidt, Schmidt & Poustka, 2017). Dabei werden auf sechs Achsen verschiedene Elemente psychischer Störungen abgebildet. Auf Achse 1 werden zunächst die vorliegenden psychiatrischen Diagnosen genannt, mit Ausnahme von umschriebenen Entwicklungsstörungen, da diese Besonderheiten in der Entwicklung der motorischen und sprachlichen Funktionen sowie der schulischen Fertigkeiten auf Achse 2 kodiert werden. Auf der dritten Achse wird das Intelligenzniveau beschrieben. Die vierte Achse umfasst körperliche Symptome und Krankheiten. Besondere psychosoziale Umstände beispielsweise in der Familie oder Schule werden auf der fünften Achse beschrieben. Zuletzt wird auf der sechsten Achse das psychosoziale Funktionsniveau auf einer zehnstufigen Skala eingeordnet, wodurch die sozialen Beeinträchtigungen durch die psychischen Auffälligkeiten ersichtlich werden.

4.1.3 Urteilsübereinstimmung bei Selbst- und Fremdbeurteilungen

Um ein möglichst umfassendes Bild zu gewinnen, werden nicht nur die Kinder selbst, sondern auch ihre Eltern und Lehrkräfte in die Diagnostik miteinbezogen. Dies gibt Einblicke in das Vorhandensein von psychischen Auffälligkeiten aus der Selbstsicht und aus der Sicht von Bezugspersonen in der häuslichen Umgebung und im Schulkontext. Die Angaben zwischen den Beurteilenden unterscheiden sich jedoch mehr oder weniger stark. Es besteht also nicht unbedingt eine hohe Beurteilungsübereinstimmung oder *Urteilskonkordanz*. In empirischen Studien korrelierten die Angaben von Eltern, Lehrkräften und Kindern nur gering (z. B. Metaanalyse von Achenbach, McConaughy & Howell, 1987: $r = .22$ bis $r = .28$) bis mittelmäßig stark (Goodman, 2001: $r = .34$) miteinander.

Die Gründe für die mäßig ausfallende Urteilskonkordanz sind in Abbildung 4.1 (S. 76) zusammengefasst. Während stabile und situationsübergreifende Erlebens- und Verhaltensweisen zur Urteilsübereinstimmung beitragen, führen kontextabhängige oder situationsspezifische Erlebens- und Verhaltensweisen zu unterschiedlichen Beurteilungen. Messtheoretisch geht man von der Annahme aus, dass es „wahre“ Unterschiede im Erleben und Verhalten der Kinder in den verschiedenen Kontexten gibt, die sich in „wahren“ Unterschieden in den Ergebnissen widerspiegeln.

Tabelle 4.1: Auswahl standardisierter Selbst- und Fremdbeurteilungen des Erlebens und Verhaltens von Kindern

Name des Testverfahrens	Testkürzel	Konstrukt	Selbst- (S)/ Fremdurteil (F)	Altersbereich (in Jahren)	Dauer (in min)	Autorinnen und Autoren (Erscheinungsjahr)
Breitband-Screenings						
Deutsche Schulformen der Child Behaviour Checklist von Thomas M. Achenbach (Achenbach-Skalen): 1) Elternfragebogen, 2) Lehrerfragebogen, 3) Fragebogen für Jugendliche	1) CBCL 2) TRF 3) YSR	internalisierende und externalisierende Auffälligkeiten	F/S	6–18 (F)/ 11–18 (S)	20	Döpfner, Plück & Kinnen (2014)
Deutsche Version des Strengths and Difficulties Questionnaire: Eltern- und Lehrerfragebogen	SDQ	internalisierende und externalisierende Auffälligkeiten, prosoziales Verhalten	F/S	4–17 (F)/ 11–17 (S)	5–10	Goodman (1997) Frei verfügbar unter: www.sdqinfo.org
Spezifische Verfahren: Schule						
Skalen zur Erfassung der Lern- und Leistungsmotivation	SELLMO	Lern- und Leistungsmotivation	S	Klasse 3–10	8–15	Spinath, Stiensmeier-Pelster, Schöne & Dickhäuser (2012)

Tabelle 4.1: Fortsetzung

Name des Testverfahrens	Test-kürzel	Konstrukt	Selbst- (S)/ Fremd-urteil (F)	Alters-bereich (in Jahren)	Dauer (in min)	Autorinnen und Autoren (Erscheinungsjahr)
Skalen zur Erfassung des schulischen Selbstkonzeptes	SESSKO	schulisches Selbst-konzept	S	Klasse 3–10	7–15	Schöne, Dickhäuser, Spinath & Stiensmeier-Pelster (2012)
Fragebogen zur Erfassung emotionaler und sozialer Schulerfahrungen (3 Versionen für die Klassenstufen 1–2, 3–4 und 5–6)	FEESS	Selbst-konzept, Motivation, soziale Integration	S	Klasse 1–6	20–30	Rauer & Schuck (2003/2004/2021)
Angstfragebogen für Schüler	AFS	Prüfungs-angst, Schulangst, Schulunlust	S	9–18	10–25	Wieczerkowski, Nickel, Janowski, Fittkau, Rauer & Petermann (2016)
Spezifische Verfahren: Ängste						
Phobiefragebogen für Kinder und Jugendliche	PHOKI	Ängste vor verschiedenen Objekten und Situationen	S	8–18	15	Döpfner, Schnabel, Goletz & Ollendick (2006)
Sozialphobie und -angstinventar für Kinder	SPAIK	Soziale Phobien	S	8–16	20–30	Melfsen, Florin & Warnke (2001)

Tabelle 4.1: Fortsetzung

Name des Testverfahrens	Test-kürzel	Konstrukt	Selbst- (S)/ Fremd-urteil (F)	Alters-bereich (in Jahren)	Dauer (in min)	Autorinnen und Autoren (Erscheinungsjahr)
Spezifische Verfahren: Depression						
Depressionsinventar für Kinder und Jugendliche	DIKJ	Depression	S	8–16	10–15	Stiensmeier-Pelster, Braune-Krickau, Schürmann & Duda (2014)
Spezifische Verfahren: psychische Störungen						
Diagnostik-System für psychische Störungen nach ICD-10 und DSM-5 für Kinder und Jugendliche – 3. Revision	DISYPS-III	Psychische Störungen	F/S	4–18 (F)/ 11–18 (S)	10	Döpfner & Görtz-Dorten (2017)

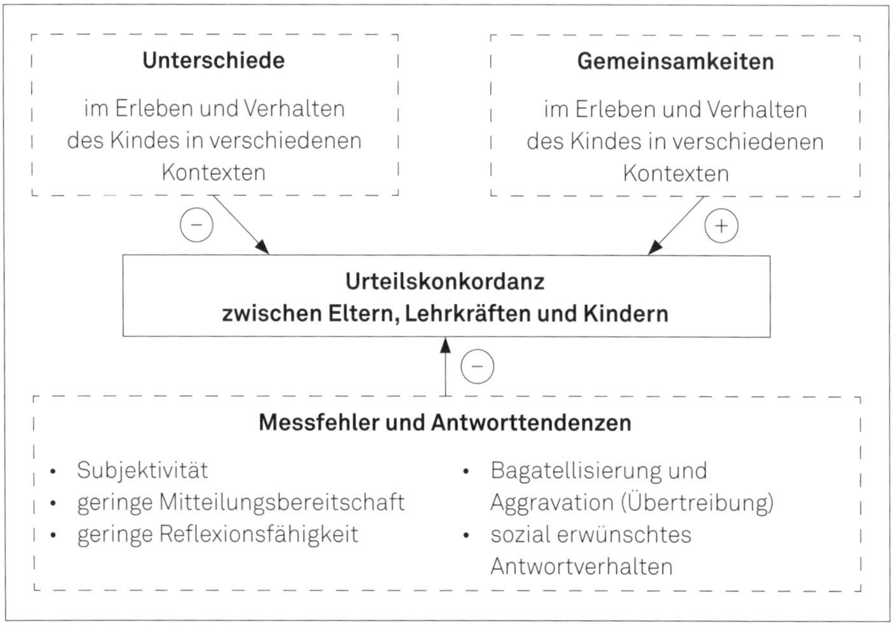

Abbildung 4.1: Beispiele für Faktoren, die die Urteilskonkordanz zwischen Eltern, Lehrkräften und Kindern in der Psychodiagnostik beeinflussen.

Unterschiedliche Beurteilungen resultieren jedoch auch aus dem Umstand, dass sie das Ergebnis *subjektiver Bewertungsprozesse* sind (Döpfner & Petermann, 2012). Konkret bedeutet dies, dass Personen unterschiedliche Wahrnehmungen und Auffassungen von Ereignissen haben und unterschiedliche Konzepte von Begrifflichkeiten anwenden, sodass Fragen und Antwortmöglichkeiten verschieden aufgefasst werden. Was wahrgenommen wird, wie es interpretiert wird und was als „auffällig" eingeschätzt wird, ist somit subjektiv.

Die Urteilsübereinstimmung zwischen Fremd- und Selbsturteilen hängt auch davon ab, welche psychischen Auffälligkeiten erfragt werden: Geht es um externalisierende Verhaltensauffälligkeiten wie Sozialverhaltensstörungen und Hyperaktivität, die von außen deutlich beobachtbar sind, werden höhere Übereinstimmungen erzielt als bei der Erfassung internalisierender Auffälligkeiten wie Ängste und depressive Verstimmungen (vgl. Döpfner & Görtz-Dorten, 2008). Das Selbsturteil ist somit von großer Bedeutung für die Erfassung von internalisierenden Auffälligkeiten. Die empirischen Befunde sind aber nicht ganz eindeutig. So gibt es auch Hinweise darauf, dass Eltern eine höhere Übereinstimmung mit ihren Kindern für internalisierende im Vergleich zu externalisierenden Auffälligkeiten erreichen können (z. B. Seiffge-Krenke & Kollmar, 1998). Eltern scheinen unter Umständen also zuverlässigere Angaben für emotionale Probleme machen zu können als Lehrkräfte. Lehrkräfte hingegen beurteilen tendenziell zuverlässiger Verhaltensauffälligkeiten. Möglicherweise hat das damit zu tun, dass sich Verhaltensauffälligkeiten meist in Gruppensituationen deutlicher zeigen. Kinder und Jugendliche selbst hingegen scheinen nicht die beste Informationsquelle für externalisierende Probleme zu sein: Sie neigen dazu, negatives Sozialverhalten und Delinquenz zu bagatellisieren (z.B. Breuk, Clauser, Stams, Slot & Doreleijers, 2007).

Eine weitere Quelle bei der Beurteilung, die zu differenten Ergebnissen führt, besteht in dem *nicht wahrheitsgemäßen Beantworten* der diagnostischen Fragen (Döpfner & Petermann, 2012). Nicht selten besteht nur eine geringe Bereitschaft dazu, die eigenen Wahrnehmungen mitzuteilen, etwa aufgrund von mangelndem Vertrauen gegenüber der untersuchenden Person, aus Angst vor negativen Konsequenzen, aus Scham oder zum Selbstschutz. Auch die soziale Erwünschtheit kann die Beurteilenden davon abhalten, wahrheitsgemäß zu antworten. Unterscheiden sich die Beurteilenden in ihrer Bereitschaft, ihre Wahrnehmungen offen mitzuteilen, resultieren unterschiedliche Ergebnisse. Bei der Befragung von jüngeren Kindern kommt hinzu, dass sie noch nicht über die notwendigen Introspektions- und Reflexionsfähigkeiten verfügen, möglicherweise auch nicht über das notwendige Sprachverständnis, um Fragen zu ihrem Erleben und Verhalten valide beantworten zu können. Döpfner und Görtz-Dorten (2008) empfehlen daher, das Selbsturteil erst ab einem Alter von neun bis elf Jahren zu nutzen. Eine offene und kindgerechte Problemexploration kann und sollte hingegen auch mit jüngeren Kindern erfolgen.

Wenn nun aber einheitliche Ergebnisse bei der Befragung mehrerer Personen nicht zu erwarten sind, wirft dies die Frage auf, wie mit den verschiedenen Angaben in der Diagnostik umzugehen ist. Empirisch konnte gezeigt werden, dass sich trotz der geringen Übereinstimmung zwischen Eltern- und Lehrkrafturteilen die besten Vorhersagen der Kinderurteile ergaben, wenn Eltern- und Lehrkrafturteile gemeinsam zur Vorhersage genutzt wurden (Thiels & Schmitz, 2008). Dies zeigt, dass die verschiedenen Beurteilungen in ihrer Summe informativer sind als im Einzelnen. Man spricht in diesem Zusammenhang davon, dass alle Informationsquellen *inkrementelle Validität* besitzen. Umsetzungen für die individualdiagnostische Praxis sind hierfür bisher nicht vorgelegt worden. Für die Einordnung der unterschiedlichen Ergebnisse sind die Ergebnisse weiterer Methoden (Exploration, Tests, projektive Verfahren, Verhaltensbeobachtung) hilfreich.

Mit Ausnahme weniger psychischer Störungen (z.B. ADHS) ist es für die Diagnose keine notwendige Bedingung, dass psychische Auffälligkeiten in mehreren Lebensumwelten nachweisbar und/oder die Beurteilungen übereinstimmend sind. Um aber das Bestehen psychischer Auffälligkeiten umfassend zu erheben, gilt es als Goldstandard, mehrere Lebensumwelten zu berücksichtigen, in denen sich problematische Erlebens- und Verhaltensweisen zeigen können. Darum ist es trotz (man könnte auch sagen *gerade wegen*) der Diversität der Beurteilungen wichtig, mehrere Beurteilungen zu erheben und zu berücksichtigen.

4.2 Psychische Auffälligkeiten und Komorbiditäten

Langanhaltende Schriftsprachschwierigkeiten können mit psychischen Auffälligkeiten im Erleben und Verhalten einhergehen (Visser, Büttner & Hasselhorn, 2019). Etwa die Hälfte der betroffenen Kinder zeigen zusätzlich psychische Auffälligkeiten (Willcutt et al., 2013). Die im Folgenden dargestellten Befunde beruhen zumeist auf Untersuchungen an Kindern mit einer nach ICD-10 diagnostizierten Lese-Rechtschreibstörung (LRS), wobei es keine Hinweise für qualitative und quantitative Unterschiede in den Erlebens- und Verhaltensauffälligkeiten zwischen Kindern mit LRS und sonstigen Schriftsprachschwierigkeiten gibt (Fischbach, Schuchardt, Mähler & Hasselhorn, 2010).

Das gemeinsame Auftreten von LRS und psychischen Auffälligkeiten hat verschiedene Gründe: Zunächst einmal können psychische Auffälligkeiten und LRS rein zufällig gemeinsam auftreten. So sind etwa 10 bis 20 % aller Kinder und Jugendlichen von psychischen Störungen betroffen (Petermann, 2005). Die zum Teil deutlich höheren Inzidenzen bei Kindern mit LRS sprechen aber für weitere Ursachen. Möglicherweise entwickeln sich psychische Auffälligkeiten als Folge der anhaltenden Lernschwierigkeiten und dem damit verbundenen Leistungsversagen, was der Fall wäre, wenn aufgrund der Schriftsprachprobleme Leistungs- und Schulängste resultieren. Zudem kann auch das Bestehen von psychischen Auffälligkeiten das Lernen weiter erschweren oder zur Entstehung der LRS beitragen, beispielsweise wenn Aufmerksamkeitsstörungen vorbestehen. Außerdem können weitere dritte Faktoren, wie genetische, psychische oder soziale Einflüsse, nicht nur das Entstehen der LRS, sondern auch die Entstehung von psychischen Auffälligkeiten begünstigen. Es gibt also verschiedene mögliche Erklärungen für das komorbide Auftreten, die im Einzelfall zum Beispiel im Rahmen einer Diagnostik näher analysiert werden können, um die Genese nachzuvollziehen.

Wenn psychische Auffälligkeiten vorliegen, ist das nicht ausschließlich für die Entwicklung des Kindes im Allgemeinen von Relevanz, sondern auch für den schulischen Förderprozess im Speziellen, da psychische Auffälligkeiten sich auf das Lernverhalten und die Lernmöglichkeiten auswirken: Ein Kind, das Leistungsängste hat, wird versuchen, Lern- und Leistungssituationen zu vermeiden. Ein Kind mit Sozialverhaltensauffälligkeiten verweigert mitunter die Mitarbeit. Ein Kind mit ADHS wird der Förderung nicht ausdauernd folgen können. Daher beschreiben wir in den nachfolgenden Abschnitten, welche psychischen Auffälligkeiten besonders häufig bei Kindern mit LRS auftreten und bei der Förderung zu berücksichtigen sind.

4.2.1 Externalisierende Auffälligkeiten: ADHS und Sozialverhaltensstörungen

Viele psychische Auffälligkeiten lassen sich nach ihrer Erscheinungsform in zwei Kategorien unterteilen: in *externalisierende Auffälligkeiten,* die mitunter oppositionelle, aggressive und regelverletzende Verhaltensweisen als auch hyperaktives und impulsives Verhalten umfassen, sowie in *internalisierende Auffälligkeiten,* zu denen u.a. Ängste, depressive Gefühlsstimmungen, sozialer Rückzug und psychosomatische Beschwerden wie Bauch- und Kopfschmerzen zählen (Schneider & Popp, 2019). Die Bezeichnungen *externalisierend* und *internalisierend* umschreiben, dass sich die Auffälligkeiten entweder nach außen richten oder im inneren Erleben einer Person abspielen.

ADHS

Die Aufmerksamkeitsdefizit-Hyperaktivitätsstörung (ADHS) umfasst die drei Kernsymptome *Hyperaktivität, Impulsivität* und *Unaufmerksamkeit* und kann in verschiedenen Formen auftreten. Das DSM unterscheidet den kombinierten Subtypus, der alle drei Kernsymptome beinhaltet, den Subtypus mit vorwiegend hyperaktiv-impulsiver Symptomatik (mit keiner oder geringer Beeinträchtigung der Aufmerksamkeit) und den vorwiegend unaufmerksamen Subtypus (ohne hyperaktiv-impulsives Verhalten).

ADHS ist eine recht häufige Störung im Kindes- und Jugendalter. Etwa 5% aller Kinder sind nach den Kriterien des DSM von ADHS betroffen (Polanczyk, de Lima, Horta, Biederman & Rohde, 2007). Von den Kindern mit ADHS sind etwa 20% auch von LRS betroffen (Carroll et al., 2005). Und umgekehrt betrachtet, sind ebenfalls etwa 20% der Kinder mit LRS von einer Form von ADHS betroffen (z.B. Schuchardt, Fischbach, Balke-Melcher & Mähler, 2015). ADHS scheint sogar die häufigste komorbide psychische Störung der LRS zu sein (Sexton, Gelhorn, Bell & Classi, 2012). Betrachten wir die Zusammenhänge der ADHS-Kernsymptome mit LRS etwas genauer:

Eltern und Lehrkräfte berichten in standardisierten Fragebogenverfahren ein gehäuftes Vorkommen von Aufmerksamkeitsproblemen bei Kindern mit LRS (z.B. Fischbach et al., 2010; Kohn, Wyschkon & Esser, 2013). Tatsächlich steht LRS besonders häufig im Zusammenhang mit der vorwiegend unaufmerksamen Erscheinungsform von ADHS (13.7%), während das komorbide Vorkommen von LRS mit dem vorwiegend hyperaktiv-impulsiven (2.5%) oder dem gemischten Subtypus (4.5%) deutlich seltener ist (Schuchardt, Fischbach et al., 2015; siehe auch Kohn, Wyschkon & Esser 2013).

Um zu klären, wie es zu dieser überzufällig großen Schnittmenge von LRS und AD(H)S kommt, wurde nach gemeinsamen und störungsspezifischen Defiziten in der Informationsverarbeitung bei Kindern gesucht, die einerseits das alleinige und andererseits das komorbide Auftreten der Störungen erklären können. Die von Schuchardt, Brandenburg, Fischbach und Mähler (2017) untersuchten Kinder mit LRS zeigten unabhängig davon, ob sie zusätzlich eine ADHS-Diagnose hatten, reduzierte Werte in der phonologischen Bewusstheit. Defizite in der phonologischen Bewusstheit scheinen also nichts damit zu tun zu haben, ob eine isolierte oder komorbide Störung vorliegt. Es zeigte sich aber auch, dass die Funktionstüchtigkeit des phonologischen Arbeitsgedächtnisses und die Benenngeschwindigkeit bei Kindern besonders beeinträchtigt war, wenn diese nur eine LRS-Diagnose erhalten hatten. Demgegenüber wiesen Kinder, die von LRS und ADHS gleichzeitig betroffen waren, Beeinträchtigungen in der regulierenden Steuereinheit des Arbeitsgedächtnisses, der zentralen Exekutive, auf. Es scheinen also Beeinträchtigungen in den exekutiven Funktionen der Informationsverarbeitung ein Merkmal des gemeinsamen Auftretens von LRS und ADHS zu sein. In Zwillingsstudien konnte zudem gezeigt werden, dass nicht nur das Auftreten der einzelnen Störungen, sondern auch die Komorbidität von LRS und ADHS genetisch mitdeterminiert ist. Der genetische Einfluss führt zu einem hohen Zusammenhang von Leseschwierigkeiten und dem ADHS-Kernmerkmal *Unaufmerksamkeit*, während *Hyperaktivität* und *Impulsivität* in einer deutlich geringeren genetischen Verwandtschaft zu LRS stehen (Willcutt, Pennington & DeFries, 2000).

Sozialverhaltensstörungen

Kinder mit LRS und auch Kinder mit ADHS haben ein erhöhtes Risiko dafür, zusätzlich soziale Verhaltensschwierigkeiten wie aggressive und dissoziale Verhaltensweisen zu zeigen und mehr soziale Probleme mit Gleichaltrigen zu haben (Rietz et al., 2012; Willcutt & Pennington, 2000). Etwa jedes vierte Kind mit LRS wird in Studien als verhaltensauffällig beschrieben (z.B. Bäcker & Neuhäuser, 2003; Willcutt & Pennington, 2000). Das ist bedeutsam häufiger, als man es für Verhaltensstörungen erwarten würde, deren Prävalenz bei Kindern und Jugendlichen bei 7.5 % liegt (Ihle & Esser, 2002). Eine Störung des Sozialverhaltens, wie sie in der ICD-10 klassifiziert ist, betrifft Kinder mit LRS etwa zwei- bis dreimal häufiger als Kinder ohne LRS (Carroll, Maughan, Goodman & Meltzer, 2005).

Untersucht wurde auch, wie der Zusammenhang von LRS und externalisierenden Auffälligkeiten zustande kommt. Es scheint so zu sein, dass die Verhaltensauffälligkeiten nicht im direkten Zusammenhang mit LRS stehen. Auch das gehäufte komorbide Vorkommen von Hyperaktivität steht in keinem direkten Zusammenhang mit den externalisierenden Auffälligkeiten. Stattdessen hängt die externalisierende Symptomatik bei Kindern mit LRS und ADHS eher mit der Störung der Aufmerksamkeit zusammen (Carroll et al., 2005; Rietz, Hasselhorn & Labuhn, 2012). Die reduzierten Aufmerksamkeitsfähigkeiten, die bei ADHS wie bei LRS gehäuft vorkommen, stehen somit im Zusammenhang mit dem Auftreten von Sozialverhaltensauffälligkeiten.

4.2.2 Internalisierende Auffälligkeiten: Angst und Depression

In wissenschaftlichen Übersichtsarbeiten, in denen eine Vielzahl von einschlägigen Einzelstudien zusammengefasst wurden, kristallisierte sich heraus, dass Kinder mit LRS vermehrt unter Schulangst und anderen Ängsten leiden, dass sie weniger Freude empfinden oder depressive Verstimmungen zeigen (Mugnaini, Lassi, La Malfa & Albertini, 2009; Nelson & Harwood, 2011). Die internalisierenden Auffälligkeiten treten in diesen Studien sogar noch häufiger als externalisierende Problemverhaltensweisen auf: Nicht nur ein Viertel, sondern bis zu einem Drittel der Kinder mit LRS war in den Studien von internalisierenden Symptomen betroffen. Dabei scheinen die internalisierenden Symptome anders als externalisierende Auffälligkeiten in einem direkten Zusammenhang mit LRS zu stehen, da der Zusammenhang nicht durch dritte Variablen erklärt wird (Carroll et al., 2005).

Angststörungen haben Kinder mit LRS zwei- bis dreimal häufiger (nämlich 9.9 %) als Kinder ohne LRS (3.9 %; Carroll et al., 2005). Kinder mit LRS weisen neben Prüfungs- und Leistungsängsten gehäuft auch Trennungsängste (Angst vor dem Verlust nahestehender Bezugspersonen) und generalisierte Angststörungen (ständiges Sorgenmachen mit unterschiedlichen Inhalten) auf (Carroll et al., 2005). Es gibt Hinweise dafür, dass Angststörungen in Folge der LRS auftreten und nicht durch gemeinsame genetische Ursachen bedingt sind (Willcutt & Pennington, 2000).

Im Bereich der affektiven Störungen werden erhöhte depressive Symptome berichtet (z. B. Mugnaini et al., 2009). Das Vollbild einer Depression scheint jedoch bei Kindern mit LRS nicht bedeutsam häufiger aufzutreten als bei Kindern ohne LRS (Carroll et al., 2005).

Diskutiert wird auch die Frage, ob in den Forschungsarbeiten die Auftretenshäufigkeiten psychischer Auffälligkeiten überschätzt werden. Wie im folgenden Fokus-Kasten 4.2 erläutert, gibt es dafür durchaus gute Gründe.

Fokus 4.2: Das Stichproben-Dilemma bei der Schätzung von Häufigkeiten psychischer Auffälligkeiten bei Kindern mit LRS

Warum sollte man an der Häufigkeit der internalisierenden und externalisierenden Auffälligkeiten bei Kindern mit LRS zweifeln, wenn sie doch wiederholt in Studien empirisch belegt werden? Der Grund hierfür sind die selektiven Stichproben vieler Studien. So werden in den meisten Studien die Kinder mit LRS über diagnostische, beratende, lerntherapeutische oder psychiatrische Einrichtungen gewonnen. Solche Einrichtungen werden vermehrt von Familien aufgesucht, bei denen ein besonderer Leidensdruck besteht. Der ist bekanntlich um so höher, je mehr Probleme die betroffenen Kinder haben. Diese Vorselektion führt dazu, dass besonders viele Kinder mit zusätzlichen emotionalen und Verhaltensauffälligkeiten in die Untersuchungen aufgenommen werden.

Ein Versuch, dieses Problem zu lösen, besteht darin, die Kinder mit LRS nicht aus klinischen, sondern aus schulischen Stichproben zu gewinnen. Dabei werden zunächst sehr viele, zum Teil mehrere Tausend Kinder an den Schulen hinsichtlich ihrer kognitiven und schulischen Leistungen untersucht. Aus dieser großen Stichprobe werden anschließend die Kinder herausgesucht, deren Testergebnisse auf eine LRS hinweisen. Und bei diesen Kindern werden dann Aspekte des Erlebens und Verhaltens untersucht. In Studien, in denen so vorgegangen wurde, lassen sich tatsächlich deutlich weniger Kinder mit LRS finden, die von emotionalen und Verhaltensauffälligkeiten betroffen sind: Entweder bestehen nur in einer geringen Anzahl an erhobenen Variablen zum Erleben und Verhalten Abweichungen von der Vergleichsgruppe (wie z.B. bei Kohn, Wyschkon & Esser, 2013), oder signifikante Auffälligkeiten lassen sich nur dann feststellen, wenn man die einzelnen sozio-emotionalen Problembereiche zusammenfasst (wie z.B. bei Dahle & Knivsberg, 2014), oder aber es können nur Auffälligkeiten bei Kindern festgestellt werden, die neben der LRS zusätzlich eine Rechenstörung aufweisen (wie z.B. bei Endlich, Dummert, Schneider & Schwenck, 2014).

Treten bei Kindern mit LRS also doch nicht in dem Ausmaß emotionale und Verhaltensauffälligkeiten auf, wie es die klinisch gewonnene Datenlage zunächst vermuten lässt? Diese Schlussfolgerung wäre zu voreilig, denn auch Studienergebnisse, die auf schulischen Stichproben beruhen, sind nicht uneingeschränkt generalisierbar. Diese Untersuchungen neigen nämlich wiederum dazu, die relativen Häufigkeiten zu *unter*schätzen. Der Grund dafür liegt in einer weniger gut abgesicherten LRS-Diagnose: Aus ökonomischen Gründen erfolgt die LRS-Diagnostik nämlich im Klassenverband anstatt in Einzeluntersuchungen; und häufig werden nur Kurztests (Screenings oder ausgewählte Untertests) angewandt, sodass die LRS-Diagnose stärker fehlerbehaftet ist, als es in klinischen Stichproben der Fall ist. Wenn aber nur ein Teil der Kinder in der LRS-Gruppe tatsächlich von einer LRS betroffen ist, ist mit weniger auffälligen Ergebnissen zu rechnen. Die tatsächliche Häufigkeit für internalisierende und externalisierende Auffälligkeiten bei Kindern mit LRS liegt vermutlich irgendwo zwischen den Ergebnissen aus klinischen und schulischen Untersuchungen.

4.2.3 Weitere Lern- und Entwicklungsstörungen: Kombinierte Störungen schulischer Fertigkeiten und Sprachentwicklungsstörungen

Umschriebene Entwicklungsstörungen können in verschiedenen Bereichen auftreten: Die ICD-10 unterscheidet zwischen solchen der schulischen Fertigkeiten (F81), des Sprechens und der Sprache (F80) und der motorischen Funktionen (F82). Eine häufige Komorbidität besteht zwischen der LRS und der Rechenstörung, deren gemeinsames Auftreten in der ICD-10 als *kombinierte Störung schulischer Fertigkeiten* (F81.3) bezeichnet wird, sowie zwischen LRS und den Sprachentwicklungsstörungen (F80.1 und F80.2).

Kombinierte Störung schulischer Fertigkeiten

Einige Kinder mit LRS zeigen bereits im Schulanfangsunterricht zusätzlich massive Rechenschwierigkeiten. Kennzeichnend für die Rechenstörung ist, dass das grundlegende Verständnis für Zahlen und Mengen eingeschränkt ist. Es bestehen Schwierigkeiten, sich im Dezimalzahlensystem zu bewegen und arithmetische Operationen durchzuführen. Dementsprechend bezieht sich das DSM-5 bei der Beschreibung des Störungsbildes auf Einschränkungen in den basalen mathematischen Fertigkeiten wie die Arithmetik. In der ICD-10 (F81.2) wird das Störungsbild hingegen weiter gefasst und auf mathematische Leistungen im Allgemeinen bezogen, was auch Teilgebiete der Mathematik wie die Geometrie miteinschließt. Bei der Klassifikation des komorbiden Auftretens beider Lernstörungen gehen das DSM-5 und die ICD-10 sehr verschieden vor: Das DSM fasst alle Lernstörungen unter einer Diagnose (Spezifische Lernstörung) zusammen und beschreibt anhand von sogenannten Spezifikationen den beeinträchtigten Lernbereich. In dem hier beschriebenen Fall des gemeinsamen Auftretens von Störungen in der Schriftsprache und im Rechnen ergeben sich also für die Beschreibung des Störungsbildes zwei bis drei separate Diagnosen mit verschiedenen Spezifikationen (Lesestörung, Rechtschreibstörung, Rechenstörung). In der ICD-10 wurde demgegenüber eine distinkte diagnostische Kategorie geschaffen, nämlich die *kombinierte Störung schulischer Fertigkeiten* (F81.3).

In Anlehnung an die Klassifikation der ICD-10 kommt die isolierte Rechenstörung mit einer Häufigkeit von 2 bis 4 % seltener als die isolierte Lese- und/oder Rechtschreibstörung vor, von der ca. 8 % der Grundschulkinder betroffen sind (Fischbach et al., 2013; Moll, Kunze, Neuhoff, Bruder & Schulte-Körne, 2014). Die niedrigere Prävalenz ist unter anderem darauf zurückzuführen, dass die LRS zwei Kompetenzbereiche umfasst (Lesen und Schreiben), von denen nur ein Bereich betroffen sein muss. Ein weiterer Grund für die geringere Prävalenz der Rechenstörung ist darin begründet, dass der Zusammenhang von Intelligenz und mathematischen Fertigkeiten größer ist als der von Intelligenz und Schriftsprachfertigkeiten, sodass die Wahrscheinlichkeit geringer ist, das Intelligenz-Leistungsdiskrepanzkriterium zu erfüllen. Entsprechend tritt auch die kombinierte Form der Lernstörung, bei der neben der Schriftsprache auch das Rechnen beeinträchtigt ist, mit etwa 2 bis 3 % seltener auf als die LRS (Fischbach et al., 2013; Moll, Kunze et al., 2014). Dabei tritt die Rechenstörung häufiger gemeinsam mit der Rechtschreib- als mit der Lesestörung auf (Moll, Kunze et al., 2014).

Die Geschlechtsverteilung der Lernstörungen ist verschieden: Von einer isolierten Rechenstörung sind mehr Mädchen betroffen, während mehr Jungen eine LRS haben. Bei der kombinierten Lernstörung ist das Geschlechtsverhältnis relativ ausgeglichen (Fischbach et al., 2013; Moll, Kunze et al., 2014). In der von uns durchgeführten Prävalenzstudie (Fischbach et al., 2013) trat die Rechenstörung fast so häufig komorbid mit einer LRS auf wie sie isoliert vorkam: 45 % der Kinder mit einer Rechenstörung hatten zusätzlich eine LRS. Andersherum betrachtet ist der Zusammenhang etwas geringer, aber weiterhin beachtlich: Von allen Kindern, die eine Form von LRS aufwiesen, hatten 20 % zusätzlich eine Rechenstörung. Die Prävalenz für eine Rechenstörung erhöht sich somit etwa um das Fünffache, wenn bereits eine LRS vorliegt. Auch andere Studien kommen zu dem Schluss, dass das Risiko für eine Lernstörung, wenn man bereits von einer betroffen ist, in etwa drei- bis fünffach erhöht ist (Moll, Kunze et al., 2014).

Ursachen für das gemeinsame Auftreten von LRS und Rechenstörung lassen sich in den Funktionsbesonderheiten der kognitiven Informationsverarbeitung finden: Während bei Kindern mit isolierten Lernstörungen im Rechtschreiben oder Rechnen geringere modalitätsspezifische Speicherkapazitäten im Arbeitsgedächtnis festgestellt werden, zeigen sich bei Kindern mit kombinierter Lernstörung darüber hinaus noch Funktionsdefizite im zentral-exekutiven Arbeitsgedächtnis (Klesczewski, Brandenburg, Fischbach, Grube, Hasselhorn & Büttner, 2015; Schuchardt, Mähler & Hasselhorn, 2008). Die reduzierte Leistungsfähigkeit der zentral-exekutiven Steuerungseinheit weist darauf hin, dass Kinder mit einer kombinierten Lernstörung mehr Schwierigkeiten haben, gespeicherte Informationen zu bearbeiten. Zudem ist eine genetische Mitverursachung wahrscheinlich (vgl. Moll, Kunze et al., 2014).

Das komorbide Vorhandensein einer Rechenstörung erhöht das Risiko für psychische Belastungen wie Schul- und Leistungsängste, Niedergeschlagenheit, geringe Lernfreude und soziale Integrationsschwierigkeiten bei Kindern mit LRS. Die Rechenstörung ist selbst nämlich mit ganz ähnlichen psychischen Belastungen verbunden wie die LRS (Fischbach et al, 2010; Kohn, Wyschkon & Esser, 2013). Wenn beide Lernstörungen gleichzeitig vorliegen, addieren sich die psychischen Schwierigkeiten: Die kombinierte Störung schulischer Fertigkeiten geht im Vergleich zu den isoliert auftretenden Lernstörungen am häufigsten und mit der größten Bandbreite an psychischen Belastungen einher (Endlich et al., 2014; Fischbach et al., 2010).

Spezifische Sprachentwicklungsstörungen (SSES)

Sprachentwicklungsstörungen gehen überzufällig häufig den Schriftsprachschwierigkeiten zeitlich voraus und erhöhen das Risiko für spätere Lernschwierigkeiten im Lesen und Schreiben. Sie treten bereits in der frühen Kindheit auf und äußern sich in einem verspäteten Sprechbeginn und einem anschließend verzögerten und beeinträchtigten Spracherwerb (z. B. Grimm, 2012). Es kommt dabei nicht nur zu zeitlichen Verzögerungen in der Entwicklung, sondern auch zu qualitativen Unterschieden in den sprachlichen Fertigkeiten. Das bedeutet, dass betroffene Kinder nicht nur Entwicklungsrückstände zeigen, sondern auch eine von der

Norm abweichende *Sprachproduktion*. Dabei ist beispielsweise auffällig, dass der Wortschatz kleiner ist, die Wortfindung und Ausdrucksfähigkeit eingeschränkt sind, der Satzbau sehr einfach oder formal inkorrekt gebildet wird und die Grammatik Auffälligkeiten aufweist. Neben dem aktiven Sprechen ist manchmal auch zusätzlich das *Sprachverständnis* beeinträchtigt, d.h. die Fähigkeit, gesprochene Sprache altersgemäß zu entschlüsseln. So kommt es zu Beeinträchtigungen in der Verarbeitung von aufgenommenen sprachlichen Informationen.

Man grenzt primäre von sekundären Sprachentwicklungsstörungen ab. Als sekundär bezeichnet man solche Sprachauffälligkeiten, die in Folge einer anderen Störung, beispielsweise einer frühkindlichen Variante der Autismus-Spektrum-Störungen, oder in Folge ungünstiger Umweltbedingungen auftreten. So führen emotionale und soziale Deprivation zu Beeinträchtigungen in der Sprachentwicklung, was die soziale und emotionale Bedeutung der Sprache in der menschlichen Kommunikation unterstreicht. Primäre oder auch „spezifische" Sprachentwicklungsstörungen (SSES) sind dagegen nicht die Folge einer anderen übergreifenden Störung und auch nicht durch offensichtliche äußere Umstände zu erklären. Im Einzelfall ist es oftmals schwer zu entscheiden, ob eine SSES oder eine sekundäre Sprachentwicklungsstörung vorliegt.

In der ICD werden zwei Formen von SSES unterschieden, die auch kombiniert bestehen können: Die *expressive Sprachstörung* (F80.1), die vorwiegend eine Störung des Sprachausdrucks ist und sich somit auf die Kompetenz des aktiven Sprechens bezieht, und die *rezeptive Sprachstörung* (F80.2), bei der das Sprachverständnis beeinträchtigt ist. Um die SSES zu diagnostizieren, wird in der ICD-10 ebenfalls ein doppeltes Diskrepanzkriterium des Sprachniveaus zur Norm und zur individuellen Intelligenz gefordert. Wie bei den Lernstörungen ist auch hier das IQ-Leistungsdiskrepanzkriterium umstritten, unter anderem weil Sprache und Intelligenz (auch nonverbale Intelligenz) nicht unabhängig voneinander sind. Kinder mit sprachlichen Defiziten erzielen in den meisten üblichen Intelligenztests eher schwächere IQ-Werte. SSES gehören zu den häufigsten Entwicklungsstörungen. Verschiedene Prävalenzstudien im englisch- und deutschsprachigen Raum berichten, dass etwa 6 bis 8% aller Vorschulkinder von einer SSES betroffen sind, wobei die expressive Sprachstörung häufiger auftritt als die rezeptive und Jungen deutlich häufiger betroffen sind als Mädchen (z.B. Grimm, Aktas, Jungmann, Peglow, Stahn & Wolter, 2004).

Ein großer Teil der Kinder mit SSES – die Schätzungen reichen von 25 bis 75% – bekommt später in der Schule Schwierigkeiten im Lesen und Schreiben; etwa jedes vierte Kind mit SSES entwickelt eine LRS (Catts, Adlos, Hogan & Weismer, 2005). Und Kinder mit LRS zeigen oftmals sprachliche Auffälligkeiten: Im Vergleich zu Kindern ohne LRS haben sie geringere grammatikalische Kompetenzen und einen kleineren Wortschatz (z.B. Tiffin-Richards, Hasselhorn, Woerner, Rothenberger & Banaschewski, 2008).

Die inhaltliche Nähe von gesprochener Sprache und Schriftsprache legt bereits eine erhöhte Komorbidität nahe. Catts, Adlos, Hogan und Weismer (2005) haben für SSES und die Lesestörung untersucht, worin sich Kinder auszeichnen, die beide oder nur eine dieser Störungen aufweisen. Dabei verglichen sie Kinder mit SSES, die später Schwierigkeiten im Lesen entwickelten, mit solchen Kindern, die zwar eine SSES hatten, aber keine Leseschwierigkeiten bekamen. Sie konnten für die Gruppe der Kinder mit beiden Störungen eine geringere phonologische Bewusstheit und eine reduzierte Funktionstüchtigkeit des phonologischen Arbeitsgedächtnisses nachweisen. Kinder, deren Sprachentwicklungsstörung von einer beeinträchtigten phonologischen Informationsverarbeitung begleitet wird, scheinen demnach ein besonders hohes Risiko für die Entwicklung einer späteren LRS zu haben. Zwillings- und Adoptionsstudien legen nahe, dass überwiegend genetisch determinierte kognitive Defizite zu der hohen Komorbidität von SSES und LRS führen (z. B. Stromswold, 2001).

4.3 Psychosoziale schulische Risiken

Wenn ein Kind von Schulbeginn an besondere Schwierigkeiten beim Erwerb der Schriftsprache hat, kann sich das auf weitere Bereiche im Schulalltag auswirken. Eine negative Einstellung gegenüber der Schule, eine ungünstige soziale Integration des Kindes in den Klassenverband, aber auch ein niedriges Selbstkonzept und mangelnde Lern- und Leistungsmotivation können gemeinsam mit Schriftsprachschwierigkeiten auftreten. Das kann wiederum die weitere Lernentwicklung im Lesen und Schreiben beeinflussen. Besonders gefährdet für psychosoziale Risiken sind Kinder mit LRS, die zusätzliche Anzeichen psychischer Störungen aufweisen (siehe Abschnitt 4.2).

4.3.1 Schuleinstellung und soziale Integration

Kinder mit LRS berichten selbst, dass ihre Einstellung zur Schule ungünstiger ist als bei anderen Kindern ihres Alters (Fischbach et al., 2010) und sie sich in der Schule weniger wohl und zufrieden fühlen (Kohn, Wyschkon & Esser, 2013). Diese negative Wahrnehmung der allgemeinen Schulsituation ist angesichts der Umgrenztheit der Lernschwierigkeiten beachtlich. Hier zeigt sich, dass die LRS weitreichende Auswirkungen auf die wahrgenommene schulische Situation haben kann.

Diese weitreichenden Einflüsse auf die gesamte Schulsituation mögen damit zusammenhängen, dass Kinder mit LRS eher Opfer von Stigmatisierung und sozialer Ausgrenzung werden. Wie diese Ausgrenzungsprozesse zustande kommen können, erklären Schuchardt, Griepenburg und Mähler (2021) in ihrer Übersichtsarbeit: Eine Ursache für Ausgrenzungsprozesse ist das Nichtentsprechen der impliziten

Klassennormen der Schülerinnen und Schüler. Zu diesen impliziten Normen einer Klasse zählen häufig auch gute Noten und Fähigkeiten. Diese sind also oft eine Voraussetzung dafür, um in der Klassengemeinschaft anerkannt zu werden, was Kinder mit Lernschwierigkeiten jedoch nicht erfüllen können. Das kann ein Grund dafür sein, dass Kinder mit LRS von ihren Eltern und Lehrkräften häufiger soziale Probleme mit anderen Kindern attestiert bekommen (z. B. Bäcker & Neuhäuser, 2003; Fischbach et al., 2010) und insgesamt schlechter sozial integriert sind (Gadeyne, Ghesquière & Onghena, 2004).

Fehlendes Wissen und falsches Vorwissen über LRS stellen darüber hinaus einen Nährboden für Stigmatisierungsprozesse dar. Zu Stigmatisierung kommt es, wenn einer Person aufgrund einer gesellschaftlich negativ bewerteten Eigenschaft weitere negative Eigenschaften zugeschrieben werden, die die Person zusätzlich sozial abwerten. Ist ein Kind von Schriftsprachschwierigkeiten betroffen, was gesellschaftlich negativ behaftet ist, kann es dazu kommen, dass dem Kind weitere negative Eigenschaften zugeschrieben werden, ohne dass es dafür eine objektive Grundlage gibt.

Obwohl rein statistisch in jeder Klasse Lernstörungen auftreten, werden Kinder zumeist nicht über Lernstörungen aufgeklärt. Ebenso geben zwei Drittel der Lehrkräfte an, keine fundierten Kenntnisse über Lernstörungen erworben zu haben. Durch dieses Unwissen kommt es zu der verbreiteten Ansicht, dass Kinder mit Lernstörungen das Lernen schwerfalle, weil sie „dumm“ oder „nicht intelligent“ seien. Dies wurde in einer Umfrage von 70 % der befragten Grundschulkinder bestätigt (Schuchardt et al., 2021). Solche Vorurteile können von Betroffenen selbst in das eigene Wertesystem übernommen werden, was als Selbststigmatisierung bezeichnet wird. Es kommt dazu, wenn Vorurteile von der sozialen Gruppe legitimiert werden, sodass sie auch für die Betroffenen als richtig erscheinen. Das kann erklären, weshalb auch 63 % der von Lernstörungen betroffenen Kinder denken, dass Lernstörungen dadurch entstehen, dass „man nicht so klug wie andere Kinder“ ist (Griepenburg et al., 2021).

Des Weiteren wird Kindern mit Lernstörungen zugeschrieben, dass sie „faul“ seien, wovon etwa 38 % der befragten Grundschulkinder ausgehen (Schuchardt et al., 2021). Auch 60 % der Kinder mit Lernstörungen sind der Meinung, dass Lernstörungen entstehen, weil man „zu wenig für die Schule übt“ (Griepenburg et al., 2021). Dies zeigt erneut, wie betroffene Kinder die stigmatisierenden Erklärungsmuster verinnerlichen. Werden Lehrkräfte nach den Ursachen befragt, geben 13 % an, dass die Lernschwierigkeiten durch elterliches Verhalten verursacht werden würden, und über 9 % gehen davon aus, dass die Ernährung eine bedeutsame Rolle spiele (Brook, Watemberg & Geva, 2000). Wie wir in Kapitel 3 darstellen, werden Lernstörungen aber weder durch eine unzureichende allgemeine Lernfähigkeit oder eine fehlende Lernmotivation des Kindes verursacht, noch sind sie durch eine unzureichende elterliche oder schulische Förderung bedingt. Fehlt dieses Wissen, ist die Orientierung an gesellschaftlich weit verbreiteten Meinungen nachvollziehbar.

Eine weitere, weit verbreitete Meinung ist, dass die Veränderbarkeit von Lernstörungen durch Interventionen kaum möglich sei, wie die bereits erwähnte Studie von Schuchardt et al. (2021) eindrücklich zeigt: So wird eine LRS oft als „unüberwindbar“ angesehen und Interventionen als wenig erfolgsversprechend. 40 % der Lehrkräfte berichteten, dass sie die Arbeit mit Kindern mit LRS als „besonders anstrengend“ und 63 % von ihnen als „sehr zeitaufwendig“ empfinden. Auch sind 15 % der Meinung, dass Kinder mit LRS „besser in gesonderten Klassen unterrichtet werden sollten“. Dass es erfolgsversprechende, empirisch wirksame Förderprogramme gibt, die in ihrer Anwendung auch nicht zwingend die Kapazitäten überlasten müssen, zeigen wir in Kapitel 6.

Auch die Meinung, dass sich Lernstörungen „mit der Zeit von alleine auswachsen“, ist weit verbreitet. Knapp 60 % der Lehrkräfte stimmen dem zu, obwohl sich Lernschwierigkeiten im Rahmen von Lernstörungen meist als sehr stabil erweisen und bis ins Erwachsenenalter persistieren können (Esser, Wyschkon & Schmidt, 2002; siehe Kapitel 4.4). Einfach abzuwarten stellt also eine denkbar schlechte Strategie in der Förderung dar.

Ob oder in welchem Ausmaß es zu den Stigmatisierungs- und Ausgrenzungsprozessen kommt, lässt sich jedoch beeinflussen, sodass die sozialen Folgen im Schulalltag von Kindern mit Schriftsprachschwierigkeiten abgemildert werden können. Dazu haben Schuchardt et al. (2021) einige Empfehlungen für die schulische Praxis zusammengetragen: Zunächst einmal kann die Lehrkraft das Klassenklima durch die Art der Leistungsrückmeldung positiv beeinflussen. So erzeugt eine soziale Bezugsnormorientierung, bei der die individuellen Leistungen zwischen den Kindern miteinander verglichen werden, ein kompetitives Klassenklima, in dem die Anerkennung der Lehrkraft von der relativen Leistungsfähigkeit eines Kindes abhängt. Die Anerkennung der Lehrkraft wiederum wirkt sich auf die soziale Integration aus, da die Beliebtheit eines Kindes in seiner Klasse davon abhängt, wie seine Beliebtheit bei der Lehrkraft durch andere Kinder wahrgenommen wird. Werden hingegen die individuellen Lernfortschritte eines jeden Kindes vor dem Hintergrund seiner Lernentwicklung durch die Lehrkraft beurteilt und wird somit jedes Kind gleichermaßen gelobt und gefordert, kann der leistungsorientierten Klassennorm entgegengewirkt werden. Leider findet diese intraindividuelle Bezugsnormorientierung noch wenig Platz im Schulalltag, der auf curriculare Vorgaben und interindividuelle Vergleiche ausgerichtet ist. Dementsprechend berichten Kinder mit LRS, dass sie sich von ihren Lehrkräften weniger unterstützt und angenommen fühlen (Fischbach et al., 2010).

Eine weitere Stellschraube zur Reduktion von Stigmatisierung und Ausgrenzung ist, Vorurteile aus dem Weg zu räumen, indem fundiertes Wissen über Lernstörungen vermittelt wird. Dieser Ansatz der psychoedukativen Aufklärung über Lernstörungen von Betroffenen, ihren Mitschülerinnen und Mitschülern sowie Lehrkräften zur Reduktion der psychosozialen Folgen von Lernstörungen wurde von

Gabriel, Griepenburg und Schuchardt (2021) empirisch evaluiert. Die Autorinnen konnten zeigen, dass eine einstündige Unterrichtseinheit mit psychoedukativem Material über Lernstörungen einerseits zu einem anhaltenden Wissenszuwachs der Schülerinnen und Schüler über Lernstörungen führt und auch die wahrgenommene soziale Integration von Kindern verbessert, die selbst glauben, von einer Lernstörung betroffen zu sein.

4.3.2 Selbstkonzept und Lernmotivation

Erfolge, Misserfolge und soziale Vergleiche geben uns ein Feedback darüber, wie gut wir etwas können, wie talentiert, sportlich oder beliebt wir sind. Dieses Wissen über uns selbst fließt in unser Selbstkonzept ein – dem mehr oder weniger realistischen Bild von uns selbst. Unser Selbstkonzept besitzt mehrere Facetten. Von besonderem Interesse für das Thema dieses Buches ist das akademische Selbstkonzept (Möller, Kuska & Zaunbauer, 2011), das sich aus den Vorstellungen, Einschätzungen und Bewertungen der eigenen schulischen oder bildungsrelevanten Kompetenzen zusammensetzt. Das globale akademische Selbstkonzept bezieht sich auf die Schulleistung im Allgemeinen (z. B. „Ich bin ein guter Schüler/eine gute Schülerin"), während sich die spezifischen Selbstkonzepte auf einzelne Fächer (z. B. „Ich bin gut in Deutsch") und auch auf einzelne Teilleistungsbereiche beziehen (z. B. „Ich bin gut im Lesen, aber nicht im Rechtschreiben"; Ehm, Lindberg & Hasselhorn, 2014).

Das akademische Selbstkonzept hängt mit den tatsächlichen Schulleistungen zusammen: Je besser die schulischen Leistungen sind, desto höher ist typischerweise das Selbstkonzept ausgeprägt, und je schlechter die Leistungen sind, desto geringer ist meist das schulische Selbstkonzept. Was erst einmal sehr logisch klingt, fußt auf einem wechselseitigen Einfluss: Zum einen prägen die erbrachten Schulleistungen das schulische Selbstkonzept eines Kindes, die Leistungsbewertung stellt somit das Feedback dar (auch *skill development*-Ansatz genannt). Zum anderen wirkt sich jedoch auch das bestehende Selbstkonzept eines Kindes auf sein Lernverhalten und die zukünftigen Leistungen aus (sog. *self enhancement*-Ansatz; Calsyn & Kenny, 1977). Der Einfluss der schulischen Leistungen auf das Selbstkonzept ist größer und wissenschaftlich besser belegt (z. B. Helmke & van Aken, 1995). Der bisweilen erbrachte Nachweis, dass sich das Selbstkonzept – wie vom *self enhancement*-Ansatz postuliert – auf die zukünftigen Leistungen auswirkt (z. B. Guay, Marsh & Boivin, 2003), hat sich in neueren Analysen jedoch nur für Schülerinnen und Schüler älterer Jahrgangsstufen als gültig erwiesen (vgl. Ehm, Hasselhorn & Schmiedek, 2019; Wu, Guo, Yang, Zhao & Guo, 2021). Dennoch ist es gerade im Hinblick auf die langfristige Leistungsförderung wichtig, das akademische Selbstkonzept der Kinder zu schützen oder aufzubauen.

Untersuchungen belegen, dass Kinder mit LRS – realistischer Weise – ihre schriftsprachlichen Kompetenzen niedrig einschätzen. Ihr Selbstkonzept im Lesen und Rechtschreiben ist deutlich negativer ausgeprägt als bei Kindern ohne LRS (z. B. Schuchardt, Brandenburg, Fischbach, Büttner, Grube, Mähler & Hasselhorn, 2015). Darüber hinaus finden die meisten Untersuchungen bei diesen Kindern keine Beeinträchtigungen in anderen akademischen und nicht-akademischen Selbstkonzeptbereichen (z. B. Schulz, Dertmann & Jagla, 2003). So scheint weder das akademische Selbstkonzept im Allgemeinen beeinträchtigt zu sein, noch das soziale Selbstkonzept, welches sich auf die Selbsteinschätzungen sozialer Fertigkeiten bezieht (vgl. Zeleke, 2004). Folglich verallgemeinern Kinder mit LRS ihre Misserfolgserfahrungen im Lesen und Rechtschreiben nicht, was positiv festzuhalten ist. Im Gegenteil: Vermutlich kommt es sogar zu einem *Kontrasteffekt,* bei dem die anderen akademischen und nicht-akademischen Bereiche durch den internen Vergleich mit dem Leistungsbereich, der von der Lernschwäche betroffen ist, aufgewertet werden (z. B. „Ich bin zwar schlecht im Lesen, dafür kann ich aber richtig gut Klavierspielen.“; Pohlmann & Möller, 2009). Doch wie oben im self enhancement-Ansatz beschrieben, kann davon ausgegangen werden, dass das negative akademische Fähigkeitsselbstkonzept zur Aufrechterhaltung der Lernschwierigkeiten beiträgt (z. B. „Ich bin schlecht in Diktaten, daher brauche ich mich gar nicht erst anzustrengen.“). Es kommt zu einer Art selbsterfüllenden Prophezeiung, bei der die negative Überzeugung über die eigenen Möglichkeiten die Lernmotivation hemmt und tatsächlich zu schlechten Lernergebnissen führt.

Die Misserfolgserfahrungen von Kindern mit LRS wirken sich also nicht nur auf ihr Selbstkonzept aus, sondern auch auf ihre Motivation in Lern- und Leistungssituationen. So stellte Heckhausen (1989) fest, dass ein wiederholtes Scheitern die *Furcht vor Misserfolg* schürt und im Umkehrschluss die *Hoffnung auf Erfolg* schwindet. In einer solchen misserfolgsorientierten Motivationslage wird das Lernen erschwert, da nun nicht mehr der Lernfortschritt im Vordergrund steht, sondern die Angst zu scheitern. Erwarten wir einen erneuten Misserfolg, handeln wir zum Schutze unseres Selbstkonzeptes. Um ein erneutes Scheitern zu vermeiden, wird versucht, die Lernsituation zu umgehen oder zu verweigern, was als Selbstschutzstrategie gedeutet werden kann. Lässt sich eine Leistungssituation aber nicht vermeiden, besteht eine selbstwertdienliche Strategie darin, sich entweder viel zu leichte oder viel zu schwere Aufgaben zu suchen. Solche Lernsituationen geben nämlich wenig Aufschluss über die tatsächlichen eigenen Fähigkeiten, da sich das Resultat auf die Aufgabenschwierigkeit beziehen lässt (z. B. „Das war viel zu einfach.“ oder „Das hätte niemand gekonnt.“). Diese Strategie ist in einer misserfolgsorientierten Motivationslage selbstwertdienlich, ermöglicht aber keine Lernfortschritte.

Bei Kindern mit LRS ist aufgrund ihres geringeren Selbstkonzeptes in der Schriftsprache zu erwarten, dass sie weniger bereit sind, sich Leistungssituationen auszusetzen, in denen die Fähigkeit zum Lesen und Schreiben erforderlich ist oder gar abgeprüft wird. Tatsächlich wurde in mehreren Studien gefunden, dass Kinder mit LRS eine geringere Anstrengungsbereitschaft zeigen (Fischbach et al., 2010; Kohn, Wyschkon & Esser, 2013). Nach Heckhausen (1989) steht aufgrund von Misserfolgserfahrungen die Angst vor einem erneuten Scheitern im Vordergrund, weshalb sie sich weniger zutrauen, durch eigenes Bemühen neue oder anstrengende Lernsituationen zu meistern. Eine verringerte Anstrengungsbereitschaft beeinträchtigt jedoch auch die weitere Leistungsentwicklung. Daher ist es wichtig, das Ziel zu verfolgen, das Vertrauen der Kinder in die eigene Leistungsfähigkeit zu stärken und die Furcht vor Misserfolgen abzubauen. Eine Möglichkeit, dies zu erreichen, besteht darin, dem Kind angemessen schwere Aufgaben zu geben, die seinem aktuellen Kompetenzniveau entsprechen oder ganz leicht darunter liegen, sodass Erfolgserlebnisse wahrscheinlich werden, das Selbstkonzept gestärkt und die Lernmotivation erhöht werden.

4.4 Mittel- und langfristige Folgen für den Bildungserfolg

Da die Schriftsprache grundlegend für Bildung ist, wirken sich Schwierigkeiten darin – insbesondere, wenn sie gravierend und anhaltend sind – mittel- und langfristig auf den Bildungs- und Berufserfolg aus. Die negativen Folgen für die gesellschaftliche Teilhabe in den Blick zu nehmen ist wichtig, um mögliche Entwicklungsrisiken abschätzen zu können, die mit Schriftsprachschwierigkeiten verbunden sind. Außerdem betonen die Auswirkungen von Schriftsprachschwierigkeiten auf den Bildungserfolg die Wichtigkeit fördernder Maßnahmen, denen wir uns in den nächsten Abschnitten zuwenden.

4.4.1 Schulerfolg

Wie wir bereits in Kapitel 2 dargestellt haben, ist es wahrscheinlicher, dass Schriftsprachschwierigkeiten über Jahre hinweg bestehen bleiben, als dass sie überwunden werden. Zwar verbessern sich im Mittel die Kinder über fünf Jahre hinweg und reduzieren ihre Schriftsprachschwierigkeiten, dennoch haben fast 70 % der Kinder mit einer nach ICD-10 diagnostizierten LRS weiterhin schwache Lese- und Rechtschreibwerte, knapp 50 % erfüllen sogar weiterhin die Diagnosekriterien mit dem IQ-Leistungsdiskrepanzkriterium (Wyschkon et al., 2018). Die Schriftsprachleistungen der Kinder, die fünf Jahre zuvor eine LRS diagnostiziert bekommen haben, lagen nicht nur weit, nämlich eine Standardabweichung, unterhalb einer normal intelligenten Vergleichsgruppe, sondern auch eine halbe Standardabweichung unterhalb einer unterdurchschnittlich intelligenten Vergleichsgruppe ohne Schriftsprachschwierigkeiten. Die Kinder mit LRS schnitten im Lesen und Rechtschreiben demnach sogar schlechter ab als Kinder, deren Lernfähigkeit im Allgemeinen durch eine reduzierte Intelligenz beeinträchtigt ist. Nur ein knappes Drittel der Kinder mit LRS hatte nach fünf Jahren keine Schriftsprachschwierigkeiten mehr und erreichte ein Lese-Rechtschreibniveau im Durchschnittsbereich.

In einer eigenen Studie haben wir untersucht, welche kognitiven Funktionen das Überwinden von Lesestörungen begünstigen (Brandenburg, Fischbach, Schuchardt, Büttner, Grube, Mähler & Hasselhorn, 2022). Wir fanden, dass eine hohe Funktionstüchtigkeit in der informations- und aufmerksamkeitssteuernden zentralen Exekutive des Arbeitsgedächtnisses und eine gute Benenngeschwindigkeit (die Geschwindigkeit, mit der Begriffe aus dem mentalen Lexikon abgerufen werden können, siehe Kapitel 3.3) sich prognostisch günstig auf die Leseentwicklung im Primarbereich auswirken. Interessanter Weise sind das die gleichen Funktionsbereiche, die – sofern sie beeinträchtigt sind – auch zur Entstehung von Lesestörungen beitragen. Außerdem hat sich eine besonders schwache Ausgangslage im Lesen ungünstig für den Verlauf herausgestellt: Besonders leseschwache Kinder bleiben also eher schwach im Lesen. Insgesamt könnte dies ein Indiz dafür sein, dass diejenigen Kinder besonders gute Chancen haben, ihre Schriftsprachschwierigkeiten zu überwinden, deren Schwierigkeiten zu Beginn weniger gravierend sind und deren kognitive Funktionen, die am Schriftspracherwerb beteiligt sind, weniger beeinträchtigt sind. Außerdem scheinen sich eine hohe Intelligenz und die Herkunft aus Familien mit einem hohen sozioökonomischen Status günstig auf die Leistungsentwicklung auszuwirken, wie weitere Studien zeigten (z. B. Maughan, 1995).

Die Mehrheit der Kinder überwindet ihre Schriftsprachschwierigkeiten jedoch nicht und das kann sich über die Schulzeit hinweg auf den Schulerfolg auswirken. Bemisst man den Schulerfolg an den Zeugnisnoten, haben Kinder mit LRS einen niedrigeren Schulerfolg: Die Deutsch-Zeugnisnote war in der Studie von Wyschkon et al. (2018) bei Kindern mit LRS fünf Jahre nach der Diagnose immer noch bedeutsam schlechter als bei gleich intelligenten Kindern ohne LRS und entsprach der von Kindern mit unterdurchschnittlicher Intelligenz. Die Mathe-Zeugnisnote der Kinder mit LRS lag unter der von normal und über der von unterdurchschnittlich intelligenten Kindern ohne LRS, wobei die Unterschiede zu beiden Vergleichsgruppen nicht signifikant waren.

Auch das Bildungsniveau der Schulformen, die nach fünf Jahren besucht wurden, unterschied sich in der Erhebung: Dieses war bei Kindern mit LRS vergleichbar mit dem durchschnittlichen Niveau der Schularten, die von Kindern mit unterdurchschnittlicher Intelligenz besucht wurden, und zudem deutlich niedriger als von Kindern, die normal intelligent waren, aber keine Schriftsprachschwierigkeiten zeigten. Dieser Umstand, dass eher niedrigwertigere Schularten besucht werden, spiegelt auch das Ergebnis einer älteren Untersuchung wider, in der 3.2 % der achtjährigen Grundschulkinder mit LRS das Gymnasium erreichten im Vergleich zu 44.4 % der durchschnittlich intelligenten Kinder ohne LRS (Esser & Schmidt, 1993). Und auch der erworbene Schulabschluss und die durchschnittliche Schulabschlussnote fallen bei Kindern mit Schriftsprachschwierigkeiten im Vergleich zu denen ohne solche Schwierigkeiten niedriger aus (Esser, Wyschkon & Schmidt, 2002).

Zusammenfassend scheint die schulische Entwicklung von Kindern mit Schwierigkeiten beim Schriftspracherwerb ungünstig zu verlaufen und mit der von Kindern mit einem allgemeinen Lernhilfebedarf vergleichbar zu sein. Der Schulerfolg von betroffenen Kindern bleibt deutlich hinter den Erwartungen aufgrund ihrer intellektuellen Leistungsfähigkeit zurück. Die Schriftsprachschwierigkeiten stellen somit trotz der individuellen Potenziale ein hohes Risiko für den Schulerfolg der betroffenen Kinder dar.

4.4.2 Berufserfolg

Die negative schulische Entwicklung setzt sich auf dem weiteren Berufsweg fort. So blieb die Mehrheit derer, die in ihrer Schulzeit von einer LRS betroffen waren, weiterhin unter ihrem intellektuellen Leistungspotenzial, wie die Studie von Esser et al. (2002) zeigte: Etwa ein Viertel der Kinder (23 %), die im Alter von acht Jahren eine LRS diagnostiziert bekommen hatten, hatten mit 25 Jahren keine Berufsausbildung abgeschlossen bzw. waren angelernt. Das traf nur auf knapp 15 % der 25jährigen zu, die im Alter von 8 Jahren ebenfalls durchschnittliche intellektuelle Leistungsmöglichkeiten, jedoch keine Schriftsprachschwierigkeiten gezeigt hatten.

Der hohe Anteil an Personen ohne Berufsabschluss innerhalb der LRS-Gruppe lässt erwarten, dass auch die Arbeitslosigkeit ein vermehrtes Problem in dieser Gruppe darstellen könnte. Tatsächlich fanden die Autorinnen und Autoren, dass ebenfalls ein Viertel der Kinder mit LRS im Alter von 25 Jahren für mindestens drei Monate von Arbeitslosigkeit betroffen waren gegenüber lediglich 4 % in der Vergleichsgruppe ohne LRS in der Kindheit. Somit trat Arbeitslosigkeit in der LRS-Gruppe sechsmal häufiger auf.

Ein Studium hatte im Alter von 25 Jahren niemand aus der LRS-Gruppe abgeschlossen, in der Vergleichsgruppe waren es etwa 8 %, viele weitere hatten das Studium noch nicht beendet.

Erfreulich war, dass etwa drei Viertel der Teilnehmenden der LRS-Gruppe mit 25 Jahren eine abgeschlossene Lehre oder einen Fachschulabschluss hatte. Dies bestätigt frühere Befunde, nach denen Betroffene von Schriftsprachschwierigkeiten im Vergleich zur lernunauffälligen Bevölkerung vermehrt einen handwerklichen Beruf erlernten, was darauf zurückgeführt wurde, dass sie sich in praktischen Berufen weniger mit ihren Schriftsprachschwierigkeiten auseinandersetzen müssen (Strehlow, Kluge, Möller & Haffner, 1992).

Der höhere Anteil der Personen mit LRS ohne Berufsausbildung und mit niedrigeren Bildungsabschlüssen sowie das häufigere Vorkommen von Arbeitslosigkeit können sich langfristig auf den sozioökonomischen Status auswirken (Esser et al., 2002; McLaughlin et al., 2014). Schriftsprachschwierigkeiten können sich somit durchaus langfristig über die Schulzeit hinaus auf die Lebensperspektiven auswirken. Umso wichtiger ist es, frühzeitig und wirksam zu intervenieren, um das Leistungspotenzial der Betroffenen auszuschöpfen, ihren Schulerfolg zu erhöhen und die beruflichen Chancen zu verbessern.

5 Diagnostik

Erinnern wir uns an das eingangs beschriebene Fallbeispiel zurück: Lorenz besucht die dritte Klasse und tut sich sehr schwer beim Lesenlernen. Aufgrund seiner geringen Lernfortschritte vermutet seine Lehrerin, dass Lorenz besondere Leseschwierigkeiten, möglicherweise sogar eine Lesestörung hat. Doch um diese Frage sicher zu klären, reicht eine bloße Beobachtung im Deutschunterricht nicht aus, vielmehr ist eine umfangreiche Diagnostik erforderlich, die eine Exploration der Familiensituation und eine testpsychologische Untersuchung des Kindes beinhaltet. Die Lehrerin sucht daher beim schulpsychologischen Dienst Rat und dieser empfiehlt, Lorenz bei einer entsprechenden Beratungsstelle vorzustellen, auch um die Möglichkeiten für die Gewährung einer außerschulischen Lerntherapie zu eruieren. Das Ziel dieser Diagnostik besteht nicht nur darin, die Symptomatik von Lorenz' Leseproblemen standardisiert zu erfassen, sondern auch anderweitige Ursachen für seine Leseschwierigkeiten auszuschließen und mögliche psychosoziale Folgen rechtzeitig zu erkennen. Wie aber sieht so eine Diagnostik aus? Welche Schritte sind dabei im Einzelnen durchzuführen?

5.1 Notwendige Schritte bei der testpsychologischen Diagnostik

Zunächst muss das Ziel der Diagnostik bestimmt werden, weil davon auch abhängt, welche diagnostischen Schritte notwendig sind: Geht es um die Zuweisung zu schulinternen Fördermaßnahmen, reicht eine weniger umfangreiche Diagnostik als bei der Frage, ob eine umschriebene Entwicklungsstörung schulischer Fertigkeiten nach den internationalen Klassifikationssystemen besteht. Während im erstgenannten Fall die Erhebung des aktuellen Lernstandes im Lesen und im Rechtschreiben meist ausreichend ist *(Schritt 1),* müssen bei der Lernstörungsdiagnose (wie sie für die Gewährung einer außerschulischen Förderung durch Jugendämter gefordert ist) zusätzlich noch die Intelligenz getestet *(Schritt 2)* und eine Reihe von *differentialdiagnostischen Überlegungen (Schritt 3)* angestellt werden. Eine zusätzliche Überprüfung der *sozio-emotionalen Begleitumstände und der seelischen Gesundheit (Schritt 4)* wird im Rahmen der Beantragung von Eingliederungshilfe nach SGB VIII § 35a gefordert und ist daher oft Bestandteil der Lernstörungsdiagnostik. Sie kann aber auch für schulinterne Überlegungen wichtige Hinweise auf die Ursachenzuschreibung und die Motivationslage des Schülers bzw. der Schülerin liefern. Daneben liefert eine *kognitive Funktionsdiagnostik (Schritt 5)* Hinweise darauf, inwiefern im konkreten Fall Probleme in spezifischen kognitiven Funktionen bestehen, die für einen ungestörten Schriftspracherwerb wichtig sind.

5.1.1 *Schritt 1:* Bestehen Lernschwierigkeiten im Lesen und/oder im Rechtschreiben?

Eingangs muss geklärt werden, ob die vermuteten Lernschwierigkeiten überhaupt vorliegen. Welche schriftsprachlichen Kompetenzbereiche sind zu überprüfen, um ein hinreichend differenziertes Bild für die anschließende Förderplanung zu erhalten? Bei der Beurteilung der Lesefertigkeiten ist anzustreben, alle drei Fertigkeitskomponenten zu testen – also die Lesegenauigkeit, die Lesegeschwindigkeit und das Leseverständnis – da diese Teilprozesse unabhängig voneinander betroffen sein können. Außerdem ist es ratsam, sowohl das Lesen als auch das Rechtschreiben diagnostisch abzuklären, da Probleme im Lesen und im Rechtschreiben unabhängig voneinander auftreten können (vgl. Kapitel 2.1). Dazu wird mit entsprechenden standardisierten Lese- und Rechtschreibtests geprüft, ob der erreichte Leistungsstand gemessen an der Klassenstufe des Kindes unzureichend ist. In vielen Schulleistungstests werden die Klassennormen durch getrennte Normen für das Geschlecht ergänzt; ab der 5. Klasse kommen häufig Zusatznormen je nach Schultyp hinzu. Für die Feststellung von Lernschwierigkeiten sind jedoch die Gesamtnormen zur Leistungsbeurteilung heranzuziehen, da die Diagnose unabhängig von Geschlecht und Schultyp erfolgen sollte.

Wurde die Schriftsprachleistung eines Kindes testpsychologisch erfasst, stellt sich zwangsläufig die Frage, ab welchem Testkennwert von einer Minderleistung gesprochen werden kann. Wie in Kapitel 2 beschrieben, bleibt die Festlegung von Grenzwerten immer ein wenig willkürlich. Umso wichtiger ist es daher, sich an konsensbasierten Kriterien zu orientieren, die von den an der Diagnostik beteiligten Berufsgruppen gemeinsam ausgearbeitet wurden mit dem Ziel, die Diagnosestellung in der Praxis möglichst einheitlich zu gestalten. Mit der Erstellung der S3-Leitlinie zur *Diagnostik und Behandlung von Kindern und Jugendlichen mit Lese- und/oder Rechtschreibstörung* (AWMF, 2015) ist eine ebensolche konsensuale Festlegung der Diagnosekriterien umgesetzt worden. Im Folgenden beziehen wir uns daher hinsichtlich der anzulegenden Grenzwerte auf diese Leitlinie. Für die schulische Minderleistung im Sinne der interindividuellen Leistungsdiskrepanz wird hier eine Abweichung von in der Regel mindestens 1.5 Standardabweichungen *(SD)* vom Leistungsmittel der Referenzgruppe gefordert. Dies entspricht einem T-Wert ≤ 35 bzw. einem Prozentrang ≤ 7. Gleichzeitig setzt die AWMF-Leitlinie jedoch ganz bewusst – und nicht zuletzt vor dem Hintergrund der Schwierigkeiten, die mit der Festlegung von starren Kriterien verbunden sind – eine Reihe von diagnostischen Spielräumen für die Entscheidung im Einzelfall. Beispielsweise wird die Bedeutung klinischer Urteile als zentrale Ergänzung der testpsychometrischen Untersuchung betont: Sofern die klinische Diagnostik (z.B. Anamnese des Kindes, Exploration der Eltern und Lehrkräfte, Einblicke in Schulhefte) deutliche Hinweise auf das Vorliegen von Lernschwierigkeiten liefert, können bereits Leistungsabweichungen von lediglich einer Standardabweichung ausreichend sein, um die Diagnose zu vergeben. Dies entspricht einem *T*-Wert ≤40 bzw. einem Prozentrang ≤16 und markiert gemeinhin die Grenze zum unterdurchschnittlichen Bereich.

Ein diagnostischer Ermessensraum wird für Testergebnisse spezifiziert, die im unteren Durchschnittsbereich angesiedelt sind, also nur wenig über dem T-Wert von 40 liegen. Sollten in diesem Fall begründete Hinweise auf bereits stattfindende kompensatorische Maßnahmen vorliegen, kann das Kriterium der interindividuellen Diskrepanz als erfüllt gelten, auch wenn der gemessene Lese-Rechtschreibwert selbst nicht im unterdurchschnittlichen Bereich festzumachen ist. Solche kompensatorischen Maßnahmen liegen beispielsweise vor, wenn ein Kind bereits zusätzlich gefördert wird oder aber wenn das Kind über eine hohe Intelligenz oder besonders gute Merkfähigkeiten verfügt, die es ihm erlauben, einen Sichtwortschatz aufzubauen und somit seine Lernschwierigkeiten in den Anfangsjahren des Schriftspracherwerbes zu überdecken. Würde man bei Testergebnissen im unteren Durchschnittsbereich mit der endgültigen Diagnose einer Störung so lange warten, bis sich die Leistung des Kindes in Folge gestiegener schulischer Anforderungen weiter verschlechtert, wäre kostbare Zeit verschenkt, die bereits für eine gezielte Übungsbehandlung hätte genutzt werden können.

In der Praxis kann eine Berücksichtigung des Konfidenzintervalls bei der Testauswertung helfen, die diagnostische Entscheidung vor dem Hintergrund von Messfehlern zu reflektieren. Liegt die individuelle Testleistung nahe der Trennlinie zur Minderleistung, kann als Entscheidungsgrundlage für das weitere Vorgehen das Konfidenzintervall genommen werden und Fördermaßnahmen können dann in die Wege geleitet werden, wenn das Intervall den Grenzwert für eine schulische Minderleistung einschließt. Das Konfidenzintervall definiert einen Bereich um den gemessenen Testwert, in dem die wahre Leistung des Kindes mit einer bestimmten Sicherheit (typischerweise wird dafür eine Wahrscheinlichkeit von 90% oder 95% gewählt) zu verorten ist. Mittlerweile hat es sich bei der Entwicklung standardisierter Schulleistungstests zunehmend durchgesetzt, Informationen zu den Konfidenzintervallen standardmäßig in die Testmanuale mitaufzunehmen, so dass die entsprechenden Werte in den Normtabellen direkt abzulesen sind. Sollten sie im Einzelfall nicht vorliegen, lassen sie sich wie im Fokus-Kasten 5.1 beschrieben selbst berechnen.

Fokus 5.1: Berechnung von Konfidenzintervallen bei T-Werten

Um das Konfidenzintervall zu bestimmen, wird die Retest-Reliabilität (r_{tt}) oder die Paralleltest-Reliabilität des jeweiligen Tests benötigt. Den entsprechenden Wert findet man oftmals im Testmanual. In die Formel zur Berechnung des **Konfidenzintervalls (KI) auf Basis des beobachteten Wertes ($T_{beobachtet}$)** fließen neben der Reliabilität noch die Standardabweichung der T-Verteilung (SD = 10) und der T-Wert ein, der für das Kind aus der Normtabelle abgelesen wurde:

(a) Bei einer gewählten Sicherheitswahrscheinlichkeit von 90 % gilt:

$$KI = T_{beobachtet} \pm 10 \cdot 1.65 \cdot \sqrt{(1-r_{tt})}$$

(b) Bei einer gewählten Sicherheitswahrscheinlichkeit von 95 % gilt:

$$KI = T_{beobachtet} \pm 10 \cdot 1.96 \cdot \sqrt{(1-r_{tt})}$$

5.1.2 *Schritt 2:* Sind die Lernschwierigkeiten erwartungswidrig gemessen an der allgemeinen Lernfähigkeit des Kindes?

Ist das Kriterium der interindividuellen Diskrepanz erfüllt, muss zusätzlich die Intelligenz des Kindes untersucht werden, um eine Intelligenzminderung auszuschließen. Darüber hinaus wird die Intelligenztestleistung benötigt, wenn das Vorliegen der *intraindividuellen Diskrepanz* zwischen schulischer Leistung und allgemeiner kognitiver Leistungsfähigkeit abgeklärt werden soll (vgl. Kapitel 2). Im Unterschied zu der oben beschriebenen interindividuellen Diskrepanz geht es hier nicht um einen Vergleich zu den Gleichaltrigen, sondern um einen Vergleich zweier Leistungen ein und derselben Person. Die umschriebene Minderleistung muss diesem Kriterium zufolge in erheblichem Maße schwächer sein als die allgemeine kognitive Leistungsfähigkeit, über die das Kind verfügt. Die schwache schulische Leistung wird in diesem Fall als erwartungswidrig bezeichnet. Die Erwartungswidrigkeit wird mit Hilfe der IQ-Leistungsdiskrepanz bestimmt. Fallen die Leistungen in einem Schulleistungstest substanziell schlechter aus als in einem Intelligenztest, wird davon ausgegangen, dass die Beeinträchtigungen in den schulischen Leistungen spezifisch sind und nicht durch eine Beeinträchtigung der allgemeinen Intelligenz erklärt werden können. Die Höhe der anzulegenden Diskrepanz wird in der AWMF-Leitlinie auf 1.5 *SD* (bzw. bei klinischer Evidenz für schulische Minderleistungen auf 1 SD) festgesetzt. Zu ihrer Bestimmung haben sich in Forschung und Praxis zwei verschiedene Berechnungsansätze durchgesetzt:

Bei dem sog. *Differenzwertansatz* wird die IQ-Leistungsdiskrepanz berechnet, indem auf der Basis von T-Werten die Differenz zwischen der Intelligenz und der Lernleistung bestimmt wird. Hierzu muss der IQ-Wert in einen T-Wert umgerechnet werden. Einer geforderten Abweichung von 1.5 *SD* entspricht eine Differenz von 15 T-Wertpunkten. Der gemessene T-Wert im Lese- und/oder Rechtschreibtest muss also mindestens 15 Punkte niedriger sein als der T-Wert des gemessenen Intelligenztestwerts. Einem gemessenen Intelligenzwert von beispielsweise IQ=93 entspricht ein T-Wert von 45. Der Lese- bzw. Rechtschreibwert des Kindes darf bei einem IQ=93 also nicht höher sein als *T*=30, damit für die Lese- bzw. Rechtschreibleistung das Kriterium der Erwartungswidrigkeit erfüllt ist. Mit Hilfe der folgenden Formel lassen sich IQ-Werte problemlos in T-Werte umrechnen, sollte diese Angabe im Manual des verwendeten Intelligenztests fehlen:

Umrechnung von IQ-Werten in T-Werte

$$T\text{-Wert} = \frac{IQ - 100}{15} \cdot 10 + 50$$

IQ=gemessener IQ-Wert des Kindes

Die IQ-Diskrepanz zur Leistung ist nach dem Differenzwertansatz leicht zu berechnen, beruht aber auf der Annahme, dass die schulischen Fertigkeiten perfekt aus der Intelligenz vorhersagbar sind. Dies wäre nur dann möglich, wenn die Korrelation zwischen Intelligenz und schulischen Fertigkeiten $r=1$ betragen würde. In der Realität sind die Korrelationen jedoch immer niedriger (schon alleine deshalb, weil aufgrund von Reliabilitäten unter 1 dies nicht möglich ist). Die Zusammenhänge zur Intelligenz fallen für Lesen, Rechtschreiben und Rechnen zwar unterschiedlich hoch aus, liegen jedoch durchgängig eher im mittleren Bereich. Es kommt dadurch zum statistischen Phänomen der *Regression zur Mitte,* das u.a. immer dann auftritt, wenn eine Merkmalsausprägung aus der Ausprägung eines zweiten Merkmals linear vorhergesagt werden soll und die beiden Merkmale nicht perfekt miteinander korreliert sind (Nachtigall & Suhl, 2002). Wird z.B. die Lesekompetenz eines Kindes aus seiner Leistung in einem Intelligenztest vorhergesagt, führt die nicht perfekte Korrelation zwischen Intelligenz und Leseleistung dazu, dass der IQ und der prognostizierte Wert im Lesen unterschiedlich weit weg vom Mittelwert ihrer jeweiligen Skala liegen. Der Abstand zwischen dem vorhergesagten Wert im Lesen und dem Mittelwert der korrespondierenden T-Skala ist *grundsätzlich geringer* als der Abstand zwischen dem Prädiktor (Intelligenz) und dem Mittelwert der IQ-Skala. *Bei den vorhergesagten Werten findet eine Regression zur Mitte statt.*

Fokus 5.2: Regression zur Mitte

Das Phänomen basiert auf dem Umstand, dass die Ausprägungen zweier Merkmale sowohl durch *gemeinsame* Komponenten bestimmt sind, die auf beide Merkmale gleichsinnig einwirken (z.B. Geschwindigkeit der Informationsverarbeitung, Fähigkeit zum Schlussfolgern) als auch durch Komponenten, die bei beiden Merkmalen *unabhängig voneinander* auftreten und in unterschiedliche Richtungen wirken können (z.B. Messfehler, aktuelle Befindlichkeit bei der Bearbeitung des Testverfahrens).

- Die *gemeinsamen* Komponenten tragen dazu bei, dass die beiden Merkmale eine ähnliche Ausprägung aufweisen. Eine schnelle Informationsverarbeitung begünstigt beispielsweise bessere Leistungen sowohl in Intelligenz- als auch in Lesetests.
- Die *unabhängig voneinander* auftretenden Komponenten können zu Zufallseffekten führen. Fluktuierende Stimmungen im Tagesverlauf, vorausgegangene Erfolgs- bzw. Misserfolgserlebnisse, situative Schwankungen in der Aufmerksamkeit und ähnliche leistungsrelevante Bedingungsfaktoren können Testergebnisse zufällig beeinflussen. Werden ein Intelligenz- und ein Lesetest bearbeitet, ist zu erwarten, dass die Testleistungen in den beiden Verfahren alleine aufgrund von diesen Zufallseffekten differieren.

Individuelle Testergebnisse fallen je nach Richtung, in der Zufallseffekte wirksam sind, besser oder schlechter aus als ohne die zufälligen Einflüsse zu erwarten wäre. Die Zufallseffekte (z.B. Messfehler) treten unsystematisch und unabhängig voneinander auf. In einer Gesamtheit von Testergebnissen, die normalverteilt sind, führt dies dazu, dass sich die zufallsbedingt verbesserten und verschlechterten Werte ungefähr die Waage halten. Aufgrund der symmetrischen Form der Normalverteilung trifft dies auch auf Testergebnisse zu, die exakt dem Mittelwert der Verteilung entsprechen. Die Wahrscheinlichkeit, dass sich Werte aus der unteren Hälfte der Verteilung zufallsbedingt verbessern und zu einem Testergebnis führen, das genau dem Mittelwert entspricht, ist genauso groß wie die Wahrscheinlichkeit, dass sich Werte aus der oberen Hälfte der Verteilung zufallsbedingt in ähnlicher Weise verschlechtern.

Liegen Testergebnisse jedoch unter- oder oberhalb des Mittelwerts, ändert sich die Situation, weil sich die *Anteile* an Messwerten ändern, die zu einer zufälligen Verbesserung bzw. Verschlechterung beitragen können. In einer Normalverteilung liegen z.B. knapp 16% der Messwerte in dem Extrembereich von mehr als einer Standardabweichung unterhalb des Mittelwerts (vergl. Abbildung 2.2). Nur Messwerte aus diesem Extrembereich kommen dafür in Frage, dass zufallsbedingte *Verbesserungen* zu Testergebnissen führen, die genau einer Standardabweichung unterhalb des Mittelwerts entsprechen. Demgegenüber können bei den 84% der Messwerte, die im Rest der Gesamtverteilung liegen, nur zufallsbedingte *Verschlechterungen* zu Testergebnissen führen, die genau einer Standardabweichung unterhalb des Mittelwerts entsprechen. Verallgemeinernd gilt: Testergebnisse in der *unteren Hälfte* einer Verteilung sind stets mit einer größeren Wahrscheinlichkeit durch Zufallseffekte beeinflusst, die zu einer *Verschlechterung* der Testleistung geführt haben und diese Tendenz ist umso stärker, je extremer die Testleistungen vom Mittelwert abweichen. Für Testergebnisse *oberhalb* des Mittelwerts treffen die skizzierten Zusammenhänge spiegelverkehrt zu: Hier sind die Testergebnisse stets mit erhöhter Wahrscheinlichkeit durch Zufallseffekte beeinflusst, die zu einer *Verbesserung* der Testleistung geführt haben.

Werden Personen zwei Mal getestet, entweder mit dem gleichen Test oder mit zwei verschiedenen Verfahren, wie es bei der Diagnostik einer Lernstörung nach dem doppelten Diskrepanzkriterium erforderlich ist, tragen zu den Ergebnissen beider Testungen Zufallseffekte bei, die unabhängig voneinander sind. Die Wahrscheinlichkeit, dass die Testergebnisse einer Person durch die Zufallseffekte zwei Mal in identischer Weise beeinflusst werden, ist sehr gering. Für das Phänomen der Regression zur Mitte ist von Bedeutung, dass geringe und moderate Ausprägungen der Zufallseffekte häufiger auftreten als Ausprägungen, die im Extrembereich liegen. Von daher ist die *Tendenz* zu erwarten, dass bei einer Person, deren Testergebnis im ersten Testdurchgang durch eine extreme Ausprägung eines Zufallseffektes beeinflusst war, im zweiten Testdurchgang die Ausprägung des Zufallseffektes moderater ausfällt und das Testergebnis näher an den Mittelwert heranrückt. Über die Gesamtgruppe hinweg führt diese Tendenz dazu, dass bei vorhergesagten Ergebnissen der Werte einer zweiten Testung (z. B. Lesen) aus denen einer ersten Testung (z. B. IQ) beachtet werden muss, dass die Werte der zweiten Testung im Durchschnitt näher am Mittelwert der korrespondierenden Skala liegen. Dieses Streben der Werte zum Mittelwert bei mehrfachen Messungen bezeichnet man als *Regression zur Mitte*.

Bezogen auf die IQ-Diskrepanz führt das Phänomen der Regression zur Mitte dazu, dass für Kinder, die im Intelligenztest ein Ergebnis unter dem Mittelwert von M = 100 erzielen, beim Differenzwertansatz eine Diskrepanz zwischen IQ und erwarteter schulischer Leistung berechnet wird, die durchschnittlich größer ist als die Diskrepanz, die sich unter Berücksichtigung der Korrelation zwischen Intelligenz und schulischer Leistung ergibt. Dieser Regressionseffekt verstärkt sich, je schwächer das Testergebnis des Kindes im Lesen bzw. Rechtschreiben ausfällt. Auf Kinder mit Intelligenztestleistungen unterhalb des Mittelwerts und mit schwachen schulischen Leistungen wirkt sich die Regression zur Mitte beim Differenzwertansatz somit negativ aus, weil es zu einer Unteridentifikation von Lernstörungen kommt.

Um diesem statistischen Artefakt entgegenzuwirken und damit die Präzision von Lernstörungsdiagnosen zu erhöhen, wurde eine *regressionsanalytische Korrektur* vorgeschlagen. Hierbei wird der Erwartungswert für die schulische Fertigkeit eines Kindes aus seinem IQ-Wert *geschätzt*. Bei der Bestimmung des kritischen Schwellenwertes, unter dem die Schriftsprachleistung liegen muss, wird bei diesem Ansatz die Korrelation zwischen der Intelligenz und der Schriftsprachleistung ($r_{\text{Intelligenz, Schriftsprache}}$) mitberücksichtigt. Auf der Basis dieser Korrelation wird regressionsanalytisch geschätzt, welches Testergebnis im Schulleistungstest auf Basis der Intelligenz zu erwarten wäre. Diese regressionsanalytische Korrektur führt dazu, dass bei Kindern mit einem IQ<100 ein liberalerer Schwellenwert für die Schriftsprachleistung angelegt wird, als dies beim Differenzwertansatz der Fall ist. Auf diese Weise löst der Ansatz das Problem der Regression zur Mitte. In der Individualdiagnostik ist der Regressionsansatz daher insbesondere bei Kindern, deren Intelligenztestwerte bei IQ<100 liegen, dem Differenzwertansatz vorzuziehen.

Fokus 5.3: Die regressionsanalytische Korrektur zur Bestimmung der IQ-Diskrepanz

Die Berechnung der IQ-Leistungsdiskrepanz erfolgt bei der regressionsanalytischen Korrektur in zwei Schritten:

(1) Zunächst muss berechnet werden, welches Leistungsniveau im Lesen bzw. im Rechtschreiben auf Basis der Intelligenz des Kindes zu erwarten wäre.

$$\hat{T} = r_{\text{Intelligenz, schulische Fertigkeit}} \cdot \frac{10}{15} \cdot (\text{IQ des Kindes} - 100) + 50$$

Die regressionsanalytische Korrektur setzt voraus, dass die Korrelation *r* zwischen der Intelligenz und der Schriftsprachleistung bekannt ist. Die exakte Höhe dieser Korrelation kann jedoch in Abhängigkeit der verwendeten Testverfahren variieren. Leider ist sie in vielen Fällen nicht bekannt, weil entsprechende Korrelationsschätzungen nicht für alle möglichen Kombinationen an Testverfahren vorliegen. Für diesen Fall schlagen Lenhard und Lenhard (2020) vor, die Korrelation auf $r = .40$ festzusetzen, was jedoch zu einer gewissen Ungenauigkeit in der Diagnostik führt (siehe auch Ehlert, Schroeders & Fritz-Stratmann, 2012).

(2) Im zweiten Schritt wird bestimmt, ob das tatsächlich erzielte Testergebnis des Kindes mehr als 1.5 *SD* von der erwarteten Leistung im Lesen bzw. Rechtschreiben abweicht. Von dem geschätzten *T*-Wert werden dabei in analoger Weise zum Vorgehen bei der einfachen Differenzbildung die von dem Kind erzielten *T*-Wertpunkte subtrahiert, um die erwartungswidrige Diskrepanz zu bestimmen. Liegt die Testleistung des Kindes weniger als 1.5 SD unterhalb des berechneten Erwartungswerts, ist die IQ-Leistungs-Diskrepanz nicht erfüllt, andernfalls gilt das Kriterium als erreicht.

Nützlicher Link:

Zur einfachen Berechnung sei auch auf die Online-Seite von *Psychometrica* (https://www.psychometrica.de) hingewiesen. Dort wird ein benutzerfreundliches und kostenfreies Auswertungsprogramm für die diagnostische Praxis bereitgestellt, mit dem sich die IQ-Diskrepanz auf Basis der gemessenen Testwerte eines Kindes automatisch berechnen und interpretieren lässt. Die Auswertung kann dabei optional nach dem Differenzwertansatz oder nach der regressionsanalytischen Korrektur erfolgen. Daneben bietet die Seite eine Reihe weiterer nützlicher Auswertungshilfen für die Diagnostik wie etwa die Bereitstellung eines Normwertrechners, der eine automatische Umrechnung von *T*-Werten in Prozentränge und IQ-Werte ermöglicht. Die Anwendung der Programme ist in eigens bereitgestellten Bedienungsanleitungen genau beschrieben und gut verständlich.

5.1.3 *Schritt 3:* Ausschlussdiagnostik und Diagnostik von (primären) Komorbiditäten

Besondere Schwierigkeiten im Schriftspracherwerb sind nicht zwangsläufig auf eine umschriebene Entwicklungsstörung zurückzuführen, sondern können auch infolge von Grunderkrankungen oder besonderen Umweltbedingungen auftreten. Da in diesen Fällen unter Umständen zusätzliche Behandlungsschritte eingeleitet werden müssen, ist es wichtig, solche Alternativerklärungen der Lernprobleme abzuklären. Daher wird bei der Diagnostik einer umschriebenen Entwicklungsstörung ergänzend zum schulischen Leistungsstand und der allgemeinen Lernfähigkeit auch die körperliche Gesundheit und das psychische Befinden des Kindes abgeklärt.

In Bezug auf die körperliche Gesundheit ist eine neurologische Untersuchung einschließlich eines Seh- und Hörtests erforderlich, um zu prüfen, ob die Schriftsprachprobleme möglicherweise die Folge einer organischen Erkrankung oder einer Gehirnverletzung sind. In beiden Fällen läge keine entwicklungsbedingte Lernstörung vor. Hinsichtlich der psychischen Gesundheit sind bei Vorliegen entsprechender Anhaltspunkte depressive Störungen und Angststörungen als primäre Auslöser der Schriftsprachprobleme diagnostisch abzuklären. Daneben können aber auch besondere psychosoziale Belastungsfaktoren wie beispielsweise soziale Ausgrenzung in der Schule oder Scheidung der Eltern Gründe für vorübergehende Lernschwierigkeiten sein, die es in Abgrenzung zu entwicklungsbedingten Lernstörungen ebenfalls abzuklären gilt.

In Kapitel 4 ist bereits ausführlich über komorbide Auffälligkeiten berichtet worden, die häufig die Schriftsprachprobleme der Kinder begleiten. Es ist daher ratsam, im Einzelfall zu prüfen, ob und welche Komorbiditäten bei einem Kind vorliegen. Dies ist nicht zuletzt vor dem Hintergrund einer angemessenen Förderplanung von Bedeutung. Zur Abklärung möglicher Komorbiditäten bieten sich je nach untersuchter Störung entweder klinische Interviews, standardisierte Fragebögen im Rahmen der Selbst- und Fremdbeurteilung oder standardisierte Testverfahren an.

Fokus 5.4: Ausschlussdiagnostisches Problem: Lernstörungsdiagnostik bei Kindern mit Deutsch als Zweitsprache

Bereits in Kapitel 2 hatten wir darauf hingewiesen, dass eine unzureichende Beschulung als primäre Ursache der Lernprobleme ausgeschlossen werden muss, um die Diagnose Lernstörung nach den internationalen Klassifikationssystemen zu erteilen. Typischerweise zählen hierzu längere Fehlzeiten in der Schule aufgrund von Krankheit oder häufiger Schulwechsel über Bundeslandgrenzen hinweg. Ein bislang wenig beachteter Sonderfall liegt vor, wenn ein Kind die Unterrichtssprache noch nicht hinreichend beherrscht, um dem Unterrichtsgeschehen problemlos folgen zu können, etwa weil das Kind die Unterrichtssprache als Zweitsprache noch nicht hinreichend erworben hat. Wie kann die Diagnostik von Lernschwierigkeiten im Lesen und Schreiben in diesem Fall valide durchgeführt werden? Diese Frage ist nicht trivial, denn sie stellt die Diagnostik vor besondere Herausforderungen: Es muss nämlich eruiert werden, ob die schwachen Lernleistungen vorrangig die Konsequenz eines noch nicht abgeschlossenen Zweitspracherwerbes – und damit die Folge einer (noch) unzureichenden Beschulung – sind, oder ob ihnen eine Lernstörung nach den internationalen Klassifikationssystemen zugrunde liegt. Zum einen sollte nicht fälschlicherweise eine Lernstörung diagnostiziert werden, zum anderen ist es ebenso zentral, betroffene Kinder tatsächlich auch frühzeitig zu erkennen und entsprechend zu fördern. Eine solche Differenzierung ist nicht nur von ätiologischem Interesse, sondern hat auch therapeutische Relevanz, da sie mit unterschiedlichen Förderempfehlungen einhergeht: Bei einer mangelnden Zweitsprachkompetenz liegt der primäre Fokus auf der Förderung des Sprachverständnisses und der Sprachproduktion (Schulz, 2013). Liegt hingegen eine Lernstörung vor, sollte zusätzlich eine Förderung der basalen Fertigkeiten des Lesens und Rechtschreibens erfolgen (vgl. Kapitel 6).

Gegenwärtig haben etwa 40 % der Grundschulkinder in Deutschland einen Zuwanderungshintergrund (Autorengruppe Bildungsberichterstattung, 2020) und ein beachtlicher Anteil von ihnen erlernt Deutsch als Zweitsprache (DaZ). Die diagnostische Abklärung besonderer Schwierigkeiten im Lesen und Schreiben bei Kindern mit DaZ ist daher längst zum Alltag in Schulen, Beratungsstellen und sozialpädiatrischen Zentren geworden. Dennoch fehlt es in Deutschland aktuell an evidenzbasierten Empfehlungen, wie sich bei Kindern mit nicht-deutscher Muttersprache eine valide Diagnostik sicherstellen lässt, bei der die besondere Spracherwerbssituation dieser Kinder berücksichtigt wird. Eine erste nützliche Handreichung zu dem Thema findet sich auf der Online-Plattform LONDI (vgl. Fokus 5.5).

Frühere Studien aus den USA legen nahe, dass eine Überprüfung der Kompetenzen in der Unterrichtssprache mit Hilfe standardisierter Sprachtests bei den Kindern angebracht ist, um einerseits das Instruktionsverständnis abzuklären und andererseits einen besseren Eindruck darüber zu erlangen, wie weit der Zweitspracherwerb bereits vorangeschritten ist (vgl. auch Durkin, 2000).

Auch ist es sinnvoll, für die Diagnostik (sofern vorhanden) insbesondere Schulleistungstests heranzuziehen, bei denen empirisch sichergestellt wurde, dass das Verfahren auch für Kinder mit DaZ valide ist. Verwendet werden sollten also Verfahren, deren Items Kinder mit DaZ nicht systematisch benachteiligen und bei denen die interessierende Kompetenz gleich gut gemessen und entsprechend genauso interpretiert werden kann wie bei Kindern mit Deutsch als Muttersprache (DaM). Man spricht in diesem Fall von der *Invarianz der Testaufgaben* für Kinder mit DaM und DaZ. Bislang sind empirische Prüfungen der Invarianz der Testaufgaben für Kinder mit unterschiedlicher Sprachbiographie eher die Ausnahme, sodass sie für die meisten aktuell verfügbaren Testverfahren noch ausstehen. In den Tabellen 5.1 und 5.3 haben wir zusammengestellt, für welche Testverfahren eine solche Überprüfung bei Drucklegung dieses Bandes bereits vorgenommen wurde, sodass man beim Einsatz dieser Verfahren sichergehen kann, dass sie sich auch für Kinder mit DaZ eignen.

Einige wenige Leistungstests verfügen außerdem über gesonderte Normen für Kinder mit DaZ, was wir ebenfalls in den Tabellen 5.1 und 5.3 kenntlich gemacht haben. Auf diese Weise lässt sich der Leistungsstand des Kindes sowohl zur Gesamtnorm als auch zur DaZ-Norm in Beziehung setzen. Es ist davon auszugehen, dass sich die Schriftsprachprobleme von Kindern, die auch bei der DaZ-Norm im unterdurchschnittlichen Bereich liegen, mit der Zeit nicht einfach „auswachsen", wenn die Kompetenzen in der Unterrichtssprache steigen.

5.1.4 *Schritt 4:* Diagnostik psychosozialer Auffälligkeiten

In Kapitel 4 wurde dargestellt, dass sozio-emotionale Probleme die Lernentwicklung von Kindern und Jugendlichen beeinträchtigen können und dass andererseits anhaltende Lernschwierigkeiten oftmals selbst psychosoziale und Verhaltensauffälligkeiten nach sich ziehen können. Eine Überprüfung dieser Auffälligkeiten kann daher auch für die schulische Förderplanung von Relevanz sein: Da sich psychosoziale Auffälligkeiten prognostisch ungünstig auf den weiteren Lernverlauf auswirken können, sollte abgeklärt werden, inwiefern das Kind von diesen betroffen ist. Dies ist auch bei Feststellungsverfahren im Rahmen der Eingliederungshilfe nach SGB VIII § 35a erforderlich.

Die Exploration des Kindes, der Eltern und der Lehrkräfte kann bereits viele Einblicke in die Begleitfolgen der schulischen Misserfolge gewähren. Daneben stehen standardisierte Fragebögen zur Verfügung, mit deren Hilfe sich das Ausmaß psychosozialer Auffälligkeiten im Vergleich zu Gleichaltrigen objektiv quantifizieren lässt. Bei deren Verwendung ist es ratsam, verschiedene Perspektiven bei der Einschätzung heranzuziehen, weil die Angaben von Eltern, Lehrkräften und Kindern durchaus auseinander gehen können – auf diesen Sachverhalt hatten wir bereits im Kapitel 4 hingewiesen. Neben den psychosozialen Auffälligkeiten empfiehlt es sich auch, die Ressourcen des Kindes sowie seine Bewältigungsstrategien in Bezug auf die Lernprobleme in den Blick zu nehmen, um weitere Anhaltspunkte für die Förderung zu erhalten.

Fokus 5.5: Die Online-Plattform LONDI

Im Rahmen des großangelegten Forschungsvorhabens *LONDI* (Einrichtung einer Online-Plattform zur Diagnostik und Förderung von Kindern mit Lernstörungen), das vom Bundesministerium für Bildung und Forschung finanziert und an mehreren Universitäten und Forschungseinrichtungen in Deutschland bearbeitet wurde, ist eine wissenschaftlich fundierte Online-Plattform zum Thema Lernschwierigkeiten entwickelt worden. Die Plattform richtet sich an Fachkräfte aus Schule, Lerntherapie und Jugendhilfe sowie an Eltern. Das Ziel dieser Online-Plattform ist es, evidenzbasierte Informationen und praxistaugliche Hilfestellungen zur individuellen Diagnostik und Förderung betroffener Kinder bereitzustellen. Ein onlinebasiertes Hilfesystem stellt passgenau für die verschiedenen Nutzergruppen Informationen über sinnvolle Schritte zur Abklärung der individuellen Problematik bei Verdacht auf besondere Lernschwierigkeiten zur Verfügung und empfiehlt konkrete Fördermaßnahmen. Im Rahmen eines ausführlichen Informationssystems werden außerdem gängige Testverfahren zur Diagnostik von Schulleistungen sowie zur Einschätzung von Komorbiditäten und psychosozialen Auffälligkeiten zusammengetragen und vor dem Hintergrund ihrer Gütekriterien und ihrer theoretischen Fundierung bewertet. Auch steht ein Online durchzuführendes Screeningverfahren zur Verfügung, mit dem sich die basalen Fertigkeiten im Lesen, Rechtschreiben und Rechnen von Grundschulkindern überprüfen lassen. Im Kapitel 6.6 gehen wir ausführlich auf die Online-Plattform LONDI ein.

5.1.5 *Schritt 5:* Möglichkeiten und Grenzen einer kognitiven Funktionsdiagnostik

Als Ursache von besonderen Lernschwierigkeiten im Lesen und Rechtschreiben gelten – wie in Kapitel 3 dargestellt – genetische Konstellationen, die zu Problemen bei der für den Erwerb der Schriftsprache relevanten (neuro-)kognitiven Informationsverarbeitung führen. Der Umstand, dass spezifische kognitive Basisfunktionen dem Schriftspracherwerb zugrunde liegen, hat in der Forschung bereits früh die Hoffnung genährt, dieses Wissen für die Frühprognose von Schriftsprachschwierigkeiten nutzbar zu machen. Damit war beispielsweise die Frage verbunden, ob (vorschulische) Defizite in der phonologischen Verarbeitung zuverlässige Prognosen darüber erlauben, welche Kinder beim (späteren) Schriftspracherwerb in erheblichem Maße Schwierigkeiten bekommen. In Kapitel 3 haben wir auf einige Forschungsarbeiten hingewiesen, die zeigen, dass Kinder, die im Kindergartenalter schwache phonologische Fertigkeiten oder eine geringe Funktionstüchtigkeit des Arbeitsgedächtnisses aufweisen, ein erhöhtes Risiko haben, später zu den schwachen Lesenden und Rechtschreibenden ihres Jahrgangs zu gehören. Auch wenn diese Arbeiten durchaus für die Frühprognose von Schriftsprachschwierigkeiten sprechen, ist die prognostische Güte keineswegs perfekt. Ein Kind mit einem solchen Risikostatus wird später nicht zwangsläufig lese-rechtschreibschwach sein. Umgekehrt kann es ebenso sein, dass ein Kind mit unauffälligen Werten später durchaus Probleme beim Schriftspracherwerb haben kann. Dies liegt zum einen an protektiven Faktoren, die ein vorhandenes Risiko abmildern und zum anderen daran, dass für die Entstehung der Lernprobleme auch andere kognitive Funktionsbeeinträchtigungen eine Rolle spielen können. Die Verursachung von Lernschwierigkeiten kann von Einzelfall zu Einzelfall höchst unterschiedlich sein.

Hat eine kognitive Funktionsdiagnostik dennoch Nutzen für die diagnostische (Schul-)Praxis? Unserer Ansicht nach, ja. Eine umfassende Diagnostik der für den Schriftspracherwerb relevanten kognitiven Funktionen insbesondere zu Beginn des Schriftspracherwerbs kann nützliche Informationen bereitstellen. Zeigen Kinder Auffälligkeiten in den Bereichen, die mit einem gelingenden Schriftspracherwerb typischerweise im Zusammenhang stehen (z. B. eine schwache phonologische Bewusstheit), kann durch gezielte Übungen frühzeitig gegengesteuert werden (vgl. dazu Kapitel 6).

5.2 Leistungsmonitoring über die Zeit

Die bisherigen Ausführungen bezogen sich ausschließlich auf die sog. *Statusdiagnostik* bzw. auf diagnostische Fragestellungen, bei denen das Leistungsniveau eines Kindes zu einem bestimmten Zeitpunkt einmalig bestimmt werden soll. Dabei steht ausschließlich der Ist-Zustand im Vordergrund. Alternativ kann der

Untersuchungsanlass die Überprüfung von Förder- und Therapieerfolgen sein und sich somit auf ein *Leistungsmonitoring über die Zeit* beziehen. Werden Fördermaßnahmen eingeleitet, ist es nämlich prozessbegleitend von Interesse, ob sich die erwarteten Lernfortschritte einstellen oder trotz der Maßnahmen ausbleiben. Zur Klärung dieser Frage ist eine engmaschige und kontinuierliche Lernverlaufskontrolle besonders aufschlussreich, damit frühzeitig erkannt wird, wenn das ausgewählte Förderkonzept fehlschlägt und daher modifiziert werden muss. In den letzten Jahren wurden einige Testverfahren veröffentlicht mit dem Ziel, eben solche kleinschrittigen Lernverläufe im Lesen, Rechtschreiben und Rechnen zuverlässig messen und abbilden zu können. Man spricht in diesem Kontext von Lernverlaufsdiagnostik *(formative assessment)*. Sie hat das Ziel, den individuellen Lernfortschritt zu erfassen und diesen mit dem formulierten Lernziel in Beziehung zu setzen, um die Passung der Lehr-Lernprozesse zu prüfen.

Was aber zeichnet einen Test zur formativen Lernverlaufsdiagnostik aus? Erstens wird die fokussierte Kompetenz wiederholt und meist sehr engmaschig im Abstand von wenigen Wochen erfasst. Damit dies im schulischen Alltag angesichts beschränkter zeitlicher Ressourcen gelingen kann, sind die entsprechenden Testverfahren meist so kurz gehalten, dass deren Bearbeitung nur wenige Minuten Zeit in Anspruch nimmt. Zweitens müssen recht viele verschiedene Paralleltestformen (d.h. verschiedene Varianten des Tests) vorliegen, die sich durch eine vergleichbare Schwierigkeit auszeichnen. Unterschiedliche Paralleltestformen einzusetzen ist wichtig, damit die fokussierte Kompetenz zwar auf die gleiche Art und Weise – aber nicht mit einem identischen Test – wiederholt gemessen werden kann. Denn sonst wären Leistungssteigerungen über die Zeit nicht eindeutig auf einen zugrundeliegenden Kompetenzaufbau zurückzuführen, sondern könnten ebenso gut durch die Bekanntheit des Tests hervorgerufen worden sein. Drittens verfügen diese Tests über eine hohe Änderungssensibilität, d.h. sie sind so konzipiert, dass sie bereits kleine Kompetenzzuwächse und -verluste zuverlässig abbilden können. Da bei Lernverlaufstests die Sichtbarmachung und Reflexion von Lernfortschritten im Vordergrund steht, werden viertens bei der Auswertung zumeist Lernverlaufskurven visualisiert und dem Anwender konkrete Auswertungsregeln zur Interpretation von Lernzuwächsen und -verlusten vorgegeben.

Aber auch bei der Gewährung von Kompensationsmaßnahmen wie etwa dem Nachteilsausgleich ist eine Verlaufskontrolle der Lernprobleme angebracht, um zu prüfen, wie lange die Maßnahmen gerechtfertigt sind. Denn nur eine erneute Diagnostik kann diese Frage zuverlässig klären. Allerdings reicht dafür in den meisten Fällen eine weit weniger engmaschige Verlaufskontrolle aus. Bei einer *langfristigen Diagnostik* werden Leistungsveränderungen über einen recht großen Zeitraum und mit wenigen Testzeitpunkten festgestellt (z.B. Anfang versus Ende des Schuljahres). Neben der Frage, ob die gezeigte Leistung gemessen an der Klassenstufe des Kindes nach wie vor unterdurchschnittlich ist, interessiert insbesondere auch, ob sich die Leistungen verbessert haben.

Wann aber wird von einer bedeutsamen Verbesserung gesprochen? Diagnostisch ist diese Frage nicht trivial, denn liegen die Ergebnisse des Kindes bei einer Testwiederholung nah am ersten Messwert, können Zuwächse auch allein durch Messfehler oder Zufall hervorgerufen worden sein. Daher empfiehlt es sich, die *kritische Differenz* D_{krit} *zwischen den beiden Testergebnissen* zu berechnen. Die kritische Differenz gibt nämlich an, um wie viele Normwertpunkte das zweite Testergebnis über dem ersten mindestens liegen muss, damit von einem signifikanten Leistungsanstieg ausgegangen werden kann. Zur Berechnung werden erneut die Retest-Reliabilität (r_{tt}) des jeweiligen Tests sowie die Standardabweichung der verwendeten Normwert-Skala benötigt.

Fokus 5.6: Die Berechnung der kritischen Differenz von zwei Messungen mit demselben Test

Bei einem Signifikanzniveau von 5%:

$$D_{krit} = 1.96 \cdot SD \cdot \sqrt{2 \cdot (1 - r_{tt})}$$

Beispiel: Lorenz aus unserem eingangs berichteten Fallbeispiel hat im Förderunterricht an der Automatisierung der Buchstabe-Laut-Verbindungen und an dem Aufbau eines Sichtwortschatzes gearbeitet. Nun am Ende des ersten Schulhalbjahres möchte die Lehrerin wissen, ob Lorenz' Leseflüssigkeit bedeutsam von dem Training profitiert hat. Um dies zu klären, lässt sie Lorenz denselben standardisierten Lesetest durchführen, den er bereits vor einem halben Jahr am Anfang der 3. Klasse bearbeitet hat und der eine Retest-Reliabilität von .92 aufweist. Damals erzielte Lorenz beim Wörterlesen einen T-Wert von 35. Die aktuelle Leistung hingegen entspricht einem T-Wert von 44. Ist dies eine bedeutsame Verbesserung? Durch Einsetzen in die oben genannte Formel ergibt sich:

$$D_{krit} = 1.96 \cdot 10 \cdot \sqrt{2 \cdot (1 - .92)} = 7.84$$

Die erzielten Testwerte sollten also mindestens ~ 8 T-Wertpunkte auseinander liegen, damit von einer bedeutsamen Leistungsverbesserung gesprochen werden kann. Dies ist im vorliegenden Fall gegeben (44 − 35 = 9). Lorenz hat also von dem Förderunterricht profitiert und konnte seine Leseflüssigkeit bedeutsam verbessern.

5.3 Diagnostik der Lesekompetenz

Wie wir in Kapitel 2 gesehen haben, beinhaltet Lesekompetenz unterschiedliche Fertigkeiten: Sie umfasst die Kompetenz, Grapheme in Lauteinheiten zu dekodieren und das Vermögen, sinnentnehmend lesen zu können. Beides gelingt unterschiedlich schnell und genau. Dabei macht es auch einen Unterschied, ob einzelne Wörter, Sätze oder Texte gelesen werden, und ob leise oder laut gelesen wird. Dementsprechend gibt es eine Vielzahl an standardisierten Lesetests, die mit unterschiedlichen Aufgabenformaten entweder die Dekodierfähigkeit, die Lesegeschwindigkeit und -genauigkeit oder das Leseverständnis erfassen. Es ist sinnvoll, die diagnostischen Erkenntnismöglichkeiten, die mit den Tests einhergehen, ableiten zu können und ihre Vor- und Nachteile zu kennen.

5.3.1 Aufgabenformate standardisierter Lesetests

Grundsätzlich lassen sich standardisierte Lesetests danach einteilen, ob sie die Lesekompetenz anhand von mündlichen Leseaufgaben testen oder in Form des leisen Lesens, bei denen das Lesen selbst nicht direkt beobachtbar ist. Testverfahren der erstgenannten Kategorie werden als *Lautlese-Verfahren* bezeichnet. Bei ihnen werden die Kinder z. B. aufgefordert, eine Liste von Wörtern innerhalb einer vorgegebenen Zeit so schnell und korrekt wie möglich vorzulesen. Ein typisches Beispiel hierfür ist der *Lese- und Rechtschreibetest (SLRT-II)* von Moll und Landerl (2014). Um die Schwierigkeit zu variieren, unterscheiden sich die Wörter meist hinsichtlich ihrer Geläufigkeit und der Silbenlänge. Mit diesem Aufgabenformat wird die *basale Lesekompetenz* erfasst, und zwar insbesondere die *Lesegeschwindigkeit* bei der *visuellen Worterkennung*. Zu Beginn des Fertigkeitserwerbes und bei besonders leseschwachen Kindern treten noch zunehmend Lesefehler auf, so dass auch die *Lesegenauigkeit* miterfasst wird. Ein Vorteil dieser Wortlisten besteht darin, dass sie wie zufällig zusammengestellt sind, sodass die Wörter nicht aus dem Sinnzusammenhang erraten werden können, sondern tatsächlich erlesen werden müssen.

Werden anstelle von bzw. zusätzlich zu Wörtern sog. *Pseudowörter* vorgegeben, lässt sich die Lesekompetenz überdies unabhängig vom mentalen Lexikon testen und somit isoliert die Fähigkeit zum *phonologischen Dekodieren* bestimmen. Besteht ein Leistungsvorteil beim Vorlesen von echten Wörtern im Vergleich zu Pseudowörtern, lässt sich rückschließen, dass das Kind beim Lesen bereits auf einen *Sichtwortschatz* (mentales Lexikon) zurückgreift, also häufig vorkommende Wörter automatisch erkennt, anstatt sie erlesen zu müssen. Werden die Wörter hingegen nicht wesentlich besser gelesen als die Pseudowörter, lässt sich ableiten, dass das Kind selbst für geläufige Wörter noch eine *synthetische Lesestrategie* verwendet, d.h. die einzelnen Buchstaben oder Silben in Laute übersetzt und dann zusammensetzt. Zusätzlich zu solchen Wortlisten werden in manchen Testverfahren auch kurze Textabschnitte vorgelegt, um die natürliche Lesesituation besser abzubilden und Hinweise darauf zu erhalten, wie gut es dem Schüler oder der Schülerin gelingt, semantische und syntaktische Informationen beim Lesen von Sätzen zu integrieren und für das Verständnis zu nutzen.

Ein offenkundiger Nachteil der Lautlese-Verfahren besteht darin, dass sie nur im Rahmen von Einzeltestungen durchführbar sind. Daher erfassen die meisten standardisierten Testverfahren die Lesekompetenz über *Methoden des leisen Lesens,* bei denen die Aufgaben ökonomisch in der Gruppe durch Stillarbeit bearbeitet werden können. Für die schulische Diagnostik kann dies von Vorteil sein. Werfen wir einen genaueren Blick auf diese Methode, wird deutlich, dass dabei sehr viele verschiede Aufgabenformate zum Einsatz kommen.

Bei *Wort-zu-Bild-Aufgaben* muss zu einem Bild der zugehörige Begriff unter mehreren Wortalternativen ausgewählt werden. Die Wortalternativen sind dabei typischerweise so gewählt, dass sie dem Zielbegriff semantisch, phonologisch oder graphemisch ähneln. Alternativ gibt es auch *Bild-zu-Wort-Aufgaben,* bei denen umgekehrt zu einem vorgegebenen Wort das passende Bild unter einer Reihe von Distraktoren gefunden werden muss. Diese Bild-zu-Wort-Aufgaben haben aber den Nachteil, dass im Vergleich zu der alternativen Aufgabenvariante weniger gelesen wird („ein Wort – mehrere Bilder“ anstatt „mehrere Wörter – ein Bild“). Für die Bearbeitung der Aufgaben steht in der Regel nur eine begrenzte Zeit zur Verfügung, um anhand der bearbeiteten Aufgabenzahl einen Indikator für die Lesegeschwindigkeit zu gewinnen. Die Aufgabenschwierigkeit wird über die Silbenanzahl und die Wortgeläufigkeit variiert. Bei den zu lesenden Wörtern handelt es sich meist ausschließlich um konkrete Substantive (d.h. Gegenstände und Lebewesen). Abstrakte Begriffe, Verben oder Adjektive werden aufgrund der Schwierigkeit ihrer Verbildlichung in der Regel nicht verwendet, wodurch die Bandbreite der gelesenen Wörter eingeschränkt sein kann. Ein Beispiel für dieses Aufgabenformat ist die *Würzburger Leise Leseprobe – Revision* von Schneider, Blanke, Faust und Küspert (2011). Ebenso wie die Lautlese-Verfahren gelten diese Aufgaben als Indikator für die basale Lesekompetenz. Im Gegensatz zu den Wortlisten der Lautlese-Verfahren, die auf die reine Erfassung der Wortleseflüssigkeit abzielen, kommt hier bedingt durch die Aufgabenstellung jedoch eine weitere Verarbeitungskomponente hinzu, nämlich der *Abruf der Wortbedeutung,* so dass auch das *Leseverständnis auf Wortebene* miterfasst wird.

Ein weiteres Aufgabenformat, das unter die Methode des leisen Lesens fällt, sind die sog. *Verifikationsaufgaben,* die beispielsweise im *Salzburger Lese-Screening für die Schulstufen 2–9* von Mayringer und Wimmer (2014) zum Einsatz kommen. Bei ihnen müssen die Kinder so schnell wie möglich entscheiden, ob eine Aussage wahr oder falsch ist. Sowohl einzelne Wörter als auch ganze Sätze können dabei zum Einsatz kommen. In Aufgaben, bei denen die Verifikation die Wortebene betrifft, müssen die Kinder beispielsweise in vorgegebener Zeit entscheiden, ob ein auditiv dargebotenes Pseudowort mit einem visuell präsentierten Pseudowort lautlich übereinstimmt. Durch die Zeitbegrenzung werden in erster Linie die Lesegenauigkeit und -geschwindigkeit beim phonologischen Dekodieren erfasst. Des Weiteren lassen sich auch *lexikalische Entscheidungsaufgaben* diesem Aufgabenformat zuordnen. Hierbei sollen die Kinder ebenfalls so schnell wie möglich beurteilen, ob ein visuell dargebotenes Wort tatsächlich existiert oder ob es sich um ein Pseudowort handelt. Dadurch wird die Effizienz der automatischen Worterkennung geprüft, also wie gut ein Wort automatisch erkannt wird, ohne dass es notwendigerweise ganz korrekt gelesen oder der Sinn entnommen wurde. Ebenso gibt es Entscheidungsaufgaben, bei denen zu entscheiden ist, ob ein dargebotenes Wort einem bestimmten Oberbegriff zugeordnet werden kann oder nicht. Bei *Satzverifikationsaufgaben* wird den Kindern typischerweise eine Reihe von einfachen Sätzen vorgelegt, deren Wahrheitsgehalt sie unter Zeitdruck bewerten sollen (z. B. *Affen sind blauweiß gestreift*). Erfasst wird, wie viele Sätze in der vorgegebenen Zeit richtig beurteilt werden. Da es sich bei den zu beurteilenden Sätzen um syntaktisch einfache Konstruktionen handelt (d. h. einzelne Hauptsätze oder einfache Hauptsatz-Nebensatz-Konstruktionen), steht auch hier weniger das Leseverständnis als vielmehr die Lesegeschwindigkeit im Fokus der Untersuchung. Daneben gibt es aber auch Satzverifikationsaufgaben, bei denen die Kinder entscheiden sollen, ob dargebotene Sätze grammatikalisch korrekt sind oder nicht (z. B. *Die Kinder sind ins Schwimmbad gingen*). Die Beurteilung solcher Sätze setzt in einem erheblicheren Maße syntaktische Verstehensprozesse voraus, so dass hier neben der reinen Lesegeschwindigkeit auch das Leseverständnis auf Satzebene miterfasst wird. Kinder bearbeiten solche Satzverifikationsaufgaben meist sehr motiviert und gerne. Ein Nachteil von Verifikationsaufgaben besteht jedoch darin, dass die Ratewahrscheinlichkeit aufgrund der dichotomen Antworten (Aussage richtig versus falsch) höher ist als bei den bereits vorgestellten Wort-zu-Bild-Aufgaben. Erzielt ein Kind einen auffällig hohen Fehlerwert, empfiehlt es sich daher, die Diagnose weiter abzusichern.

Eher selten und vorwiegend nur in den unteren Klassenstufen werden *Sortieraufgaben* zur Erfassung der Lesekompetenz eingesetzt. Die Anforderung besteht typischerweise darin, vorgegebene Silben in einen richtigen Sinnzusammenhang zu bringen oder aber darin, eine Anfangssilbe der richtigen Silbe unter mehreren Falsch-Alternativen zuzuordnen, so dass ein richtiges Wort entsteht. Diese Aufgaben erfassen vorwiegend das Dekodieren und untersuchen, inwiefern die Kinder bereits in der Lage sind, in ganzen Silben zu lesen.

Schließlich lässt sich auch das Leseverständnis mit der Methode des leisen Lesens standardisiert erfassen. Um das Verständnis auf Satzebene zu prüfen, werden in der Regel *Satzlücken-Aufgaben* verwendet. Hierzu werden einzelne Sätze oder ein zusammenhängender Text vorgelegt, in denen ein oder mehrere Wörter fehlen und durch eine Lücke dargestellt sind. Unter mehreren Auswahlalternativen sollen die Kinder dann das Wort auswählen, das den Satz am besten vervollständigt. Es wird dabei variiert, zu welchen Wortarten (z. B. Substantive, Adjektive, Verben) die Lückenwörter gehören. Die Falsch-Alternativen sind auch hier in der Regel so gewählt, dass sie dem Zielwort semantisch, phonemisch oder graphemisch ähneln. Daneben gibt es auch Aufgaben, bei denen das Leseverständnis ganzer Texte geprüft wird: Dazu lesen die Kinder in Abhängigkeit des jeweiligen Testverfahrens entweder einen längeren Text oder aber mehrere kleine, unzusammenhängende Textpassagen und beantworten im Anschluss eine Reihe von *Fragen zum Text*. Hinsichtlich des Genres kommen typischerweise narrative Texte zum Einsatz, aber auch Sachtexte sind nicht selten. Die Aufgabenschwierigkeit wird variiert, indem zur Fragenbeantwortung in unterschiedlichem Ausmaß Informationen satzübergreifend zusammengefügt oder Inferenzen aus dem Gelesenen gebildet werden müssen. Die Fragen sind dabei in Form von *Mehrfachwahlaufgaben* (sog. *Multiple Choice Format*) zu beantworten. Der Vorteil dieses geschlossenen Antwortformates besteht darin, dass die Verstehensleistung unabhängig von der schriftlichen Ausdrucksfähigkeit geprüft werden kann. Bei der Auswertung muss jedoch beachtet werden, dass die meisten Tests unter Zeitbegrenzung durchzuführen sind. Insbesondere beim langsamen Lesen fließt somit zu einem gewissen Grad auch die Lesegeschwindigkeit in die Bearbeitung der Aufgabe ein, so dass sich Probleme in der automatischen Worterkennung sekundär als Probleme im Leseverständnis ausdrücken können. Diese beiden Formate werden u.a. beim *ELFE II - Ein Leseverständnistest für Erst- bis Siebtklässler* von Lenhard, Lenhard und Schneider (2022) realisiert.

5.3.2 Ein Überblick über standardisierte Lesetests

In Tabelle 5.1 wird ein Überblick über gängige standardisierte Lesetests gegeben, ohne Anspruch auf Vollständigkeit. Die Zusammenschau orientiert sich dabei an den bisherigen Ausführungen, indem auf die diagnostische Zielsetzung, das erfasste Lesekonstrukt und das Aufgabenformat der Testverfahren eingegangen wird. Daneben wird auf weitere Aspekte hingewiesen, die bei der Auswahl eines Tests oft eine Rolle spielen, wie etwa seine Bearbeitungsdauer, die Möglichkeit der computerisierten Anwendung sowie die Frage, ob es sich um ein Einzel- oder Gruppenverfahren handelt. Sofern etwas über die Validität des Testverfahrens für Kinder mit DaZ bekannt ist oder eigens Normen für DaZ vorliegen, ist dies ebenfalls kenntlich gemacht. Dies soll als erste Orientierungshilfe dienen, um je nach vorliegender diagnostischer Fragestellung und den gegebenen Rahmenbedingungen ein passendes Testverfahren auszuwählen. Eine informative Übersicht zu den theoretischen Grundlagen und den Gütekriterien der meisten dieser Tests ist in der Tool-Datenbank der Bund-Länder-Initiative *Bildung durch Sprache und Schrift (BISS)* zu finden *(siehe Fokus-Kasten 5.7)*.

Fokus 5.7: Die Tool-Datenbank der Bund-Länder-Initiative „Bildung durch Sprache und Schrift" (BiSS)

Bei BiSS handelt es sich um eine Bund-Länder-Initiative, die 2012 vom Bundesministerium für Bildung und Forschung (BMBF), vom Bundesministerium für Familie, Senioren, Frauen und Jugend (BMFSFJ) sowie von der Kultusministerkonferenz (KMK) und der Konferenz der Jugend- und Familienminister (JFMK) ins Leben gerufen wurde. Die Initiative hatte zum Ziel, die Sprachdiagnostik sowie die Sprach- und Leseförderung in Deutschland zu verbessern. Dazu arbeiteten Kindertageseinrichtungen und Schulen in Form von BiSS-Verbünden eng miteinander zusammen, um Kinder und Jugendliche in ihrer (schrift-)sprachlichen Entwicklung über die verschiedenen Bildungseinrichtungen hinweg zu begleiten und Fördermaßnahmen gezielt miteinander abzustimmen. Diese Aktivitäten wurden durch ein wissenschaftliches Trägerkonsortium koordiniert und unterstützt. Im Rahmen dieser wissenschaftlichen Begleitung ist eine Tool-Datenbank entstanden, in der gängige Diagnostikinstrumente und Förderkonzepte dokumentiert und anhand wissenschaftlicher Gütekriterien bewertet wurden. Um einen Transfer dieser Erkenntnisse in die breite pädagogische Praxis zu erleichtern, ist eine Version dieser Tool-Datenbank öffentlich zugänglich und unter der folgenden Internetadresse abrufbar: https://www.biss-sprachbildung.de

Die Tool-Datenbank enthält eine Zusammenstellung all jener diagnostischen Testverfahren zur Überprüfung der Sprache und Schriftsprache, die aus wissenschaftlicher Sicht als fundiert und empfehlenswert gelten. Neben einer detaillierten Beschreibung zum Aufbau und zur Durchführung des jeweiligen Tests enthält die Datenbank auch ausführliche Angaben zur theoretischen und empirischen Fundierung der Tests. Auf der Basis dieser Angaben wurde ein Farbstempel vergeben, aus dem hervorgeht, ob das Testverfahren den wissenschaftlichen Minimalstandards vollständig (grüner Farbstempel) bzw. weitestgehend genügt (gelber Farbstempel). Die wissenschaftlichen Minimalstandards beziehen sich dabei auf die Objektivität, Reliabilität und Validität sowie auf die Interpretationseindeutigkeit bzw. Normierung des Tests. Somit ist auf einen Blick ersichtlich, welches Testverfahren sich für welche diagnostische Fragestellung am besten eignet.

Tabelle 5.1: Überblick über standardisierte Lesetests (mit einer Normierung seit 2008)

Name des Testverfahrens	Testkürzel	Jahr der Normierung	Dauer (in min)	Als Gruppentest nutzbar?	Durchführung am PC oder mit Testheft?	Lese-konstrukt			Aufgabenformat						Diagnostikziel				Diagnostik	
						Lesegenauigkeit	Geschwindigkeit	Leseverständnis	Lautes Lesen	Wort zu Bild	Verifikation	Sortieraufgaben	Satzlücken	Fragen zum Text	Screening	Statusdiagnostik	Langfristige Diagnostik	Formative Diagnostik	Extra Norm für DaZ	Überprüfung der Testfairness für DaZ
Differenzierter Lesetest – Dekodieren (Paleczek et al., 2017)	DiLe–D	2015	5	Ja	Testheft	X	X		X							X	X		Ja	Nein
Ein Leseverständnistest für Erst- bis Siebtklässler (Lenhard et al., 2022)	ELFE II	2014–2016	20–30 (Kurzform) 15–25 (Langform)	Ja	Beides		X	X		X			X	X		X	X		Ja	Ja[1]
Fähigkeitsindikatoren Primarschule (Bäuerlein et al., 2021)	FIPS	2009–2010 und 2018–2019	15–30*	Nein	PC	X		X	X	X			X			X	X		Nein	Nein

Kombiniertes Leistungsinventar zur allgemeinen Schulleistung und für Schullaufbahnempfehlungen in der 4. Klasse (Lenhard et al., 2011)	KLASSE 4	2009	40–45*	Ja	Testheft			X						X	X				Nein	Nein
Kompetenzerfassung in Kindergarten und Schule (May, 2013a–d)	KEKS	2011	45*	Ja	Beides	X		X					?	?		X	X		Nein	Nein
Lernfortschrittsdiagnostik Lesen (Walter, 2009)	LDL	2007–2009	2	Nein	Testheft	X	X		X						X			X	Nein	Nein
Lesegeschwindigkeits- und Verständnistest für die Klassen 5–12+ (Schneider et al., 2017)	LGVT 5–12+	2013	10–15	Ja	Testheft	X	X	X					X			X	X		Nein	Nein
Lesetest Sekundarstufe (Adler & Götzinger-Hiebner, 2021)	LeSek 5–9	2008–2010	15–30	Nein	Testheft	X	X	X	X					X		X			Nein	Nein
Lesetestbatterie für die Klassenstufen 6–7/8–9 (Bäuerlein et al., 2012a, b)	LESEN 6–7 LESEN 8–9	2010	45	Ja	Testheft		X	X			X			X		X	X		Nein	Nein

Tabelle 5.1: Fortsetzung

Name des Testverfahrens	Testkürzel	Jahr der Normierung	Dauer (in min)	Als Gruppentest nutzbar?	Durchführung am PC oder mit Testheft?	Lese-konstrukt			Aufgabenformat						Diagnostikziel				Diagnostik	
						Lesegenauigkeit	Geschwindigkeit	Leseverständnis	Lautes Lesen	Wort zu Bild	Verifikation	Sortieraufgaben	Satzlücken	Fragen zum Text	Screening	Statusdiagnostik	Langfristige Diagnostik	Formative Diagnostik	Extra Norm für DaZ	Überprüfung der Testfairness für DaZ
Prozessbezogene Diagnostik von Lesefähigkeiten im Grundschulalter (Richter et al., 2017)	ProDi-L	2010 und 2013	30 (Kurzform) 60 (Langform)	Ja	PC			X			X					X	X		Nein	Nein
Quop. Die Lernverlaufsdiagnostik (Souvignier, Förster & Salaschek, 2014)	–	Kontinuierliche Weiternormierung	10	Nein	PC	X[2]	X[2]	X					X	X				X	Nein	Nein
Salzburger Lese- und Rechtschreibtest (Moll & Landerl, 2014)	SLRT-II	2006–2008	5	Nein	Testheft	X	X		X							X	X		Nein	Ja[3]

Salzburger Lese-Screening für die Schulstufen 2–9 (Mayringer & Wimmer, 2014)	SLS 2–9	2006–2008	3	Ja	Testheft	X	X				X				X				Nein	Nein
Verlaufsdiagnostik sinnerfassendes Lesen (Walter, 2013)	VSL	2009–2012	4	Ja	Beides			X					X		X			X	Nein	Nein
Würzburger Leise Leseprobe – Revision (Schneider et al., 2011)	WLLP-R	2009	15	Ja	Testheft		X			X					X				Nein	Nein
Zürcher Lesetest – II (Petermann & Daseking, 2019)	ZLT-II	2010–2011	15–35*	Ja	Testheft	X	X		X							X	X		Nein	Nein

Anmerkungen: Bei Testverfahren mit Sternchen (*) handelt es sich um kombinierte Tests, d. h. neben dem Lesen werden weitere Bereiche erfasst. Die angegebene Bearbeitungsdauer bezieht sich dabei auf den Gesamttest.

[1] Die Testfairness für Kinder mit DaZ wurde durch die Testautoren nachgewiesen.

[2] Lesegenauigkeit und Leseflüssigkeit werden erst ab Klassenstufe 3 bei quop erfasst.

[3] Die Testfairness für Kinder mit DaZ bei Anwendung des Lesetests für die 3. Klasse wurde von Visser et al. (2023) nachgewiesen.

Für die Frage, welches Testverfahren im konkreten Fall eingesetzt werden kann, ist neben den bereits erwähnten Testeigenschaften auch der Normierungszeitraum innerhalb eines Schuljahres von Relevanz, da ein Test nur Aussagen über das Leistungsniveau in dem Zeitraum machen kann, für den er normiert wurde. So wird ersichtlich, dass es standardisierte Lesetests gibt, die sich bereits sehr früh im Anfangsunterricht einsetzen lassen. Allerdings muss dabei bedacht werden, dass einige Kinder, die darin schwach abschneiden, ihre anfänglichen Schwierigkeiten im weiteren Verlauf von selbst überwinden werden. Eine Diagnostik von manifesten Lernstörungen ist daher erst ab dem Ende der 2. Klasse verlässlich möglich. Dies bedeutet aber nicht, dass eine standardisierte Überprüfung schriftsprachlicher Kompetenzen nicht auch schon im Anfangsunterricht erfolgen sollte, zumal sie wertvolle Ansatzpunkte für den Unterricht oder für notwendige Fördermaßnahmen liefern kann.

In Tabelle 5.2 sind die Anwendungszeiträume der Testverfahren einzusehen. Der Tabelle kann entnommen werden, dass viele Lesetests (anders als die meisten Rechtschreibtests) in mehreren Schuljahren einsetzbar sind, wodurch ein direkter Vergleich von Leistungsveränderungen über mehrere Klassenstufen hinweg ermöglicht wird. Die in diesem Kapitel aufgelisteten Verfahren zum Lesen (Tabelle 5.2) und Rechtschreiben (Tabelle 5.4) können grundsätzlich von jeder Lehrkraft selbst durchgeführt werden. Dabei ist zu beachten, dass man sich an die hochstandardisierten Durchführungshinweise hält. Eine Schulung in der Durchführung der Testverfahren ist zu empfehlen.

Tabelle 5.2: Zu welchem Zeitpunkt kann man welchen Lesetest einsetzen?

Eine Übersicht der Normierungszeiträume			
	Anfang des Schuljahres	**Schuljahresmitte**	**Ende des Schuljahres**
Klasse 1			DiLe-D
			ELFE II (9.–12. Schulmonat)
	FIPS		FIPS
	KEKS	KEKS	
			LDL
			ProDi-L
			SLRT-II
			WLLP-R
			ZLT II

Tabelle 5.2: Fortsetzung

Eine Übersicht der Normierungszeiträume			
	Anfang des Schuljahres	**Schuljahresmitte**	**Ende des Schuljahres**
Klasse 2	DiLe-D		DiLe-D
	ELFE II *(es liegen 4 Normtabellen vor, die das gesamte Schuljahr abdecken)*		
	KEKS	KEKS	
	LDL	LDL	
			ProDi-L
	SLRT-II	SLRT-II	SLRT-II
		SLS 2–9 (2. Halbjahr)	SLS 2–9
	VSL	VSL	
			WLLP-R
	ZLT-II	ZLT-II	ZLT-II
Klasse 3	DiLe-D		DiLe-D
	ELFE II *(es liegen 4 Normtabellen vor, die das gesamte Schuljahr abdecken)*		
	KEKS	KEKS	
		LDL	
			ProDi-L
	SLRT-II	SLRT-II	SLRT-II
	SLS 2–9	SLS 2–9 (2. Halbjahr)	SLS 2–9
	VSL	VSL	
			WLLP-R
	ZLT-II	ZLT-II	ZLT-II
Klasse 4	**ELFE II** *(es liegen 4 Normtabellen vor, die das gesamte Schuljahr abdecken)*		
	KEKS	KEKS	
		KLASSE 4	
		LDL	
			ProDi-L
	SLRT-II	SLRT-II	SLRT-II

Tabelle 5.2: Fortsetzung

Eine Übersicht der Normierungszeiträume			
	Anfang des Schuljahres	**Schuljahresmitte**	**Ende des Schuljahres**
	SLS 2–9	**SLS 2–9 (2. Halbjahr)**	**SLS 2–9**
	VSL	**VSL**	
			WLLP-R
	ZLT-II	**ZLT-II**	**ZLT-II**
Klasse 5	**ELFE II** *(es liegen 4 Normtabellen vor, die das gesamte Schuljahr abdecken)*		
		LDL *(nur Hauptschule)*	
	LeSek 5–9	**LeSek 5–9**	**LeSek 5–9**
			LESEN 5–6
	LGVT 5–12+	**LGVT 5–12+**	**LGVT 5–12+**
	SLRT-II	**SLRT-II**	**SLRT-II**
	SLS 2–9	**SLS 2–9 (2. Halbjahr)**	**SLS 2–9**
	VSL	**VSL**	
	ZLT-II *(eine gemeinsame Normtabelle für das gesamte 5. Schuljahr)*		
Klasse 6	**ELFE II** *(es liegen 4 Normtabellen vor, die das gesamte Schuljahr abdecken)*		
	LeSek 5–9	**LeSek 5–9**	**LeSek 5–9**
			LESEN 6–7
	LGVT 5–12+	**LGVT 5–12+**	**LGVT 5–12+**
	SLRT-II	**SLRT-II**	**SLRT-II**
	SLS 2–9	**SLS 2–9 (2. Halbjahr)**	**SLS 2–9**
	VSL	**VSL**	
	ZLT-II *(eine gemeinsame Normtabelle für das gesamte 6. Schuljahr)*		
Klasse 7	**ELFE II** (1.–3. Monat)		
		LDL *(nur Hauptschule)*	
	LeSek 5–9	**LeSek 5–9**	**LeSek 5–9**
			LESEN 6–7
	LGVT 5–12+	**LGVT 5–12+**	**LGVT 5–12+**

Tabelle 5.2: Fortsetzung

Eine Übersicht der Normierungszeiträume			
	Anfang des Schuljahres	**Schuljahresmitte**	**Ende des Schuljahres**
	SLS 2–9	**SLS 2–9 (2. Halbjahr)**	**SLS 2–9**
	ZLT-II *(eine gemeinsame Normtabelle für das gesamte 7. Schuljahr)*		
Klasse 8		**LDL** *(nur Hauptschule)*	
	LeSek 5–9	**LeSek 5–9**	**LeSek 5–9**
			LESEN 8–9
	LGVT 5–12+	**LGVT 5–12+**	**LGVT 5–12+**
	SLS 2–9	**SLS 2–9 (2. Halbjahr)**	**SLS 2–9**
	ZLT-II *(eine gemeinsame Normtabelle für das gesamte 8. Schuljahr)*		
Klasse 9		**LDL** *(nur Hauptschule)*	
	LeSek 5–9	**LeSek 5–9**	**LeSek 5–9**
			Lesen 8–9
	LGVT 5–12+	**LGVT 5–12+**	**LGVT 5–12+**
	SLS 2–9	**SLS 2–9 (2. Halbjahr)**	**SLS 2–9**

Anmerkung: Die VSL verfügt neben den Statusnormen auch über Veränderungsnormen.

5.4 Diagnostik der Rechtschreibkompetenz

5.4.1 Aufgabenformate standardisierter Rechtschreibtests

Genau wie bei den Lesetests kommen auch bei standardisierten Rechtschreibtests unterschiedliche Aufgabenformate zum Einsatz. Während die Lesetests aber zumeist als *Speedtests* (Leistungserbringung unter vorgegebenem Zeitdruck) konzipiert sind, liegen Rechtschreibtests typischerweise als reine *Powertests* (Leistungserbringung ohne fest vorgegebenes Zeitfenster) vor. Die Testverfahren sind dabei so gestaltet, dass sie wahlweise als Gruppen- oder Einzeltest durchführbar sind.

Zumeist wird die Rechtschreibleistung testökonomisch mit Hilfe von *Lückendiktaten* erfasst, bei denen einzelne Wörter in vorgegebene Satzlücken niederzuschreiben sind wie etwa beim *Würzburger Rechtschreibtest für 1. und 2. Klassen* von Trolldenier (2014). Die Textlücken prüfen gezielt bestimmte orthographische Regeln oder Besonderheiten ab. Einfache und in Sätzen häufig vorkommende Wörter wie etwa *„und“* oder *„das“*, die von den meisten Kindern richtig geschrieben werden, müssen auf diese Weise nicht mit verschriftlicht werden. Die Rechtschreibkompetenz kann daher bereits anhand verhältnismäßig weniger Wörter gut und über das gesamte Leistungsspektrum hinweg differenziert untersucht werden. Insbesondere bei einer Testung gesamter Schulklassen ist die damit einhergehende Reduzierung des Auswertungsaufwandes nicht zu unterschätzen. Gerade in jüngeren Klassen gibt es aber auch immer wieder Kinder, die aufgrund des ungewohnten Lückenformates dazu neigen, alle Lückenwörter groß zu schreiben, wodurch sie eine Reihe „unnötiger“ Fehler produzieren. Bei der Verwendung von Lückendiktaten sollte daher immer überprüft werden, ob die überwiegende Mehrheit der Wörter lediglich auf Basis von Groß- und Kleinschreibung falsch geschrieben wurde.

Alternativ wird in manchen Rechtschreibtests wie etwa in einigen Subtests der *Hamburger Schreibprobe* von May (2012) das Schreiben einzelner Wörter über *Wort-zu-Bild-Aufgaben* realisiert, bei denen die Kinder diktierte Wörter zu Bildern aufschreiben sollen. Genau wie beim Lesen gilt auch für das Rechtschreiben, dass die Wortauswahl dabei etwas eingeschränkt ist, weil typischerweise nur gegenständliche Substantive verwendet werden.

Ein Aufgabenformat, das dem normalem Unterrichtsdiktat sowie der natürlichen Schreibsituation mehr entspricht, ist mit dem *Fließtextdiktat* gegeben, bei dem die Kinder komplette Sätze verschriftlichen sollen. Diese Fließtexte haben gegenüber den Lückendiktaten bzw. den Wort-zu-Bild-Aufgaben den Vorteil, dass neben Groß- und Kleinschreibung am Satzanfang auch Zeichensetzungsfehler (etwa die Verwendung von Kommata) sowie Fehler beim Trennen und Zusammenschreiben von Wörtern standardisiert überprüft werden können. Produziert ein Kind dabei viele Wortauslassungen, kann dies zusätzlich ein Hinweis auf Motivations- oder Aufmerksamkeitsprobleme oder mangelndes Verständnis sein. Dieses Aufgabenformat wird beispielsweise beim *Deutschen Rechtschreibtest für fünfte und sechste Klassen* (Martinez Méndez, Schneider & Hasselhorn, 2015) realisiert.

Unabhängig davon, ob nun im konkreten Testverfahren lediglich einzelne Wörter oder ganze Sätze diktiert werden, wird in der Regel die Anzahl korrekt geschriebener Wörter (oder alternativ: die Anzahl an falsch geschriebenen Wörtern) herangezogen, um die Rechtschreibkompetenz des Kindes zu quantifizieren. Eine Ausnahme hiervon stellen lediglich die *Hamburger Schreib-Probe* (HSP) (May, 2012) und die onlinebasierte *Deutsche Schreibprobe* dar, bei denen die Anzahl richtig geschriebener Grapheme bestimmt wird. Die Bestimmung dieser *„Graphemtreffer“* wird mit dem Ziel verfolgt, insbesondere im unteren Leistungsbereich eine noch besser differenzierende Auswertung zu ermöglichen.

Wie in Kapitel 2.1 erwähnt, gibt es keine Fehlerarten, die nur bei Rechtschreibstörungen auftreten. Für die Feststellung einer Rechtschreibstörung wird deshalb nur die Fehlerhäufigkeit (nicht jedoch die Fehlerart) herangezogen, da sich rechtschreibschwache Schülerinnen und Schüler durch die Anzahl der Falschschreibungen, nicht aber durch ein spezifisches Rechtschreibfehlerprofil von lernunauffälligen Gleichaltrigen unterscheiden. Ein und dasselbe unterdurchschnittliche Testergebnis kann aber durch eine Reihe ganz unterschiedlicher Fehler zustande gekommen sein. Für die anschließende Förderplanung ist es daher oftmals hilfreich zu untersuchen, in welchen orthographischen Kompetenzbereichen die Fehler des Kindes schwerpunktmäßig angesiedelt sind. Viele Testverfahren ergänzen die quantitative Auswertung daher um eine *qualitative Analyse der Rechtschreibfehler*. Die dabei berücksichtigten Fehlerkategorien lassen sich danach unterscheiden, ob sie sich an Schriftspracherwerbstheorien orientieren (z. B. lautorientierte Fehlschreibung, orthographische Fehlschreibung) oder aber ob sie eine Systematisierung hinsichtlich bestimmter Rechtschreibphänomene vornehmen (z. B. Fehler in der Auslautverhärtung, Dehnungsfehler). Die Auswahl der jeweiligen Fehlerkategorien erfolgt typischerweise theoriegeleitet, ist aber nicht immer empirisch abgesichert. Insbesondere die Reliabilität und Validität sehr kleinschrittig konstruierter Fehlerkategorien anhand weniger Items ist in der Vergangenheit nicht ohne Kritik geblieben (vgl. Jansen, 2008; Moll, Landerl & Kain, 2008). Manche Tests verzichten daher bewusst auf die Auswertung von Fehlerprofilen oder nehmen lediglich eine grobe Kategorisierung vor. Die qualitative Auswertung zielt bei den meisten Verfahren auf eine eher beschreibende Hilfestellung für die Förderplanung ab.

Schließlich ist mit Aufgaben zur *Fehlersuche (Fehleridentifikation)* ein weiteres Format standardisierter Rechtschreibtests zu nennen. Sie bestehen aus Texten, in die mehrere Rechtschreibfehler (z. B. falsch geschriebene Wörter oder fehlende Satzzeichen) eingebaut wurden, und die Kinder sollen in begrenzter Zeit so viele Fehlschreibungen wie möglich identifizieren. Als Beispiel ist hier die Testreihe R-FIT (Lenhart, Segerer, Marx & Schneider, 2020; Schneider, Martinez Méndez & Hasselhorn, 2014) zu nennen. Aufgaben zur Fehleridentifikation erfassen eher das passive Rechtschreibwissen und die Sensitivität für Fehlschreibungen als die aktive Rechtschreibung. Denn nur weil ein Kind das fehlende „Doppel-s" in *„Klasenstufe"* richtig identifiziert, bedeutet dies nicht zwangsläufig, dass es das Wort im Rahmen eines Diktates richtig verschriftlichen würde. Zudem sind zahlreiche Fehlschreibungen an anderer Stelle denkbar (z. B. *Klassenstuffe, Klassenschtufe*). Aufgrund ihrer kurzen Durchführungsdauer von oft nur wenigen Minuten eignen sich diese Tests jedoch besonders gut als erstes Screening der Rechtschreibkompetenz ganzer Klassen. Wurden dabei Risikokinder identifiziert, sollte mit diesen ein ausführlicheres Testverfahren angeschlossen werden. Denn auch wenn die Fähigkeit zur Fehleridentifikation hoch mit der aktiven Rechtschreibleistung korreliert (ca. um $r = .80$; Schneider, Martinez Méndez & Hasselhorn, 2014), sollte sich die Diagnostik besonderer Rechtschreibschwierigkeiten nicht nur auf einen Test zur Fehleridentifikation stützen.

Neben der Erfassung der Rechtschreibleistung mittels eines standardisierten Schulleistungstests gibt es mit der *Oldenburger Fehleranalyse* (OLFA, Thomé & Thomé, 2020, 2021) die Möglichkeit, die Rechtschreibfehler bei frei formulierten Texten oder Aufsätzen zu klassifizieren und so die individuellen Fehlerschwerpunkte eines Kindes systematisch als Profil zu erfassen. Eine Normierung dieser Fehlerprofile liegt bisher allerdings nicht vor.

5.4.2 Ein Überblick über standardisierte Rechtschreibtests

In Tabelle 5.3 sind gängige standardisierte Rechtschreibtests aufgelistet, deren Normierung im oder nach dem Jahr 2008 durchgeführt wurde. Bereits auf den ersten Blick wird deutlich: Während in den letzten Jahren viele neue Lesetests entwickelt oder etablierte Testverfahren neu normiert wurden, ist die Bandbreite an entsprechenden Rechtschreibtests etwas geringer. Viele überzeugende Testverfahren verfügen mittlerweile über veraltete Normen. Angesichts des Phänomens, dass sich die Rechtschreibleistung von Schülerinnen und Schülern in Deutschland über die Jahrzehnte hinweg kontinuierlich verschlechtert hat (z. B. Birkel & Stammet, 2008), stellt dieser Umstand eine missliche und unbefriedigende Lage für die Diagnostik von besonderen Rechtschreibschwierigkeiten dar: Veraltete Normen führen dazu, dass mehr Kinder die diagnostischen Kriterien für Rechtschreibschwierigkeiten erfüllen. Insbesondere für die 3. und 4. Klasse – d. h. jenen Klassenstufen, in denen besondere Lernschwierigkeiten schwerpunktmäßig diagnostiziert werden – stehen kaum aktuell-normierte Testverfahren zur Verfügung. Ein weiteres Manko ist darin zu sehen, dass es für das Rechtschreiben im Deutschen kaum standardisierte Tests zur Lernverlaufsdiagnostik gibt.

In Tabelle 5.4 sind die Anwendungszeiträume der Testverfahren zur Erfassung von Rechtschreibleistungen einzusehen.

Tabelle 5.3: Überblick über standardisierte Rechtschreibtests (mit einer Normierung seit 2008)

Name des Testverfahrens	Testkürzel	Jahr der Normierung	Dauer (in min)	Durchführung am PC oder mit Testheft?	Aufgabenformat					Qualitative Fehlerauswertung möglich?	Diagnostikziel				Diagnostik	
					Wort zu Bild	Lückendiktat	Fließtext	Fehlersuche	Pseudowortdiktat		Screening	Statusdiagnostik	Langfristige Diagnostik	Formative Diagnostik	Extra Norm für DaZ	Überprüfung der Testfairness für DaZ
Deutscher Rechtschreibtest für fünfte und sechste Klassen (Martinez Méndez et al., 2015)	DERET 5–6+	2009–2010	25–45	Testheft		X	X			Ja		X			Nein	Nein
Diagnostischer Rechtschreibtest für 4. Klassen (Grund et al., 2017a)	DRT 4	2015	35–35	Testheft		X				Ja		X			Nein[1]	Nein
Diagnostischer Rechtschreibtest für 5. Klassen (Grund et al., 2017b)	DRT 5	2014–2015	35–45	Testheft		X				Ja		X			Nein[1]	Nein
Fehleridentifikationstest: Rechtschreibung für 5. und 6. Klassen (Schneider et al., 2014)	R-FIT 5–6+	2009–2010	8	Testheft				X		Nein	X				Nein	Nein
Fehleridentifikationstest: Rechtschreibung für 5. und 6. Klassen (Lenhart et al., 2020)	R-FIT 9–10	2016–2018	9	Testheft				X		Nein	X				Nein	nein

Tabelle 5.3: Fortsetzung

Name des Testverfahrens	Testkürzel	Jahr der Normierung	Dauer (in min)	Durchführung am PC oder mit Testheft?	Aufgabenformat					Qualitative Fehlerauswertung möglich?	Diagnostikziel				Diagnostik	
					Wort zu Bild	Lückendiktat	Fließtext	Fehlersuche	Pseudowortdiktat		Screening	Statusdiagnostik	Langfristige Diagnostik	Formative Diagnostik	Extra Norm für DaZ	Überprüfung der Testfairness für DaZ
Förderdiagnostik Rechtschreibung – Testbatterie (Kargl, 2021)	MORPHEUS-TB	ohne Angabe	20–25	Testheft		X				Ja		X			Ja	Nein
Hamburger Schreib-Probe 1–10 (May, 2012)	HSP	Je nach Klassenstufe 2012 bzw. 2015	< 30	Testheft	X		X			Ja		X			Nein	Nein
Kombiniertes Leistungsinventar zur allgemeinen Schulleistung und für Schullaufbahnempfehlungen in der 4. Klasse (Lenhard et al., 2011)	KLASSE 4	2009	40–45*	Testheft			X			Ja	X				Nein	Nein
Kompetenzerfassung in Kindergarten und Schule (May, 2013a–d)	KEKS	2011	45*	Testheft		X			X	Nein		X	X		Nein	Nein

Lernfortschrittsdiagnostik Orthographie (Walter & Clausen-Suhr, 2018)	LDO	2015–2016	15	PC		X				Nein	X		X	X	Nein	Nein
Salzburger Lese- und Rechtschreibtest (Moll & Landerl, 2014)	SLRT-II	2006–2008	20–30	Testheft		X				Ja		X			Nein	Ja[2]
Weingartener Grundwortschatz Rechtschreib-Test für erste und zweite Klassen (Birkel & Berwanger, 2022)	WRT 1+		60												Ja	
Würzburger Rechtschreibtest für 1. und 2. Klassen (Trolldenier, 2014)	WÜRT	nicht angegeben	20–30 (Einzeln) 45 (Gruppe)	Testheft		X				Ja		X			Nein	Ja[3]

Anmerkungen: Bei Testverfahren mit Sternchen (*) handelt es sich um kombinierte Tests, d.h. neben dem Rechtschreiben werden weitere Bereiche erfasst. Die angegebene Bearbeitungsdauer bezieht sich dabei auf den Gesamttest.

[1] In die Normierung sind nur die Daten von Kindern mit deutscher Muttersprache eingeflossen.

[2] Die Testfairness für Kinder mit DaZ bei Anwendung des Diktates für die 3. Klasse wurde von Visser et al. (2023) nachgewiesen

[3] Die Testfairness für Kinder mit DaZ bei Anwendung des Diktates für die 1. Klasse wurde von Brandenburg et al. (2023) nachgewiesen.

Tabelle 5.4: Zu welchem Zeitpunkt kann man welchen Rechtschreibtest einsetzen?

Eine Übersicht der Normierungszeiträume			
	Anfang des Schuljahres	**Schuljahresmitte**	**Ende des Schuljahres**
Klasse 1		HSP 1+	HSP 1+
	KEKS	KEKS	
			SLRT-II (Mai/Juni)
			WÜRT 1
Klasse 2		HSP 1+	HSP 2
	KEKS	KEKS	
	LDO	LDO	LDO
		SLRT-II (1. Halbjahr Dezember, 2. Halbjahr März/April)	
	WÜRT 1		WÜRT 2
Klasse 3		HSP 3	HSP 3
	KEKS	KEKS	
	LDO	LDO	LDO
	MORPHEUS-TB (FDRA)	MORPHEUS-TB (FDRA)	MORPHEUS-TB (FDRA)
		SLRT-II (Dez. bis April)	
	WÜRT 2		
Klasse 4	DRT 4 (Okt. bis Jan.)	DRT 4	
		HSP 4/5	HSP 4/5
	KEKS	KEKS	
		KLASSE 4	
			MORPHEUS-TB
	MORPHEUS-TB (FDRA)	MORPHEUS-TB (FDRA)	
	SLRT-II	SLRT-II (Dezember bis April)	
		DERET 5–6+	DERET 5–6+
	DRT 5 (Okt. bis Jan.)	DRT 5	

Tabelle 5.4: Fortsetzung

Eine Übersicht der Normierungszeiträume			
	Anfang des Schuljahres	Schuljahresmitte	Ende des Schuljahres
Klasse 5	HSP 4/5		HSP 5–6 oder HSP 5–10 B bzw. EK (je letzte 3 Monate)
	MORPHEUS-TB	MORPHEUS-TB	MORPHEUS-TB
	R-FIT 5–6+ (letzte 3 Monate des 1. Hj.)	R-FIT 5–6+	R-FIT 5–6+
Klasse 6		DERET 5–6+	DERET 5–6+
			HSP 5–6 oder HSP 5–10 B bzw. EK (je letzte 3 Monate)
	MORPHEUS-TB	MORPHEUS-TB	MORPHEUS-TB
	R-FIT 5–6+ (letzte 3 Monate des 1. Hj.)	R-FIT 5–6+	R-FIT 5–6+
Klasse 7		DERET 5–6+	
			HSP 7–8 oder HSP 5–10 B bzw. EK (je letzte 3 Monate)
	MORPHEUS-TB	MORPHEUS-TB (FDRA)	MORPHEUS-TB (FDRA)
	R-FIT 5–6+ (letzte 3 Monate des 1. Hj.)	R-FIT 5–6+	
Klasse 8			HSP 7–8 oder HSP 5–10 B bzw. EK (je letzte 3 Monate)
	MORPHEUS-TB (FDRA)	MORPHEUS-TB (FDRA)	MORPHEUS-TB (FDRA)
Klasse 9			HSP 9–10 oder HSP 5–10 B bzw. EK (je letzte 3 Monate)
	R-Fit 9–10*	R-Fit 9–10	R-Fit 9–10
	MORPHEUS-TB (FDRA)		
Klasse 10			HSP 9–10 oder HSP 5–10 B bzw. EK (je letzte 3 Monate)
	R-Fit 9–10*	R-Fit 9–10	R-Fit 9–10

Anmerkung: * Der R-Fit 9–10 verfügt zusätzlich über kontinuierliche Normen, sodass er das ganze Schuljahr über eingesetzt werden kann.

5.5 Diagnostik der Intelligenz

Die Klassifikationslogik der ICD-10 und ICD-11 sieht den Einsatz von Intelligenztests für die Diagnostik von Lernstörungen vor, um das Fähigkeitspotenzial des Kindes und die Erwartungswidrigkeit seiner Lernprobleme einzuschätzen. Intelligenz ist ein sehr schillerndes Konstrukt mit zahlreichen mehr oder weniger gleichberechtigt nebeneinander existierenden Theorien. Entsprechend finden sich sehr viele verschiedene Arten von Intelligenztests zur Erfassung recht unterschiedlicher Teilfacetten von Intelligenz (z. B. allgemeines Wissen, schlussfolgerndes Denken, Verarbeitungsgeschwindigkeit). Die Auswahl eines bestimmten Testverfahrens ist daher entscheidend dafür, wie das Testergebnis am Ende ausfällt. Für die Diagnostik von besonderen Schwierigkeiten im Lesen und Schreiben wird empfohlen, einen Intelligenztest mit geringen sprachlichen Anforderungen heranzuziehen. Dies ist wichtig, weil ein nicht unerheblicher Anteil an Kindern mit Schriftsprachstörungen eine Vorgeschichte mit Sprachentwicklungsstörung aufweist (vgl. Kapitel 4.2.3). Aus diesem Grund sollten primär sprachfreie Intelligenztests zum Einsatz kommen oder aber solche Testverfahren, die eine gesonderte Auswertung nach sprachfreier versus sprachbezogener Intelligenz erlauben. Dadurch kann das Risiko der Unterschätzung der intellektuellen Leistungsfähigkeit und die damit einhergehende Erhöhung des Risikos, eine tatsächliche Lese-Rechtschreibstörung zu übersehen (falsch-negative Befunde), deutlich reduziert werden. Die Verwendung sprachfreier bzw. kulturfairer Intelligenztests ist insbesondere auch dann indiziert, wenn Kinder und Jugendliche mit DaZ getestet werden *(siehe Fokus-Kasten 5.4)*.

Die meisten Intelligenztests sind als kombinierte Speed-Power-Tests konstruiert: Für die Aufgaben steigender Schwierigkeit steht oft nur eine begrenzte Zeit zur Verfügung. Die Verfahren können in der Regel über mehrere Altersstufen hinweg eingesetzt werden, denn ein ökonomisches Testformat wird oft durch adaptive Einstiegslevel oder spezielle Abbruchkriterien realisiert. Anders als standardisierte Schulleistungstests sind Intelligenztests typischerweise nicht nach Klassenstufen, sondern nach Alter normiert. Ferner ist zu berücksichtigen, dass die Diagnostik der Intelligenz im Schulkontext nur von Personen mit entsprechender diagnostischer Ausbildung (Sonderpädagoginnen und -pädagogen, Schulpsychologinnen und -psychologen) durchgeführt werden darf.

6 Fördermaßnahmen

Warum beschäftigen sich Lehrkräfte, insbesondere in der Grundschule, so intensiv mit allen möglichen Fragen rund um das Thema „Schwierigkeiten beim Schriftspracherwerb"? Die Gründe mögen vielfältig sein. Klar ist aber, dass es sowohl zu den ausdrücklichen Verpflichtungen wie zum beruflichen Selbstbild von Lehrkräften gehört, sich gezielt darum zu bemühen, dass kein Kind beim Erwerb des Lesens und Schreibens scheitert. Treten im Einzelfall Schwierigkeiten auf, sind Förderpläne zu erstellen mit dem Ziel, die Kompetenzentwicklung des betroffenen Kindes unter konsequenter Berücksichtigung individueller Voraussetzungen zu unterstützen (vgl. Hasselhorn, Decristan & Klieme, 2019).

Selbst unter Lehrkräften findet man bisweilen die Überzeugung, dass sie beim Auftreten von besonderen Schwierigkeiten beim Erwerb der Schriftsprache nicht viel ausrichten können. Ihre Fördermöglichkeiten seien unzureichend oder zumindest nur sehr begrenzt. Bei allem Verständnis für diese Überzeugung: Berechtigt ist sie angesichts der Fortschritte in den letzten Jahren keineswegs! So verfügen wir bereits über viele Förderansätze, die erfolgreich in der Schule von Lehrkräften genutzt und umgesetzt werden.

In den letzten Jahrzehnten wurden große Mühen aufgewandt, effektive Fördermaßnahmen zu entwickeln, die das Entstehen von Schwierigkeiten beim Schriftspracherwerb verhindern können bzw. – wenn diese dennoch auftreten – ihre negativen Auswirkungen gezielt reduzieren. Mittlerweile existiert eine bunt gemischte Förderlandschaft mit unterschiedlichsten Verfahren. Darunter sind Förderprogramme, die versuchen, an den basalen kognitiven Funktionen anzusetzen, die beim Lesen und Schreiben beteiligt sind, wie zum Beispiel die visuelle oder phonologische Wahrnehmung oder auch motorische Prozesse. Andere Ansätze versuchen hingegen direkt am Lesen und Schreiben anzusetzen. Doch was hat sich als hilfreich herausgestellt? Was ist wirksam?

Die im Grundschulbereich weit verbreitete (und durchaus zutreffende) Ansicht, dass Kinder sich die Schriftsprache sehr unterschiedlich aneignen und dafür bis Ende der zweiten Klasse Zeit haben sollten, hat die Kehrseite, dass Schwierigkeiten beim Schriftspracherwerb oftmals nicht vor Ende der zweiten Klasse festgestellt werden. Daher ist ein später Beginn von gezielten Fördermaßnahmen in der schulischen Praxis eher die Regel als die Ausnahme. In der Forschung wird hingegen seit langem argumentiert, dass die Fördermaßnahmen sehr viel früher als in der Mitte der Grundschulzeit einsetzen sollten, um besonders effektiv und nachhaltig zu sein (Hasselhorn & Schneider, 2022). Seit Jahrzehnten hat es daher Forschungsbemühungen gegeben, um zu klären, mit welchen Fördermaßnahmen die Auftretenswahrscheinlichkeit von Schwierigkeiten beim Schriftspracherwerb möglichst reduziert werden könnte, oder dennoch auftretende Schwierigkeiten überwunden werden könnten.

Wie in Kapitel 3.3 dargelegt, konnten vor allem drei grundlegende kognitive Fertigkeitsbereiche identifiziert werden, deren frühe Beherrschung guten Erfolg beim schulischen Schriftspracherwerb verspricht (vgl. Hulme & Snowling, 2013): *Buchstabenkenntnis, phonologische Bewusstheit* und die *Benenngeschwindigkeit* für bekannte Objekte („rapid automatized naming"). Schon vor der Einschulung prinzipiell feststellbare Entwicklungsrückstände in diesen Bereichen stellen für betroffene Kinder ein hohes Risiko dar, später unter Schwierigkeiten beim Schriftspracherwerb zu leiden. Dies veranlasste seit den 1980er Jahren viele Forschungsgruppen dazu, zu prüfen, ob diese Kenntnis für wirksame Präventionsstrategien genutzt werden kann, also für Maßnahmen, mit denen das Risiko für Kinder mit den beschriebenen Entwicklungsrückständen deutlich vermindert werden kann, später tatsächlich beim Erwerb der Schriftsprache zu scheitern.

6.1 Präventionsmöglichkeiten

Als Bezugsrahmen zur Beschreibung grundsätzlicher Präventionsmöglichkeiten ist ein Rückgriff auf die aus dem Gesundheitssektor bekannte Unterscheidung zwischen primärer bzw. universeller und sekundärer bzw. indizierter Prävention (vgl. Mrazek & Haggerty, 1994) hilfreich. *Universelle* Prävention bezieht sich auf Maßnahmen, die prinzipiell alle Kinder adressiert, unabhängig von ihrem sozialen Hintergrund oder ihrem bis zu einem bestimmten Alter erreichten Entwicklungsstand. Von *indizierter* Prävention wird hingegen gesprochen, wenn sich die Präventionsmaßnahmen gezielt an Personen mit einer entsprechenden Risikolage richten. Im Falle der in diesem Band thematisierten Schwierigkeiten beim Schriftspracherwerb handelt es sich dabei etwa um Kinder mit feststellbaren Defiziten in den Vorläuferfertigkeiten des Schriftspracherwerbs.

Seit Mitte der 1980er Jahre wurden umfangreiche Entwicklungsarbeiten durchgeführt mit dem Ziel, durch indizierte Präventionsmaßnahmen Kinder sehr früh zu fördern, d. h. bevor sich die Schwierigkeiten beim Schriftspracherwerb manifestiert haben. Viele dieser Arbeiten folgten der Logik, Kinder mit frühen Entwicklungsrückständen in den relevanten Vorläuferfertigkeiten für den Schriftspracherwerb zu identifizieren und diese dann durch intensive und gezielte Übungen so sehr zu verbessern, dass der Anfangsunterricht in der Schriftsprache besser bewältigt und damit die Wahrscheinlichkeit reduziert wird, dass es zur Manifestierung von Schriftsprachschwierigkeiten kommt. Diese Strategie erwies sich als erfolgreich, so dass es mittlerweile in ihrer Wirksamkeit gut belegte indizierte Präventionsprogramme gibt (vgl. Hasselhorn & Schneider, 2022).

In den 1990er Jahren begann die Arbeitsgruppe um Wolfgang Schneider in Würzburg damit, den in Dänemark erfolgreich umgesetzten Trainingsansatz zur Steigerung der phonologischen Bewusstheit von Lundberg, Frost und Petersen (1988) für den deutschen Sprachraum anzupassen. Auf der Basis umfangreicher Evaluationen (z. B. Schneider, Küspert, Roth, Visé & Marx, 1997; Schneider, Roth & En-

Fokus 6.1: Das Würzburger Präventionsprogramm „Hören, lauschen, lernen"

Das grundlegende Trainingsprogramm wird in Kleingruppen mit Kindern im letzten Jahr vor der Einschulung durchgeführt. Es besteht aus vielseitigen Übungen zum Erkennen der lautlichen Struktur der Sprache. Diese sind aufgeteilt in 57 Sprachspiele aus sechs aufeinander aufbauenden Förderbereichen: (1) Lauschspiele und Flüsterspiele, bei denen es darum geht, Geräusche zu erkennen; (2) Reimspiele (z. B. Reime nachsprechen, Reime finden); (3) Satz und Wort (z. B. Zerlegen von Sätzen in Wörter); (4) Silben (z. B. Silbenklatschen, aber auch Zerlegen von Wörtern in Silben und Zusammenfügen von Silben zu Wörtern); (5) Anlaute (z. B. Erkennen des ersten Lautes in einem Wort); und (6) Phoneme (z. B. Zerlegen von Wörtern in Laute und Zusammenfügen von Lauten zu Wörtern). Das Programm wird über einen Zeitraum von 20 Wochen in täglichen 10- bis 15-minütigen Stuhlkreis-Sitzungen von den pädagogischen Fachkräften bevorzugt im letzten Kindergartenhalbjahr durchgeführt.

Die Übungen des ergänzenden Programms von Plume und Schneider (2004) zielen darauf ab, Buchstabenlaute mit deren visueller Repräsentation zu verbinden. Behandelt wird dabei nicht das gesamte Alphabet, sondern lediglich das zugrunde liegende Prinzip anhand der besonders häufig vorkommenden Buchstaben bzw. Laute: A, M, I, O, R, U, S, L, B, T und N. Zwei Übungsformen kommen zur Anwendung: (1) Buchstaben-Laut-Geschichten und (2) Buchstaben-Bild-Geschichten. Bei den Buchstaben-Laut-Geschichten werden etwa Laute, die im Alltag mit Emotionen verknüpft sind, mit dem dazu passenden Buchstabenbild verknüpft. So wird etwa ein Arztbesuch nachgespielt, bei dem das Kind laut „aaah" sagen soll. Der Laut wird dann mit einem auf einem Plakat dargestellten „A" verknüpft. Ein Schreiben der Buchstaben findet nicht statt. In den Buchstaben-Bild-Geschichten wird die Graphem-Phonem-Korrespondenz vorbereitet, indem die visuellen Buchstabendarstellungen mit den Anfangslauten von für Kinder reizvollen Wörtern (z. B. Mond oder Affe) verknüpft werden. Zum Aufbau von nachhaltigen Repräsentationen der Buchstaben besteht eine weitere Übung darin, dass die Kinder die gelernten Buchstaben mit Hilfe ihres Körpers darstellen („Buchstabenturnen"). Ein exakter Trainingsplan hierzu findet sich im Manual. Auch die Koppelung beider Programme von „Hören, lauschen, lernen" lässt sich in 20 Wochen umsetzen.

nemoser, 2000) wurden die Trainingsprogramme „Hören, lauschen, lernen" (Küspert & Schneider, 2018) zur phonologischen Bewusstheit und das ergänzende „Hören, lauschen, lernen 2" (Plume & Schneider, 2004) mit Übungen zur Buchstaben-Laut-Zuordnung konstruiert.

Beide Programme haben sich als kurz- und langfristig effektiv erwiesen (vgl. Schneider, 2018), wobei insbesondere die Kombination beider Trainingsprogramme als indizierte Prävention für Kinder mit den beschriebenen Vorläuferdefiziten zu einer deutlichen Senkung des Risikos für einen gestörten Schriftspracherwerb zu führen scheint. So konnten Schneider et al. (2000) zeigen, dass Risikokinder mit vorschulischen Defiziten in der phonologischen Bewusstheit insbesondere von der Kombination beider Programme profitierten. Diese Vorteile ließen sich vor allem für das Rechtschreiben noch in der dritten Klasse nachweisen.

In den letzten 20 Jahren wurde eine Reihe von Metaanalysen zur Wirksamkeit von Trainings der phonologischen Bewusstheit publiziert. In einer frühen Studie dieser Art wurden 52 Studien aus unterschiedlichen Ländern mit 96 Outcome-Unterschieden zwischen Trainings- und Kontrollgruppen analysiert und vergleichbare moderate positive Effekte auf die späteren Lese- (d=0.53) und Rechtschreibleistungen (d=0.59) berichtet (Ehri et al., 2001). Das Effektgrößenmaß d gibt dabei den Abstand zwischen den Mittelwerten zwischen Trainings- und Kontrollgruppe in Relation zu den Streuungen (genauer: Standardabweichungen) der Leistungswerte innerhalb der beiden verglichenen Gruppen an. Bestätigt wurde auch, dass zusätzliche Übungen zur Verknüpfung von Buchstabenlauten und ihrer visuellen Repräsentation zu deutlicheren Effekten führen als ausschließliche Übungen zur phonologischen Bewusstheit. In einer aktuelleren Metaanalyse konnte Suggate (2016) diese Befunde nicht nur bestätigen, sondern auch zeigen, dass der Trainingsansatz zur phonologischen Bewusstheit ergänzt um die Buchstabenkenntnis insbesondere für Kinder mit frühen Defiziten in der phonologischen Bewusstheit wirksam ist.

Snowling und Hulme (2011) gingen der Frage nach, ob diese frühen Präventionsmaßnahmen so wirksam sind, dass Risikokinder anschließend unauffällige Lesefertigkeiten entwickeln. Für das Wortlesen etwa ein Jahr später konnten sie das zeigen. Ebenso waren Effekte beim Satzverständnis nachweisbar, wenn auch das erreichte Niveau der Kinder, die an den Präventionsmaßnahmen teilgenommen hatten, eher im unteren Durchschnittsbereich lag (zu ähnlichen Befunden vgl. Kjeldsen, Kärnä, Niemi, Olofsson & Witting, 2014).

Jüngere Metaanalysen zur Wirksamkeit früher Trainings der phonologischen Bewusstheit im deutschen Sprachraum erbrachten allerdings kleinere Effekte als die älteren internationalen Metaanalysen und diese auch nur für die späteren Rechtschreibleistungen (vgl. Fischer & Pfost, 2015; Wolf, Schroeders & Kriegbaum, 2016). Auch Pfost, Blatter, Artelt, Stanat und Schneider (2019) berichteten in einer weiteren umfangreichen Evaluationsstudie bei Umsetzung des Trainings im Sinne einer primären Prävention mit allen Kindern des letzten Kindergartenjahrgangs keine über die Schuleingangsstufe hinaus nachweisbaren Effekte auf die Schriftsprachleistungen. Allerdings konnten die Autoren für die Kinder mit besonders schwachen Ausgangswerten in der phonologischen Bewusstheit signifikante Trainingseffekte auf das spätere Wortlesen feststellen. Schneider (2018) hat bei der Erklärung der Diskrepanz zwischen den Effektgrößen früherer und neuerer Studien darauf hingewiesen, dass die mittlerweile jahrzehntelange Diskussion um den Nutzen phonologischer Förderung in der Elementarpädagogik zu Veränderungen des Förder-Alltags in Kindertagesstätten geführt hat. Die alltagsintegrierte Förderung der phonologischen Bewusstheit ist mittlerweile stark verbreitet, was die Differenzen zwischen Kontroll- und Interventionsgruppen in Evaluationsstudien verringern dürfte.

Nicht unerwähnt bleiben sollte, dass auch weniger erfolgreiche Präventionsstrategien identifiziert wurden. So blieben bisherige Versuche, die beiden neben der phonologischen Bewusstheit für die mittelfristige Vorhersage von Schwierigkeiten beim schulischen Schriftspracherwerb relevanten Merkmale der phonologischen Informationsverarbeitung – die Benenngeschwindigkeit bzw. Schnelligkeit des Aktivierens von Wortbedeutungen aus dem Langzeitgedächtnis sowie die Effizienz des phonologischen Arbeitsgedächtnisses – zu trainieren, bisher weitgehend erfolglos (für die Benenngeschwindigkeit vgl. Kirby, Georgiou, Martinussen & Parrila, 2010, siehe aber Vander Stappen & Van Reybroeck, 2018; für die Effizienz des phonologischen Arbeitsgedächtnisses vgl. Sala & Gobet, 2017).

Der Erfolg der bisherigen Präventionspraxis im deutschen Sprachraum ist nicht zufriedenstellend. Zu viele Kinder entwickeln Phänomene einer Schriftspracherwerbsproblematik. Was also kann man unternehmen, wenn Kinder – sei es aufgrund fehlender oder unzureichender Präventionsmaßnahmen – im sprichwörtlichen Sinne „in den Brunnen fallen“ und im Laufe der Grundschulzeit besondere Lernschwierigkeiten beim Erwerb von Lesen und Rechtschreiben zeigen?

Der kommerzielle Fördermarkt für Kinder mit Schwierigkeiten beim Schriftspracherwerb ist allein in Deutschland riesig und daher unübersichtlich. Leider unterliegt er bislang keinerlei systematischer Qualitätskontrolle. „Das Angebot an Trainingsmaterialien und Therapien ist extrem vielschichtig und reicht von farbigen Folien zur Verbesserung der visuellen Verarbeitung bis zu Gameboy-ähnlichen Spielen, die betroffenen Kindern bei der akustischen oder visuellen Reizverarbeitung helfen sollen“ (Schneider, 2017, S. 184). Vielen dieser Angebote liegt die Grundidee zugrunde, dass Schwierigkeiten beim Schriftspracherwerb durch Defizite in basalen kognitiven Funktionen verursacht werden und dass durch die angebotenen Übungsverfahren diese kognitiven Funktionsdefizite beseitigt werden. Angenommen wird, dass durch kognitive Funktionstrainings die Probleme beim Erwerb von Lesen und Rechtschreiben überwunden werden können, weil die didaktischen Hilfestellungen in der Schule nicht mehr durch basale Funktionsdefizite ohne Förderwirkung bleiben. Aber ist diese Annahme berechtigt?

6.2 Wie gut helfen kognitive Funktionstrainings?

Antwortversuche auf diese Frage haben eine lange Tradition. Unter kognitiven Funktionstrainings versteht man Übungen zur Steigerung der Funktionstüchtigkeit basaler Mechanismen der Informationsverarbeitung, die im Zusammenhang mit dem Erfolg des Schriftspracherwerbs stehen. Typische hierbei adressierte kognitive Funktionen sind im Bereich von Wahrnehmung und Gedächtnis zu finden, insbesondere die damit verknüpften Mechanismen, die der Automatisierung verarbeiteter Informationen zugrunde liegen.

Ausgehend von der These, dass eine gut funktionierende visuelle Wahrnehmung entscheidend für den Erwerb schriftsprachlicher Fertigkeiten sei, stellte z. B. Marianne Frostig in den 1960er Jahren ein Trainingsprogramm aus vielfältigen Übungen zum Erkennen, Unterscheiden und Interpretieren von visuellen Reizen zusammen. Seit den 1980er Jahren besteht allerdings aufgrund hinreichender wissenschaftlicher Faktenlage kein Zweifel mehr daran, dass das Frostig-Training zwar möglicherweise zu einer Verbesserung der visuellen Wahrnehmung führt, nicht aber zum erhofften Abbau von Lern- und Leistungsproblemen in der Schriftsprache (Kavale, 1984).

Insgesamt wird mittlerweile in der einschlägigen Forschung die Gültigkeit der Annahme bezweifelt, dass man mit basalen kognitiven Funktionstrainings die Schriftspracherwerbsprobleme betroffener Kinder in den Griff bekommt. So hat Scheerer-Neumann (1979) bereits Ende der 1970er Jahre darauf hingewiesen, dass wirksame Verbesserungen nur durch Fördermaßnahmen erreicht werden, die schriftnah und symptomorientiert unmittelbar an den Prozessen des Lesens und Schreibens ansetzen. Diese Position ist seither durch empirische Evidenzen immer wieder bestätigt worden (z. B. Landerl, 2009; Mannhaupt, 1999). Der Kinder- und Jugendpsychiater Waldemar von Suchodoletz (2006) hat etwa 30 verschiedene Methoden zum Training basaler kognitiver Funktionen für Kinder mit Schwierigkeiten beim Schriftspracherwerb identifiziert. Dabei handelt es sich vor allem um Trainings basaler visueller oder akustischer Funktionen, aber auch um Trainings zur Händigkeit, zur Psychomotorik, zum beidäugigen Sehen sowie Programme mit Methoden der Kybernetik, des Neurofeedbacks und der neurolinguistischen Programmierung. Für keines dieser basalen Funktionstrainings (wie übrigens auch für sämtliche medikamentöse Ansätze) fand von Suchodoletz (2006) Evidenzen für bedeutsame Verbesserungen der Lese- und Rechtschreibleistungen der behandelten Kinder. Eine erste Metaanalyse von Ise, Engel und Schulte-Körne (2012) zur Wirksamkeit von Interventionsprogrammen zur Förderung von Kindern mit Schwierigkeiten beim Schriftspracherwerb im deutschen Sprachraum bestätigt diese Schlussfolgerung: Im Gegensatz zu schriftnahen symptomorientierten Förderprogrammen erwiesen sich kognitive Funktions- und Wahrnehmungstrainings als ineffektiv im Hinblick auf die schriftsprachlichen Leistungen der behandelten Kinder.

Jüngste Versuche, die charakteristischen Arbeitsgedächtnisfunktionen von Kindern mit schwachen schriftsprachlichen Leistungen durch intensives Training zu verbessern und damit auch deren Fertigkeitserwerb zu optimieren, sind ebenfalls weitgehend fehlgeschlagen (Maehler, Joerns & Schuchardt, 2019). Wirksam scheinen ausschließlich Ansätze zu sein, die unmittelbar auf die Fertigkeiten und Prozesse ausgerichtet sind, die für das Lesen oder Rechtschreiben erforderlich sind.

Die Idee, durch intensive Trainings basaler auditiver und/oder visueller Informationsverarbeitungsprozesse die besonderen Schwierigkeiten beim Erwerb von Lesen und Rechtschreiben bei Kindern mit Schwierigkeiten beim Schriftspracherwerb in den Griff zu bekommen, ist ungeachtet dessen immer noch weit verbreitet. Steinbrink und Lachmann (2014, S. 171f) haben das am Beispiel der kommerziell vertriebenen Trainingsprogramme FonoTrain, FixTrain, Brain-Boy und AUDILEX erläutert und aufgezeigt, dass diese Programme zwar spezifische Verbesserungen von trainierten Informationsverarbeitungsprozessen bewirken können, jedoch nicht zu nachweisbaren nachhaltigen schriftsprachlichen Leistungsverbesserungen führen.

Wir betonen diesen Sachverhalt hier so nachdrücklich, weil offensichtlich immer noch (und immer wieder) auf dem kommerziellen Fördermarkt Verfahren angeboten werden, die in die Kategorie basaler kognitiver Funktionstrainings gehören. Diese verführen betroffene Eltern und mitunter auch Lehrkräfte (mit dem möglicherweise sogar zutreffenden Argument, dass man bei der Entwicklung und Erprobung dieser Programme eine hohe Zufriedenheit bei betroffenen Kindern und ihren Eltern erlebt habe) dazu, diese Verfahren zu erwerben und einzusetzen. Solche Zufriedenheitsbekundungen sind jedoch nicht zu verwechseln mit den Evidenzen sorgfältig kontrollierter Evaluationsstudien. Von der Nutzung solcher nicht evidenzbasierten Programme können wir nur abraten, zumal die Befunde eines aktuellen Systematic Review aus der Cochrane-Datenbank (McArthur et al., 2018) wie auch die verfügbaren Studien im deutschsprachigen Raum (Galuschka, Görgen, Kalmar, Haberstroh, Schmalz & Schulte-Körne, 2020; Galuschka, Ise, Krick & Schulte-Körne, 2014) belegen, dass die wirksamsten Ansätze zur Förderung bei Schwierigkeiten beim Schriftspracherwerb direkt an den Lese- und Rechtschreibprozessen ansetzen.

6.3 Lesetrainings

Schriftsprachschwierigkeiten machen sich bei Grundschulkindern in der Regel früh beim Einstieg ins Lesen bemerkbar. Je früher man damit beginnt, die dabei beobachtbaren Rückstände aufzuarbeiten, desto höher ist die Wahrscheinlichkeit, dass das betroffene Kind keine persistierenden Schwierigkeiten beim Schriftspracherwerb ausbildet. Die durchaus produktive Strategie von Grundschulehrkräften, eine frühe Leseförderung durch gezielte Anregungen zum Lesen und durch das Angebot freier Lesezeiten zu erreichen, haben sich bei durchschnittlich und überdurchschnittlich gut lesenden Kindern durchaus bewährt, nicht aber bei leseschwachen Kindern (vgl. Landerl, 2009).

International haben sich sogenannte *Phonics*-Trainings für Kinder mit besonderen Lesesschwierigkeiten als am wirksamsten erwiesen (McArthur et al., 2018). Der Ansatz dieser Trainings ist die systematische Förderung der Phonem-Graphem- und der Graphem-Phonem-Korrespondenz sowie der Wortteilanalyse und -synthese. Durch Übungen von Phonem-Graphem-Zuordnungen und Aufgaben zum Zergliedern geschriebener Wörter in ihre Phoneme und zum Zusammenziehen einzelner Phoneme zu Wörtern soll eine entscheidende Grundkompetenz des Lesens und Schreibens aufgebaut werden, die die automatische Worterkennung beim Lesen und das orthographische Schreiben unterstützt. Hintikka, Landerl, Aro und Lyytinen (2008) haben gezeigt, dass auch Übungen mit Wortteilen hilfreich sind, bei denen sehr häufige Buchstabengruppen der jeweiligen Schriftsprache verwendet werden, weil dies das Abspeichern von Wortteilen fördert. Abgespeicherte Wortteile erleichtern beim Lesen die Worterkennung und beim Schreiben die Produktion der korrekten Graphemfolge.

Galuschka und Schulte-Körne (2015) identifizierten bei einer Durchsicht deutschsprachiger Förderprogramme für Grundschulkinder mit *Lesestörungen* auch Programme, die schwerpunktmäßig Übungseinheiten enthalten, die sich in der Metanalyse von Galuschka et al. (2014) als wirksam erwiesen haben. Zu diesen gehören etwa die Programme „Flüssig lesen lernen" (Tacke, 2012), der „Kieler Leseaufbau" (Dummer-Smoch & Hackethal, 2011) und die „Lautgetreue Lese-Rechtschreibförderung" (Reuter-Liehr, 2020).

Fokus 6.2: Flüssig lesen lernen

Das Trainingsprogramm *Flüssig lesen lernen* basiert auf der Annahme, dass Leseerwerbsprobleme auf der Wortebene beginnen. Daher wird das Ziel verfolgt, den Kindern zur Verinnerlichung von Elementen und Strukturen von Wörtern zu verhelfen. Ein erster Schwerpunkt sind daher Übungen zur Gliederung von Wörtern in Einheiten, die größer sind als einzelne Buchstaben. So werden etwa mehrsilbige Wörter mit einer deutlichen Pause an der Silbengrenze gelesen (Segmentierung von Wörtern). In weiteren Übungen werden Konsonantenverbindungen am Silbenanfang und Silbenende bewusst gemacht (Gliederung von Konsonantenverbindungen). Und schließlich gibt es auch Übungen zum Lesen zusammenhängender Sätze, bei denen Lesehilfen durch optische Markierungen von Wortstrukturen gegeben werden (Erkennen von Wortstrukturen).

Der Autor (Tacke, 2012) hat das Programm in den letzten zwei Jahrzehnten immer wieder bearbeitet. Es liegen dazu mittlerweile Versionen für die Klassenstufen 1 und 2, 2 und 3 sowie 3 und 4 vor. Die Version für die Klassenstufen 1 und 2 kann ab

Mitte des ersten Schuljahres für das Üben zuhause oder im Unterricht eingesetzt werden. Die Übungen reichen von basalen Prozessen (phonologische Bewusstheit, Buchstabe-Laut-Zuordnung, Zusammenschleifen von Buchstaben) über Übungen zum Erkennen von Wortstrukturen wie der Segmentierung von Wörtern in Silben bis hin zu Übungen zur Forcierung der Lesegeschwindigkeit.

Eine frühere Programmversion wurde im ersten Halbjahr von Klasse 2 mit Kindern mit Schwierigkeiten beim Schriftspracherwerb evaluiert (Tacke, 2005). Die 29 Kinder der Interventionsgruppe erhielten über das Schulhalbjahr hinweg täglich 20 Minuten Einzelförderung mit dem Programm. Außerdem gab es eine nicht zusätzlich geförderte Kontrollgruppe lese-rechtschreibschwacher Zweitklässlerinnen und Zweitklässler. Die Interventionsgruppe zeigte günstigere Leistungsentwicklungen im Lesen und im Rechtschreiben, wobei die Effekte besonders groß für die Kinder ausfielen, die während der täglichen Übungszeiten ein hohes Lesepensum erzielten.

Gängige Stufenmodelle des Schriftspracherwerbs im Kindesalter gehen davon aus, dass die ersten Lesebemühungen zu Schulbeginn lautorientiert erfolgen, indem die Kinder die Buchstabenfolgen eines Wortes in Lautfolgen übersetzen. Man spricht in diesem Zusammenhang auch von der *alphabetischen* Strategie, die die meisten Kinder bis Ende des ersten Schuljahres beherrschen (vgl. Scheerer-Neumann, 2015; Schneider, 2017). Wird die alphabetische Strategie beherrscht, beginnen die Kinder damit, auch zunehmend die orthographische Struktur von Wörtern zu nutzen (*orthographische* Strategie) und größere Einheiten wie Silben und typische Wortendungen ohne vorheriges Lautieren zu erkennen. Die Segmentierung von Wörtern in Silben oder Morpheme gilt als eine Voraussetzung für die Beherrschung der alphabetischen Strategie und den Erwerb der orthographischen Strategie des Lesens. So ist es wenig verwunderlich, dass nicht nur das „Flüssig lesen lernen" gezielte Übungen zur Durchgliederung von Wörtern enthält, sondern auch viele weitere Förderprogramme derartige Übungen enthalten, wie z. B. das betonte silbenweise Sprechen, das Silbenklatschen, oder auch grobmotorische silbenbeschreibende Bewegungen.

Fokus 6.3: Lesen mit Willy Wortbär

Das von Müller, Richter und Otterbein-Gutsche (2020) vorgelegte Trainingsprogramm *Lesen mit Willy Wortbär* hat sich als wirksam für schwach lesende Kinder ab Beginn der zweiten Klassenstufe erwiesen. Dies gilt insbesondere dann, wenn ihre Leseprobleme auf der Wortebene liegen, was man daran erkennen kann, dass ihr Lesefluss stockend ist und Wörter oft nur Buchstabe für Buchstabe erlesen werden. Das Training zielt auf eine Verbesserung des Erkennens von Wörtern, indem Wörter in Silben gegliedert und wiederholt gelesen werden.

Das Training ist für die Arbeit in Kleingruppen (4 bis 6 Kinder) ausgelegt, aber auch für die Einzelförderung geeignet. Das Programm ist für 24 Übungseinheiten zu je 45

Minuten konzipiert. In den ersten 15 Trainingseinheiten geht es um die Graphem-Phonem-Zuordnung und die Phonemwahrnehmung im Kontext der Silbe. In den restlichen 9 Übungseinheiten wird das schnelle Erkennen von Silben und Wörtern trainiert. Zentrale Methoden sind das Markieren des Silbenkerns, das Eintragen von Silbenbögen und das Silbenschwingen. Alle Übungseinheiten enthalten Übungsmaterialien für die Einzelarbeit sowie für Partner- oder Gruppenarbeit. Dem Material für die Kinder der zweiten Klassenstufe liegt der Grundwortschatz von Sechs- bis Achtjährigen zugrunde; den für dritte und vierte Klasse empfohlenen Materialien der für Neun- bis Zwölfjährige.

Fokus 6.4: Potsdamer Lesetraining „PotsBlitz"

Auch das Potsdamer Lesetraining *PotsBiltz* (Ritter & Scheerer-Neumann, 2009) basiert auf einem expliziten Training der Silbengliederung. Insgesamt umfasst es 18 Trainingssitzungen von jeweils 45 Minuten Dauer. In der ersten Phase des Trainings werden Übungen der mündlichen Silbengliederung, des Schreibens von Silbenbögen sowie der Unterscheidung von Vokalen und Konsonanten angeleitet. Danach müssen die teilnehmenden Kinder die Vokale eines Wortes herausfinden, sie markieren und anschließend die Wörter in Silben zerlegen. Dabei soll ein Verständnis geweckt werden, dass die Gruppierung von Konsonanten um die Silbenkerne meist so erfolgt, dass die der ersten Silbe nachfolgenden Silben mit einem Konsonanten beginnen (z. B. Eis-die-le).

Zusätzlich zu diesem Training der Silbengliederung wird die Morphemsegmentierung thematisiert. Um Wörter in Morpheme zu zerlegen, werden beispielsweise zusammengesetzte Wörter verwendet, deren Bestandteile selbst wiederum einzelne sinnvolle Wörter darstellen (z. B. Nacht-Tisch-Lampe).

Schließlich enthält das Förderprogramm auch ein computerbasiertes Blitzwörtertraining, bei dem Textabschnitte unter Zeitdruck so oft gelesen werden, bis ein festgelegtes Kriterium für die Lesegeschwindigkeit erreicht wird. Scheerer-Neumann (2015) empfiehlt, das Programm wegen seines analytischen Zugangs zur Silbengliederung erst ab dem 3. Schuljahr einzusetzen.

Da leseschwache Kinder spätestens ab Mitte der Grundschulzeit vor allem durch insgesamt sehr langsames Lesen auffallen, sind viele der erfolgreichen Lesetrainings auf die Förderung der Leseflüssigkeit ausgerichtet. Solche Trainingsansätze zielen darauf ab, dass die betroffenen Kinder gezielt zum lauten Lesen animiert werden, was im deutschen Sprachraum schon bei Kindern der zweiten Klassenstufe wirksam umgesetzt werden konnte (Klicpera et al., 2005).

Fokus 6.5: Lautlese-Tandems

Zu den bekanntesten Programmen zur Förderung der Leseflüssigkeit im deutschen Sprachraum gehören die Lautlese-Tandems (Rosebrock, Nix, Rieckmann & Gold, 2021). Das Programm bedient sich eines Sport-Szenarios, indem Tandems von zwei Kindern gebildet werden, von denen das eine die Trainer-Rolle, das andere die Sportlerrolle einnimmt. In „Trainingseinheiten" von 15 bis 20 Minuten liest das (leseförderbedürftige) Sportler-Kind Texte laut vor. Lesefehler kann das betreffende Kind selbst korrigieren. Tut es das nicht, korrigiert das Trainer-Kind und beide lesen den entsprechenden Satz noch einmal gemeinsam. Während einer Trainingseinheit wird ein Text auf diese Art und Weise mehrfach gelesen mit dem Ziel, dies immer flüssiger zu bewältigen.

Auch wenn die Leseflüssigkeit ab Mitte der Grundschulzeit ein sehr einfacher, guter und robuster Indikator für besondere Leseschwierigkeiten ist, gibt es auch betroffene Kinder, bei denen die Probleme eher im Bereich des Textverstehens liegen. Insbesondere ab Ende der vierten Klassenstufe kamen daher ab den 1980er-Jahren Trainings zur Förderung des Leseverständnisses für leistungsschwache Schülerinnen und Schüler in den USA (Palincsar & Brown, 1984; Paris & Jacobs, 1984) und in Deutschland (Hasselhorn & Körkel, 1983) erfolgreich zum Einsatz. Diese Trainings greifen auf Erkenntnisse zur Entwicklung metakognitiver Strategien zurück und bedienten sich der Förder-Techniken des reziproken Lehrens und Lernens, bei denen die Lehrkraft mit den zu Fördernden in Dialogform Textinhalte erschließt und dabei als Modell für Schülerinnen und Schüler fungiert, wie mit Hilfe von Strategien Textverständnis hergestellt werden kann.

Fokus 6.6: Textdetektive

Aufbauend auf den Textverständnis-Trainings der 1980er Jahre haben Gold, Mokhlesgerami, Rühl, Schreblowski & Souvignier (2004) das Trainingsprogramm *Textdetektive* für die Leseförderung in der Schule entwickelt, für das auch ein Lehrkräftehandbuch mit ausgearbeiteten Stundenentwürfen mit Textmaterialien, Übungen und Anleitungen für den Einsatz mit leseschwachen Schülerinnen und Schülern vorliegt (Rühl & Souvignier, 2006). Das Programm sieht vor, dass sieben verschiedene Textverarbeitungsstrategien eingeübt werden (kognitive Strategien: Unterstreichen wichtiger Textstellen, Zusammenfassen von Textpassagen, Generieren von Vorstellungsbildern zum Text, Beachten von Überschriften; metakognitive Strategien: Überwachung und Überprüfung des eigenen Verstehens, Generieren von Fragen zum Text).

Ergänzend kommt das von Schreblowski und Hasselhorn (2001) entwickelte Konzept zur Förderung der Lesemotivation zum Einsatz. Dabei wird das den Kindern vertraute Ringwurfspiel gespielt, bei dem kleine Plastikringe über die Stäbe eines

Zielkreuzes mit unterschiedlichen Punktzahlen zu werfen sind. Die Kinder werden aufgefordert, sich Ziele zu setzen und über ihre jeweilige Zielerreichung nachzudenken. Durch die Art der Rückmeldung an die Kinder wird bei ihnen eine erfolgszuversichtliche Leistungseinstellung aufgebaut, also die Überzeugung, dass Lernerfolg von der eigenen Anstrengung abhängig ist.

Zur Auffrischung der strategischen Textverarbeitungskompetenzen enthält das Programm einen Wiederholungsbaustein, dessen Umsetzung einige Monate nach Abschluss des Programms vorgesehen ist.

Fokus 6.7: LekoLemo-Training

Ebenfalls für die Nutzung in der Sekundarstufe I (Jahrgangsstufen 6 bis 8) zur Verbesserung des Leseverstehens haben Streblow, Holodynski und Schiefele (2007) das Trainingsprogramm *LekoLemo* entwickelt. Es enthält die drei Bausteine (1) Strategietraining, (2) Übungen zum Textverstehen und (3) Lesemotivation. Der erste Baustein fokussiert die Vermittlung von vier Strategien (Aktivieren des Vorwissens, Wichtiges unterstreichen, Umgang mit Textschwierigkeiten, Wichtiges zusammenfassen). Die Übungen zum Textverstehen beziehen sich auf die Informationsermittlung, die textbezogene Interpretation sowie das Reflektieren und Bewerten von Textinhalten. Der Motivationsbaustein enthält ein Bündel von motivationspsychologisch fundierten Maßnahmen (z. B. Selbstbestimmung bei der Auswahl von Texten, Erleben von Kompetenz durch Einbringen eigener thematischer Expertise in Kleingruppen).

Grundlage des Förderprogramms ist ein Lesefahrplan, anhand dessen die Schülerinnen und Schüler Sachtexte in kooperativen Lernformen erarbeiten. Eine Umsetzung des Trainings im Unterricht über einen Zeitraum von acht Wochen hat nachweislich zur Verbesserung der Lesekompetenzen der Teilnehmenden geführt, die auch zwei Monate später noch nachweisbar war (Streblow, Schiefele & Riedel, 2012).

6.4 Rechtschreibtrainings

Aber sind die Fördermaßnahmen, die bei besonderen Leseproblemen wirksam sind, auch geeignet, Rechtschreibschwierigkeiten in den Griff zu bekommen? Auf den ersten Blick scheint das möglich, zumal die frühen schriftsprachlichen Vorläufer der Lese- und Rechtschreibfertigkeiten eine große Überlappung aufweisen. Allerdings gibt es auch Unterschiede zwischen den Prozessen beim Lesen und Rechtschreiben. Beim Lesen geht es um das schnelle Erkennen von geschriebenen Wörtern. Dafür reichen auch vage bzw. unvollständige orthographische Repräsentationen. Das ist beim Rechtschreiben anders. Hier werden detaillierte Informationen über alle Buchstaben innerhalb eines Wortes benötigt, also vollständige orthographische Repräsentationen von hoher Qualität. Dieser Unterschied mag auch einer der Gründe sein, warum Störungen des Lesens und des Rechtschreibens nicht nur gemeinsam, sondern auch isoliert auftreten (vgl. Kapitel 2.5).

Die bereits oben in Abschnitt 6.3 erwähnte Phase der orthographischen Strategienutzung, in der sich Kinder im Regelfall ab Ende der ersten Klassenstufe befinden, ist nur erfolgreich zu durchlaufen, wenn die orthographischen Regeln der Schriftsprache hinreichend beherrscht werden. Entsprechend sind die meisten evidenzbasierten Trainingsansätze, die auf die nachhaltige Verbesserung der Rechtschreibung abzielen, sogenannte Regeltrainings. Prototypisch ist im deutschen Sprachraum das Marburger Rechtschreibtraining (siehe Fokus-Kasten 6.8).

Fokus 6.8: Marburger Rechtschreibtraining (MRT)

Das Programm von Schulte-Körne und Mathwig (2009) besteht aus 12 aufeinander aufbauenden Einheiten mit jeweils einem Anleitungs-, einem Lern- und einem Übungsbereich. Der Fokus liegt auf Rechtschreibregeln, wobei auch phonologisches Basiswissen und Morphemwissen vermittelt wird und Wortsegmentierung und Lösungsstrategien geübt werden. Zur Vermittlung der Rechtschreibregeln werden graphisch umgesetzte Algorithmen benutzt, bei denen ausgehend von einer Problemstellung über einen Entscheidungsbaum mit Ja/Nein-Optionen die Kinder angeleitet werden, selbstständig zur richtigen Verschriftlichung eines Wortes zu gelangen.

Die Umsetzung des Programms erfolgt über Wiederholungsübungen und Lernkontrollen unter Nutzung von Techniken der Selbstinstruktion und der Verstärkung. Die Autoren heben hervor, dass nicht nur pädagogische Fachkräfte, sondern auch Eltern das Programm mit betroffenen Kindern umsetzen können. Da die Phonem-Graphem-Korrespondenz nicht explizit geübt wird, sollte mit dem Einsatz des Programms nicht vor Beginn von Klassenstufe 2 begonnen werden.

Fokus 6.9: Würzburger orthographisches Training (WorT)

Auch das *Würzburger orthographische Training* (Berger, Küspert, Lenhard, Marx, Schneider & Weber, 2009) leitet seine Inhalte aus den beschriebenen Phasenvorstellungen des Schriftspracherwerbs mit der Aufeinanderfolge von alphabetischer und orthographischer Phase ab. Im Unterschied zum MRT ist es nicht für die Individual- oder Kleingruppenförderung konzipiert, sondern für den Einsatz im Unterricht.

In den ab Ende von Klasse 1 einsetzbaren ersten sechs Modulen wird das lautgetreue Verschriften thematisiert. Inhaltlich geht es dabei um Phonem-Graphem-Korrespondenzen, Silbengliederung, Diskriminierung schwer unterscheidbarer Laute und Lautverbindungen, Wortendungen der erweiterten Lauttreue (-el, -en, -er), komplexe Konsonantenverbindungen und -häufungen sowie die sog. 100-Prozent-Regeln (Sp/sp, St/st, Qu/qu).

Weitere sieben Module sind ab Anfang Klasse 2 bis Klasse 4 einsetzbar. Sie thematisieren Rechtschreibregeln: auditive Differenzierung von Vokallängen, Dopplung/Schärfung, Groß- und Kleinschreibung, Morphemtraining, das lange „i", Ableitungsregeln und -strategien sowie den Aufbau eines Sichtwortschatzes.

Aber nicht alle erfolgreichen Rechtschreibtrainings fokussieren die Vermittlung orthographischer Regeln. Gerade in der Deutschdidaktik wurde immer wieder nach Möglichkeiten gesucht, das *morphemische Prinzip* (Scheerer-Neumann, 2016, Kap. 5.2) in der deutschen Schriftsprache in Förderansätzen zu nutzen. In der Linguistik werden Morpheme als die kleinsten bedeutungstragenden Einheiten der Sprache definiert, wobei sich Bedeutung sowohl auf die lexikalische als auch die grammatische Ebene beziehen kann. Die deutsche Orthographie schreibt nun die Gleichschreibung gleicher Morpheme vor (Morphemkonstanz), selbst dann, wenn sie etwas unterschiedlich ausgesprochen werden (z. B. Wald und Wälder, auch wenn in der Singularform eine Auslautverhärtung gesprochen wird). Das von Walter (2006) entwickelte morphemorientierte Rechtschreibtraining (REMO-2) sowie das morphemunterstützte Grundwortschatz-Segmentierungstraining (MORPHEUS) von Kargl und Purgstaller (2010) sind Beispiele für empirisch in ihrer Wirksamkeit abgesicherte Rechtschreibtrainings, in denen die Morphemkonstanz thematisiert wird.

Fokus 6.10: Morphemorientiertes Rechtschreibtraining (REMO-2)

Bei diesem Förderprogramm sollen rechtschreibschwache Kinder unter Nutzung einer multimedialen Computersoftware einzelne Morpheme als Bausteine von Wörtern erkennen lernen. Über Analogiebildung werden Verallgemeinerungen angestoßen, die ihnen helfen zu verstehen, dass diese Bausteine im Kontext sehr unterschiedlicher Wörter vorkommen können. Unterschieden wird bei den Übungen zwischen den für den Sinn von Wörtern entscheidenden Hauptmorphemen und funktionalen Anfangs- und Endmorphemen.

Das Programm umfasst wenigstens 15 Sitzungen über einen Zeitraum von 8 Wochen und hat sich für den Kleingruppeneinsatz in der dritten Klasse empirisch bewährt (Walter, Schliebe & Barzen, 2007).

Fokus 6.11: Morphemunterstütztes Grundwortschatz-Segmentierungstraining (MORPHEUS)

Für den Einsatz in der 4. bis 8. Klassenstufe geeignet ist das ebenfalls morphemunterstützte Grundwortschatz-Segmentierungstraining *MORPHEUS* von Kargl und Purgstaller (2010). Auch hier liegt der Fokus auf der Vermittlung des morphematischen Prinzips, dem zufolge im Deutschen die Wortstämme immer gleich geschrieben werden. Eine Reihe wichtiger orthographischer Regeln wird zusätzlich behandelt. Außerdem wird computerunterstützt in 15 Übungsformen die Automatisierung der Wortschreibung angestrebt.

Ähnlich wie bei der Förderung von Lesefertigkeiten kommt eine aktuelle Metaanalyse zu dem Schluss, dass sich auch hinsichtlich der Verbesserung von Rechtschreibleistungen jene Ansätze als wenig wirksam erweisen, die auf einem Training allgemeiner kognitiver Prozesse wie etwa Memorierstrategien basieren (Galuschka, Görgen, Kalmar, Haberstroh, Schmalz & Schulte-Körne, 2020). Mittlere bis große Effekte fanden sich erneut bei *Phonics*-Trainings sowie bei systematischen Trainings von orthographischen Inhalten und Regeln und von morphologischem Wissen.

6.5 Kombinierte Lese-Rechtschreibförderung

Oftmals sind von den Schwierigkeiten beim Schriftspracherwerb Lesen *und* Rechtschreiben betroffen. In der in Kapitel 2.5 ausführlich referierten Prävalenzstudie von Fischbach et al. (2013) haben Mitte der Grundschuljahre etwa 45 % der unter besonderen Leseschwierigkeiten leidenden Kinder auch erhebliche Leistungsschwierigkeiten beim Rechtschreiben. Schaut man auf die Kinder, die unter Rechtschreibschwierigkeiten leiden, so zeigt sich, dass 34 % von ihnen auch massive Leseerwerbsschwierigkeiten aufweisen. Daher verwundert es nicht, dass lange Zeit Trainingsprogramme entwickelt wurden, mit deren Hilfe Erwerbsschwierigkeiten beim Lesen *und* bei der Rechtschreibung angegangen werden sollten. Zu den bis heute aus dieser Tradition noch verbreiteten Förderansätzen gehört der seit Mitte der 1980er Jahre verfügbare „Kieler Leseaufbau", der für den Einsatz in den beiden ersten Schuljahren konzipiert wurde. Schon 1987 erfolgte dann die Erstveröffentlichung des „Kieler Rechtschreibaufbaus", der an den „Kieler Leseaufbau" anschließt.

Fokus 6.12: Kieler Leseaufbau und Kieler Rechtschreibaufbau

Der Kieler Leseaufbau von Dummer-Smoch und Hackethal (2011) basiert auf der Annahme, dass das silbenbasierte lautierende Erlesen die Basis des Lesenlernens ist. Entsprechend steht die Förderung des alphabetischen Lesens im Zentrum. In 14 Stufen mit zunehmendem Schwierigkeitsgrad werden Buchstabe-Laut-Verbindungen eingeführt. Das zu lesende Wortmaterial enthält zunächst nur dehnbare Konsonanten. Erst ab Stufe 5 kommen auch nicht-dehnbare Konsonanten hinzu, bis schließlich ab Stufe 11 Konsonantenverbindungen eingeführt werden. Analog dazu werden auf den beiden ersten Stufen ausschließlich lange Vokale verwendet, bevor das kurze /e/ in Wortendungen zum Einsatz kommt. Erst ab Stufe 12 werden dann auch kurze Vokale berücksichtigt.

Zentraler Bestandteil des Förderansatzes ist die Verwendung von begleitenden Handzeichen, die beim silbenweisen Sprechen der Lautbestandteile von Wörtern Laut für Laut symbolisieren – sog. Lautgebärden. Sie dienen dem Zweck, beim Lesen die vollständige Erfassung der in den Silben eines Wortes enthaltenen Laute, das Bewusstmachen der Reihenfolge der Konsonanten bei Konsonantenverbindungen und die Unterscheidung klangähnlicher Laute zu unterstützen.

Im Kieler Leseaufbau werden fünf Lesestrategien vermittelt: das Lautieren, das Verschleifen zweier Laute zur Silbe, das Silbenschwingen und Dehnsprechen beim Schreiben, die nachträgliche Selbstkontrolle mit Lautgebärden und schließlich die Unterscheidung von ähnlich klingenden Vokalen und Konsonanten.

Im Kieler Rechtschreibaufbau wird dann zunächst das alphabetische Schreiben gefestigt, dann allerdings das orthographische Schreiben geübt. Die Übungen erfolgen auf der Basis von über 3.000 Wörtern, die nach Schwierigkeit und Art der typischen Rechtschreibprobleme sortiert sind. Die verschiedenen Schreibübungen reichen bis zum Trainieren von Merkwörtern, deren Schreibung sich nicht aus den orthographischen Regeln mehr ableiten lassen und daher einfach gelernt werden müssen.

Ebenfalls 1987 begann Reuther-Liehr mit der Entwicklung eines Förderansatzes zur lautgetreuen Lese-Rechtschreibförderung (Reuther-Liehr, 1992), der seither immer weiter ausgebaut wurde und mittlerweile in der individuellen Lerntherapie verbreitet ist.

Fokus 6.13: Lautgetreue Lese-Rechtschreibförderung

Der symptomspezifische Ansatz der funktionellen Übungsbehandlung nach Reuter-Liehr (2020) wird üblicherweise in Einzelsitzungen über 80 bis 120 Therapiestunden durch dafür eigens qualifizierte Fachkräfte durchgeführt. Das Training umfasst vier Grundbausteine und unterliegt keiner Altersbeschränkung, da es in Abhängigkeit vom individuellen Leistungsstand schrittweise durch die Stufen des Schriftspracherwerbs führt. Das übergeordnete Ziel liegt in der Befähigung zum gezielten und selbstständigen Einsatz hilfreicher Lese- und Rechtschreibstrategien.

Die *zweckbezogene Sprachsystematik* beschreibt den entwicklungsbezogenen Trainingsverlauf von der phonemischen bis zur orthographisch-morphemischen Strategie. Die Kinder erlernen hierbei Regeln der deutschen Orthographie, inklusive deren Geläufigkeit, damit diese zunehmend in den Schriftaufbau integriert werden können. Werden diese Regeln sicher beherrscht, werden Speicherwörter eingeführt, die von den deutschen Orthographieregeln abweichen und daher auswendig gelernt werden müssen.

Das eingesetzte Wortmaterial ist *lautanalytisch ausgewählt* und entspricht somit jederzeit dem aktuellen Lernstand des Kindes, sodass nur solche Wörter geschrieben werden, deren Regelmäßigkeit bereits erlernt worden ist.

Genutzt werden *sensomotorisch orientierte und sprachstrukturierende Methoden*. Hierzu zählen v.a. in frühen Phonemstufen die Lautgebärden (Differenzierung ähnlich klingender Laute beim Lesen und Schreiben) sowie das rhythmische Syllabieren, bei dem Silben mit Seitwärtsbewegungen und gleichzeitigem Mitsprechen geschwungen werden (Wahrnehmung der Silbe als sprachliche Einheit und Übertragung auf Schriftsprache mithilfe von Silbenbögen). Um die Motivation beim Strategieaufbau zu fördern und Erfolge für die Kinder sichtbar machen zu können, kommt es zum Einsatz *verhaltenstherapeutischer Verstärkertechniken*.

In jüngerer Zeit wurde mehr und mehr das Potenzial digitaler Möglichkeiten zur Gestaltung von motivierend animierten und adaptiv an die individuell erreichten Teilkompetenzen angepassten Übungsreihen erkannt und für entsprechende Programme genutzt. Ein gutes Beispiel ist das App-basierte Förderprodukt der Meister Cody GmbH, das unter engmaschiger wissenschaftlicher Begleitung entstand.

Fokus 6.14: Meister Cody – Namagi

Meister Cody – Namagi ist eine App-basierte Förderlösung für Grundschulkinder mit Schwierigkeiten beim Erwerb von Lesen und Schreiben. Die App kann sowohl im Klassenverband auf Schulgeräten als auch zuhause in Einzelsitzungen eingesetzt werden. Sie enthält die vier verschiedenen Module zu den Bereichen (1) Lautwahrnehmung (phonologische Fertigkeiten), (2) Graphem-Phonem und Phonem-Graphem Korrespondenz, (3) Lesefertigkeiten (Lesegeschwindigkeit und -genauigkeit) und (4) Rechtschreiben. Die dazu realisierten 35 Aufgaben (Stand Juni 2023) wurden in enger wissenschaftlicher Begleitung von Gerd Schulte-Körne und Kristina Moll (z.B. Görgen, Huemer, Schulte-Körne & Moll, 2020) evidenzbasiert entwickelt.

Anfänglich wird das grundlegende Prinzip von Silben und Lauten dadurch vermittelt, dass dem Kind ein Wort vorgelesen und bildlich dargestellt wird, und es entscheiden muss, ob sich ein bestimmter Laut am Anfang oder am Ende dieses Wortes befindet. Im weiteren Verlauf lernt das Kind u.a., lange und kurze Vokale zu unterscheiden, Buchstaben in Wörtern zu identifizieren, Lücken in Wörtern zu schließen und vieles mehr.

Das Programm verfolgt den Fortschritt des Kindes und passt den Schwierigkeitsgrad der Förderung kontinuierlich adaptiv an, sodass sich weder eine Über- noch eine Unterforderung einstellt. Eltern oder Lehrkräfte haben außerdem die Möglichkeit auszuwählen, ob der Fokus der Förderung auf dem Bereich Lesen oder Rechtschreiben liegen oder ob ein kombinierter Förderansatz verfolgt werden soll.

Meister Cody – Namagi ist in Trainingstage aufgeteilt, von denen jeder Tag drei Aufgabentypen enthält. Ein Trainingstag sollte ca. 20 Minuten dauern. Die Aufgaben werden jeden Tag zur Steigerung der Motivation von spannenden Abenteuergeschichten eingerahmt. Im Anschluss an jede abgeschlossene Übung werden sowohl Eltern als auch Lehrkräfte über den Lernfortschritt informiert. Somit wird zu jeder Zeit ein transparenter Förderverlauf sichergestellt.

Meister Cody – Namagi nutzt alle aktuellen Möglichkeiten einer audiovisuellen Vermittlung. Es bedient sich der technischen Möglichkeiten mobiler Endgeräte wie Tablets oder Smartphones, um Lerninhalte in einer für Grundschulkinder ansprechenden und nicht überfordernden Art und Weise zu vermitteln. Zusätzlich ergänzen Papier-Bleistift-Aufgaben die computerisierte Förderung. Inhalte werden hierdurch mit handschriftlichen Aufgaben wiederholt und erneut geübt.

6.6 Wie finde ich geeignete Fördermöglichkeiten im Individualfall?

Bei aller Unabwendbarkeit der genetisch-biologischen Risiken für das Entstehen besonderer Schwierigkeiten beim Schriftspracherwerb im Individualfall: Unvermeidbar sind sie für viele Kinder keineswegs! Bei gegebener genetisch-biologischer Risikolage lassen sie sich allerdings nur durch erhebliche Anstrengungen vermeiden, die um so erfolgversprechender sind, je früher sie einsetzen. Wenn es gelänge, im Bildungssystem eine kumulative Sequenz von auf diagnostischen Informationen basierender indizierter Prävention und individueller Fördermaßnahmen zu etablieren, ließen sich die Fallzahlen betroffener Kinder erheblich senken. Diese Sequenz müsste allerdings bereits in den vorschulischen Bildungsinstitutionen ansetzen, daher sprechen wir vom Bildungssystem und nicht vom Schulsystem.

Eine tragfähige Strategie zur Vermeidung von persistierenden Schwierigkeiten des Schriftspracherwerbs sollte mit einer Entwicklungsstandsdiagnostik etwa 18 Monate vor der gesetzlichen Einschulung von Kindern beginnen. Hierbei gilt es festzustellen, ob in dem Bereich der schriftsprachlichen Vorläuferkompetenzen Entwicklungsauffälligkeiten bestehen. Ist dies der Fall, dann sollte die Zeit im letzten Jahr vor der Einschulung bereits genutzt werden, um die oben beschriebenen wirksamen Präventionsmaßnahmen regelmäßig und hinreichend lange als kompensatorische Förderung in möglichst kleinen Gruppen umzusetzen.

Der aktuelle Forschungsstand zur Wirksamkeit von Fördermaßnahmen erlaubt eine Orientierung an weiteren Interventionsstufen bei besonderen Schwierigkeiten im Erwerb der Schriftsprache, wobei man im Einzelfall immer gut beraten ist, eine diagnosebasierte Überprüfung vorzunehmen, um zu wissen, ob die realisierten Fördermaßnahmen wirklich die erhofften Wirkungen beim geförderten Kind nach sich ziehen.

In den ersten beiden Grundschuljahren bieten sich *Phonics*-Trainings mit Übungen zur Phonemwahrnehmung, zum Zergliedern geschriebener Wörter oder von Wortteilen in ihre Phoneme und zum Zusammenziehen einzelner Phoneme zu Wörtern an. Ein wirksamkeitsbelegtes Beispiel solcher Trainings ist etwa das computerbasierte *Lautarium* von Klatte, Steinbrink, Bergström und Lachmann (2016). Haben betroffene Kinder trotz intensiver *Phonics*-Trainings nach wie vor massive Schriftsprachprobleme, bieten sich in der zweiten Hälfte der Grundschuljahre für viele betroffene Kinder ergänzend morphembasierte Trainings an. Bar-Kochva, Korinth und Hasselhorn (2020) haben etwa dazu eine computerunterstützte Variante mit lexikalischen Entscheidungsaufgaben entwickelt, in denen morphologisch komplexe Wörter visuell präsentiert werden und die nicht-morphologischen Einheiten nach kurzer Zeit wieder ausgeblendet werden. Durch Übungen dieser Art lässt sich bei Kindern mit Schriftspracherwerbsschwierigkeiten der Abruf orthographisch-morphologischer Repräsentationen verbessern. Erste Transfereffekte auf die Rechtschreibleistungen konnten Bar-Kochva et al. (2020) nachweisen. Schließlich haben sich insbesondere bei älteren Kindern und Jugendlichen mit besonderen Schwierigkeiten in der Rechtschreibung Trainings als besonders wirksam erwiesen, in denen orthographische Inhalte und Regeln vermittelt werden (z. B. Groth, Hasko, Bruder, Kunze & Schulte-Körne, 2013).

Die Online-Plattform LONDI

Angesichts der vielfältigen in diesem Kapitel bereits beschriebenen Verfahren im deutschen Sprachraum kann sich leicht das Gefühl der Überforderung oder zumindest Unübersichtlichkeit einstellen, wenn man beispielsweise als Lehrkraft bei einem Kind erhebliche schriftsprachliche Probleme bemerkt und sich fragt, welche Art von individueller Förderung und Unterstützung für dieses konkrete Kind am besten geeignet sein könnte. Im Rahmen eines Kooperationsprojekts zwischen dem DIPF | Leibniz-Institut für Bildungsforschung und Bildungsinformation sowie der Klinik für Kinder- und Jugendpsychiatrie, Psychosomatik und Psychotherapie an der Ludwig-Maximilians-Universität München (LMU) wurde unter der Leitung von Gerd Schulte-Körne (LMU) und Marcus Hasselhorn (DIPF) eine evidenzbasierte Online-Plattform zum professionellen Umgang mit Kindern entwickelt, die besondere Schwierigkeiten beim Erwerb von Lesen, Rechtschreiben und/oder Rechnen haben. Die Plattform enthält evidenzbasierte Informationen und praxisrelevante Entscheidungshilfen für die individuelle Diagnostik und Förderung – auch für Kinder mit Schriftspracherwerbsschwierigkeiten. Sie adressiert insbesondere Lehrkräfte, aber auch Fachkräfte aus den Bereichen Lerntherapie und Schulpsychologie. Für LONDI wurde ein Informations- und Hilfssystem konzipiert, mit dessen Hilfe die Art der im Individualfall vorliegenden Lernschwierigkeiten abgeklärt und bestmögliche Förderentscheidungen getroffen werden können.

Die LONDI Online-Plattform enthält folgende Komponenten:
- ein allgemein zugängliches Informationsportal zu adressatenspezifisch ausdifferenzierten Handlungsbedarfen im Umgang mit Kindern, die besondere Schwierigkeiten beim Erwerb von Lesen, Schreiben und/oder Rechnen haben;
- einen im Informationsportal hinterlegten lexikonartigen Wissensteil mit Erläuterungen wichtiger Begriffe und Hintergrundinformationen zu relevanten Sachverhalten;
- ein ökonomisches, app-basiertes und für Lehrkräfte, schulpsychologische Dienste und Fachkräfte aus der Lerntherapie kostenfrei nutzbares Online-Screening für Grundschulkinder zur Abschätzung, ob im Individualfall besondere Lernschwierigkeiten vorliegen;
- und ein Hilfssystem für das Fachpersonal, das konkrete Empfehlungen für die individuelle Diagnostik bei durch das Screening indizierten Lernschwierigkei-

ten gibt sowie auf den Ergebnissen der individuellen Diagnostik aufbauend Vorschläge für die evidenzbasierte bestmögliche Förderung im Individualfall bereit stellt.

Der Informationsteil für die Handlungsbedarfe von Lehrkräften gliedert sich z. B. nach Art der Lernschwierigkeit entlang von fünf praxisrelevanten Leitfragen, die thematisieren, (1) wann eine individuelle Förderung bei Lernschwierigkeiten angezeigt ist, (2) wie eine Lernstörung erkannt werden kann, (3) welche Schritte bei einer erfolgreichen individuellen Förderung zu beachten sind, (4) welche Fördermaßnahmen besonders erfolgversprechend sind und (5) welche schulischen und außerschulischen Förder- und Hilfsmaßnahmen zur Verfügung stehen.

Zum Einstieg in das LONDI-Hilfssystem ist eine Fragensequenz zu durchlaufen, um den Verdacht der nutzenden Lehrkraft auf das Vorliegen einer besonderen Lernschwierigkeit bei einem Kind abzuklären. Die Sequenz startet mit der Abfrage von spezifischen Hintergrundinformationen zum betroffenen Kind, wie etwa die Angabe der Klassenstufe, die Information, ob ein ausreichendes Instruktionsverständnis im Deutschen vorhanden ist, oder die Angabe über das Vorliegen bereits abgeklärter Lernbesonderheiten. Anschließend werden praxisrelevante Fragen zu den beobachteten Auffälligkeiten in den schulischen Kompetenzbereichen Lesen, Schreiben und Rechnen gestellt. Die Antworten darauf dienen der Abklärung, in welchen Bereichen besondere Lernschwierigkeiten vermutet werden.

Empfohlen wird dann, das eigens entwickelte und erfolgreich validierte sowie die üblichen Reliabilitätsmaßstäbe erfüllende LONDI-Screening für Grundschulkinder mit dem betroffenen Kind durchzuführen. Das app-basierte Screening wird automatisch ausgewertet und die Lehrkraft erhält eine sofortige Ergebnisrückmeldung. Für Kinder, deren Screening-Ergebnisse den Verdacht auf Vorliegen einer besonderen Lernschwierigkeit untermauern, schlägt das Hilfssystem auf der Basis der hinterlegten Datenbasis qualitätsgeprüfter verfügbarer Diagnostikverfahren weiterführende diagnostische Schritte vor, um den individuellen Förderbedarf im Einzelnen abzuklären. Dieser bildet die Grundlage für die Erstellung eines individuellen Förderplans bzw. die Empfehlung für die konkrete Umsetzung der Förderung.

Vergleichbare Bewertungsstandards wurden beim Bewerten verfügbarer Förderprogramme angelegt. In einer umfangreichen Recherche aller auf dem Markt verfügbaren Förderprogramme für Lesen und Rechtschreiben wurden über 200 Förderprogramme identifiziert. Es folgte eine Recherche nach vorhandenen Evaluationsstudien zu sämtlichen ermittelten Förderprogrammen. Die Recherche erfolgte in den üblichen wissenschaftlichen Datenbanken sowie Google Scholar. Außerdem wurden die Verlage sowie die Autoren der Förderprogramme kontaktiert und nach möglicherweise nicht publizierten Evaluationsstudien befragt. Die Bewertung der Qualität eines Förderprogramms umfasst die fünf Bereiche: (a) Wirksamkeit, (b) theoretische Fundierung, (c) Objektivität und Durchführ-

Exkurs 6.1: LONDI-Bewertung geeigneter Verfahren zur Individualdiagnostik

Verfügbare diagnostische Testverfahren zur Erfassung der Kompetenzen bzw. zur Identifikation von besonderen Lernschwierigkeiten im Lesen und Rechtschreiben (und im Rechnen, was im Kontext dieses Bandes weniger von Interesse ist) wurden in Anlehnung an die DIN SCREEN (Kersting, 2018) und die Leitlinie zu Lese- und/oder Rechtschreibstörung (AWMF, 2015) bewertet und dokumentiert. Die Bewertungskriterien umfassen die folgenden fünf Kategorien, wobei jeweils bewertet wurde, inwiefern die Kriterien erfüllt (+), weitgehend erfüllt (0; Kategorie traf nur für einige der Kriterien zu) oder nicht erfüllt (–) waren:

1) *Testgrundlage:* Bewertung, ob das Diagnoseverfahren auf Grundlage einer Theorie oder in Bezug auf Lehrpläne/Bildungsstandards konzipiert wurde (+ oder –).
2) *Objektivität:* Bewertung, inwieweit die Objektivität der Durchführung und der Auswertung gewährleistet sind.
3) *Reliabilität:* Die Reliabilität wurde über die Retest- oder Paralleltest-Methode bestimmt (Reliabilitätswerte ≥.85 = +; >.70 & <.85 = 0; ≤.70 = –). Wenn die Retest- oder Paralleltest-Reliabilität nicht angegeben war, wurde die interne Konsistenz (Cronbach's Alpha) bewertet (Reliabilitätswerte ≥ .85 = +;<.85 = –).
4) *Validität:* Geprüft wurde, ob hinreichende Angaben der Inhalts- und Kriteriumsvalidität vorliegen (+ oder –).
5) *Interpretationseindeutigkeit:*
   a. Normierungsmethode: Es wurde bewertet, ob das Diagnoseverfahren Klassennormen beinhaltet (+ oder –).
   b. Stichprobengröße: Folgende Prüfkriterien wurden angewandt:
      n ≥ 250 = +; n ≥ 120 & < 250 = 0; n < 120 = – (Wyschkon & Esser, 2015).
   c. Bewertet wurde zusätzlich, ob die Normen nicht veraltet sind. Das Ende des Normierungszeitraums wurde wie folgt bewertet:
      ≤ 10 Jahre her (+), > 10 & ≤ 15 Jahre her (0) oder > 15 Jahre her (–).
      Der Bewertungsschlüssel ist so aufgesetzt, dass nur wenn alle drei Subkriterien (+) ergeben, das Gesamtergebnis (+) sein kann; und kein (–) vorkommt, wenn es ein- oder zweimal (0) ist, dann ist das Gesamtergebnis (0); und wenn die Subkriterien einmal oder mehr (–) sind, ist das Ergebnis insgesamt (–).

Die anschließende Bewertung für das Testverfahren erfolgte über die Zuordnung in eine von drei Kategorien: (1) genügt Minimalstandards (5 Mal „+"), (2) genügt überwiegend Minimalstandards (max. 1 Mal „–"; max. 2 Mal „0"; min. 3 Mal „+") oder (3) Kriterien nicht erfüllt. Im Hilfssystem werden nur die Diagnoseverfahren zur Feststellung des individuellen Förderbedarfs empfohlen, die den Minimalstandards wenigstens überwiegend genügen. Jedes Testverfahren wurde durch mindestens zwei unabhängige Personen auf Basis der Information aus den Testmanualen bewertet. Die Bewertung der Diagnoseverfahren soll in regelmäßigen Zeitabständen überprüft und aktualisiert werden, damit das Hilfssystem auf einem aktuellen Stand bleibt.

barkeit, (d) Zumutbarkeit für die von Schwierigkeiten beim Schriftspracherwerb Betroffenen sowie (e) Ökonomie für die Durchführenden.

Um individuelle diagnostische Befunde im LONDI-Hilfssystem den bestmöglichen evidenzbasierten Förderprogrammen zuordnen zu können, wurde von den Verantwortlichen der Online-Plattform ein pragmatisches entwicklungsorientiertes Modell der Kompetenzstufensequenz beim Erwerb der Schriftsprache entwickelt (vgl. Fokus-Kasten 6.15).

Fokus 6.15: Pragmatisches Modell der für den Schriftsprachbereich relevanten Kompetenzstufen in LONDI

	förderrelevante Kompetenzstufen	**Inhalte**
1	Basiskompetenzen Lesen und Schreiben	• Sprachwahrnehmung (akustischer Vergleich/Wahrnehmung von gehörten Wörtern) • Lautwahrnehmung (Lautanalyse und -synthese) • Silbengliederung mündlich (Silbenanalyse und -synthese) • Laut-Buchstabe-/Buchstabe-Laut-Beziehung (Verknüpfung von isolierten Lauten und Buchstaben(kombinationen))
2	Erstes Lesen und Schreiben	• Häufige Buchstabenkombinationen und Konsonantencluster (häufige Buchstabenkombinationen und Aufeinanderfolge mehrerer Konsonanten lesen und schreiben) • Silben schriftlich (Silbenanalyse und -synthese schriftlich, Silben lesen und schreiben) • Phonologische/phonografische Regelmäßigkeiten (einfache Wörter lesen oder schreiben, Fokus auf dekodierendem Lesen)
3	Lesen	• Pseudowörter (nach geltenden Regeln erstellte, aber nicht existierende Wörter lesen) • Wortlesen (einzelne Wörter mit zunehmendem Schwierigkeitsgrad lesen; Ganzwortlesen im Vordergrund) • Blitzlesen (nur kurz sichtbares Wort als Ganzes erfassen und lesen)
3	Schreiben	• Orthographie (Rechtschreibregeln anwenden, Fokus auf Regeln und zu ergänzenden Lupenstellen) • Wörter schreiben/Grundwortschatz (einzelne Wörter schreiben) • Grammatik (Wortarten und Zeiten)

	förderrelevante Kompetenzstufen	Inhalte
4	Angewandtes und flexibles Lesen	• Satzlesen (ganze Sätze lesen und verstehen) • Textlesen (mehrere Sätze hintereinander lesen und verstehen) • Metakognition (Strategien zum besseren Verständnis von Texten vermitteln)
4	Angewandtes und flexibles Schreiben	• Sätze schreiben (ganze Sätze werden diktiert) • Schreibschrift (Fokus auf Automatisierung der Schrift)

Mit dem LONDI-Hilfssystem ist es möglicht, auf Basis diagnostisch ermittelter Lerndefizite auf den vier förderrelevanten Kompetenzstufen das bzw. die am besten passenden Förderprogramme zu ermitteln. Dabei wird ein mithilfe der Testempfehlungen des Diagnoseteils ermitteltes Kompetenzprofil eines Kindes mit den Förderschwerpunkten aller Förderprogramme verglichen. Dieser Prozess erfolgt in mehreren Schritten. Um unter der Menge passender Förderprogramme die bestmöglichen zu ermitteln, erfolgt der Rückgriff auf deren Bewertungen. Für die individuelle Förderempfehlung werden die Förderprogramme sowohl anhand der wissenschaftlichen Evidenz bewertet als auch hinsichtlich der Passung im Individualfall (Übereinstimmung des Kompetenzprofils mit dem Förderprofil). Das Ergebnis ist dann eine reduzierte Liste passender und geeigneter Förderprogramme, die nach ihrer Bewertung sortiert sind.

Diagnostik und Förderung werden in dieser Online-Plattform als notwendige Bausteine eines zyklischen Prozesses des professionellen Umgangs mit Lernstörungen bzw. besonderen Lernschwierigkeiten aufgefasst. Individuelle Förderbedarfe werden mit geeigneten diagnostischen Verfahren identifiziert und dann umgesetzt. Nach einer gewissen Förderdauer sollte wiederum Diagnostik eingesetzt werden, um zu prüfen, ob es beim Kind zu der erhofften Verbesserung im defizitären Kompetenzbereich gekommen ist. Je nach Ergebnis kann dann die eingeschlagene Förderstrategie weiter verfolgt oder adaptiv modifiziert werden.

7 „LRS-Erlasse“ in den Bundesländern

Wie wird auf bildungspolitischer und -administrativer Ebene der Umgang mit Schriftsprachschwierigkeiten in der Lernentwicklung von Kindern geregelt? Informationen darüber, wer für die Förderung zuständig ist und welche Kinder wie gefördert werden sollen, findet man in den Verordnungen, Richtlinien und Erlassen der Kultusministerien der Bundesländer[1], die umgangssprachlich auch als „LRS-Erlasse“ bezeichnet werden. Dahinter verbergen sich untergesetzliche Rechtsnormen, die Handlungsanweisungen enthalten (Gold, 2016). Um bundesweit für ein Mindestmaß an Bildungsgleichheit zu sorgen, hat die Kultusministerkonferenz (KMK) zuletzt im Jahr 2007 einen richtungsweisenden Beschluss zur Förderung von Kindern mit besonderen Schwierigkeiten im Lesen, Rechtschreiben und Rechnen verabschiedet, der länderübergreifend in den länderspezifischen Erlassen Berücksichtigung findet. Trotz dieser gemeinsamen Vereinbarung gibt es allerdings weiterhin bedeutsame Unterschiede zwischen den Ländern in Bezug auf die Hilfemöglichkeiten für Kinder mit Lese- und Rechtschreibschwierigkeiten. Ob ein Kind Anspruch auf eine besondere Förderung hat und welche Schutzmaßnahmen gewährt werden, hängt daher leider immer noch davon ab, wo es zur Schule geht.

7.1 Welche Kinder erhalten eine schulische Förderung?

Zunächst einmal ist entscheidend, welche Kinder zur Zielgruppe von besonderen Fördermaßnahmen gehören, wer also einen Bedarf an zusätzlicher Unterstützung beim Lese-Rechtschreiberwerb hat. Die Kultusministerkonferenz beantwortete diese Frage damit, dass Kinder mit „besonderen Schwierigkeiten im Lesen und Rechtschreiben“ zusätzliche Förder- und Hilfsmaßnahmen in der Schule erhalten sollen. Wie diese Lernschwierigkeiten zu definieren sind, wird jedoch erst auf Ebene der Bundesländer konkretisiert, sodass es bereits bei der Frage nach der Zielgruppe zu Unterschieden zwischen den Ländern kommt.

1 Zur besseren Übersicht wird auf die Quellennachweise der einzelnen Rechtsnormen verzichtet. Die Vorschriften und Handreichungen zu diesen sind online zugänglich. Da die Rechtsnormen fortlaufend aktualisiert werden, unterliegen sie stetigen Veränderungen. Die Inhalte dieses Kapitels entsprechen dem Stand Mai 2023.

In den meisten Bundesländern wurde das weit gefasste Verständnis von Schriftsprachschwierigkeiten der KMK übernommen und die Begrifflichkeiten daran angelehnt (Ausnahmen: Bayern, Sachsen und Schleswig-Holstein, deren Verordnungen sich überwiegend auf Kinder mit einer Teilleistungsstörung beziehen). Vereinzelt werden zusätzlich Begriffe wie „Lese-Rechtschreib-Schwäche" (in Baden-Württemberg), „stark ausgeprägte Schwierigkeiten im Lesen oder Rechtschreiben" (Berlin) oder die Abkürzung „LRS" (in Sachsen) verwendet, um auf die Lese-Rechtschreibstörung im engeren Sinne abzuzielen. In manchen Bundesländern (z.B. in Hessen, Berlin, Hamburg, Mecklenburg-Vorpommern und im Saarland) wird die Zielgruppe über die Definition der KMK hinaus dadurch beschrieben, dass keine sprachlichen Beeinträchtigungen (geringe Deutschkenntnisse, Sprachentwicklungsstörungen) oder gravierenden allgemeinen Lernschwierigkeiten im Rahmen eines sonderpädagogischen Unterstützungsbedarfs vorliegen dürfen, da hier andere Verordnungen greifen würden. Seltener wird auch festgelegt, dass die Lernschwierigkeiten trotz allgemeiner Förderung fortbestehend sein müssen, wie es beispielsweise in Bremen der Fall ist. Hier wird also das Kriterium der Persistenz (d.h. anhaltende Schwierigkeiten) und das Kriterium der Nichtansprechbarkeit auf allgemeine schulische Interventionen (d.h. trotz allgemeiner Förderung) verwendet, um die besonderen Lernschwierigkeiten näher zu umschreiben.

Solche näheren Bestimmungen der Zielgruppe werden zwar nur in einem Teil der Verordnungen explizit festgehalten, doch scheint sich als Konsens abzuzeichnen, dass jene Kinder eine besondere Förderung erhalten sollen, deren Schriftsprachleistung trotz der allgemeinen Förderung schwach ist, ohne dass mangelhafte Sprachkenntnisse oder substanzielle Beeinträchtigungen der allgemeinen Lernfähigkeit vorliegen. In Rheinland-Pfalz und Thüringen wird in der Verordnung hingegen festgehalten, dass auch Kinder mit Sprach- bzw. allgemeinen Lernschwierigkeiten von der Verordnung berücksichtigt werden. Insgesamt betrachtet wird in den meisten Bundesländern also vielen Kindern der Zugang zu besonderen Fördermaßnahmen ermöglicht, sodass frühzeitig interveniert werden kann, bevor sich Lernschwierigkeiten manifestieren.

Doch nicht in allen Bundesländern wird das Verständnis der Zielgruppe so weit gefasst. So beziehen sich die schulgesetzlichen Regelungen in Bayern, Sachsen und Schleswig-Holstein ausschließlich auf Kinder mit fachlich diagnostizierten umschriebenen Lese-Rechtschreibstörungen, bei denen neben der schulischen Minderleistung auch eine im Vergleich dazu deutlich höhere Intelligenz feststellbar ist. In den Erlassen von Schleswig-Holstein und Bayern wird jedoch zumindest beiläufig auch auf Kinder eingegangen, die diese strengen Kriterien nicht erfüllen oder bei denen das Vorliegen einer Lernstörung bisher nicht diagnostiziert wurde. Im Fokus-Kasten 7.1 stellen wir dar, wie viele Kinder mit besonderen Schriftsprachschwierigkeiten förderbedürftig sind, wenn unterschiedlich strenge Diagnosekriterien verwendet werden.

In den anderen Bundesländern gibt es aber auch weitere Einschränkungen, wenn die Primarstufe oder Sekundarstufe I beendet ist. Mit voranschreitender Schullaufbahn wird zunehmend ein diagnostisches Gutachten gefordert. Außerdem werden die zur Verfügung stehenden Fördermaßnahmen weiter beschränkt: Während jedes Kind mit Schriftsprachschwierigkeiten zusätzliche didaktische Lern- und Übungsmöglichkeiten erhalten soll, werden Maßnahmen des Nachteilsausgleichs (kein Abweichen vom Anforderungsprofil) und „Notenschutzes" (Abweichung vom Anforderungsprofil, deshalb Vermerk im Zeugnis), also meist nur unter Erfüllung weiterer Bedingungen gewährt, die zwischen den Bundesländern stark variieren.

Fokus 7.1: Relative Häufigkeit von Schriftsprachschwierigkeiten Mitte der Grundschulzeit

Nach unseren Erhebungen mit standardisierten Leistungstests würde jedes 5. bis 6. Kind in der Mitte der Grundschulzeit zu den förderbedürftigen Kindern mit schwachen Schriftsprachleistungen gehören, da es im Lesen oder Rechtschreiben oder aber in beiden Bereichen Minderleistungen erzielt (Fischbach et al., 2013). Wird vorausgesetzt, dass eine isolierte oder kombinierte Lese-Rechtschreibstörung vorliegt, also eine bedeutsame Differenz zwischen der schwachen Schriftsprachleistung zur allgemeinen Intelligenz besteht, können die Fördermaßnahmen statistisch etwa jedem 10. Grundschulkind gewährt werden.

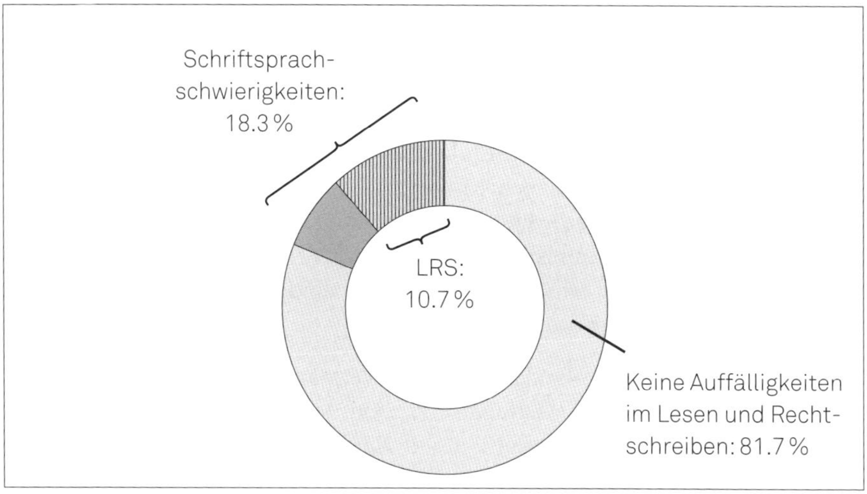

Abbildung 7.1: Anteil an Kindern am Ende der 2. und Anfang der 3. Klasse mit besonderen Schriftsprachschwierigkeiten (operationalisiert durch mindestens ein unterdurchschnittliches Testergebnis in einem standardisierten Lese- und Rechtschreibtest bei Ausschluss eines sonderpädagogischen Unterstützungsbedarfs durch einen Intelligenzwert von IQ ≥ 85) sowie der Anteil an Kindern mit einer LRS (zusätzliche Diskrepanz der schwachen Schriftsprachleistung zum IQ von mindestens 1.2 Standardabweichungen; aus Fischbach et al., 2013).

7.2 Wie werden besondere Schriftsprachschwierigkeiten festgestellt?

Wenn alle Kinder mit schwachen Leistungen im Lesen und Rechtschreiben bzw. mit umschriebenen Lese-Rechtschreibstörungen besonders gefördert werden sollen, stellt sich die Frage, wem diese Schwierigkeiten durch welche diagnostischen Mittel auffallen sollen und ab wann der Leistungsstand in der Schriftsprache als schwach einzustufen ist. Bundesweit besteht die Einigung, dass für das Feststellen von Lernschwierigkeiten genauso wie für die anschließende Förderung die Schulen zuständig sind (KMK, 2007). Die Schulen tragen somit die Verantwortung dafür, die Fälle mit schwachen Schriftsprachleistungen zu erkennen.

Grundlegend für das Feststellen von Lernschwierigkeiten ist an Schulen die Verhaltensbeobachtung und informelle Erhebung der Lernausgangslage, des Lernstandes und der Lernentwicklung. Ein diagnostischer Schwerpunkt liegt auf der Schuleingangsstufe, damit Lese-Rechtschreibschwierigkeiten frühzeitig erkannt werden. Doch weil sich Lese-Rechtschreibschwierigkeiten auch erst mit zunehmenden Anforderungen in den folgenden Klassenstufen manifestieren können, ist es notwendig, während des gesamten Schriftspracherwerbs wachsam für Lernschwierigkeiten zu sein. In den meisten Bundesländern gibt es darum Regelungen in den Rechtsvorschriften, welche diagnostischen Maßnahmen zu welchem Zeitpunkt und auch zu welchem Ziel erforderlich sind.

Zusätzlich zur informellen Diagnostik wird in manchen Bundesländern auch der Einsatz standardisierter Testverfahren an den Schulen empfohlen (z.B. in Niedersachen, Sachsen-Anhalt) oder auch vorgeschrieben (z.B. in Bayern, Brandenburg, Baden-Württemberg). Teilweise erfolgt sogar ein flächendeckender Einsatz von standardisierten Testverfahren bei allen Kindern der Schuleingangsstufe (wie derzeit in Hamburg, Berlin und Bremen). In Hamburg sind die einzelnen einzusetzenden Tests festgelegt und die Testergebnisse entscheiden nicht nur über die Anerkennung des Vorliegens von besonderen Schriftsprachschwierigkeiten, sondern anhand von Grenzwerten auch darüber, welche Fördermaßnahmen anzuwenden sind. Zudem kann in Hamburg im Unterschied zu den anderen Bundesländern auch ein eindimensionales Intelligenztestverfahren an den Schulen angewendet werden, um einen sonderpädagogischen Unterstützungsbedarf „Lernen“ oder „geistige Entwicklung“ auszuschließen. In den anderen Bundesländern ist für den Bereich der Intelligenzdiagnostik die Schulpsychologie oder Sonderpädagogik zuständig. In Thüringen hingegen wird argumentiert, dass der Einsatz standardisierter Testverfahren zur Feststellung von besonderen Lernschwierigkeiten grundsätzlich nicht notwendig sei, da eine pädagogische Diagnostik ausreichend sei.

Zuständig für das Feststellen von Schriftsprachschwierigkeiten ist in vielen Bundesländern die Deutsch-Lehrkraft, die im Austausch mit anderen unterrichtenden

Lehrkräften, der Schulleitung und den Eltern steht. In der hessischen Verordnung ist davon die Rede, dass die Klassenkonferenz das Vorliegen von Schriftsprachschwierigkeiten feststellt. Bei Bedarf kann weiterer fachlicher Rat eingeholt werden. In manchen Bundesländern (wie in Baden-Württemberg, Berlin, Hessen, Schleswig-Holstein) unterstützen besonders qualifizierte LRS-Fachkräfte die Schule bei der Feststellung von Lese-Rechtschreibschwierigkeiten, in anderen die für einen Schulbezirk zuständigen Beratungskräfte (in Bremen und Berlin) oder auch außerschulische Fachleute (in Rheinland-Pfalz). In besonders schwierigen oder unklaren Fällen können auch Lehrkräfte für Sonderpädagogik und der schulpsychologische Dienst beratend hinzugezogen werden (beispielsweise in Baden-Württemberg, Berlin, Brandenburg, Bremen, Hessen, Niedersachsen, Nordrhein-Westfalen, Sachsen-Anhalt).

In Mecklenburg-Vorpommern und in Sachsen unterliegt bereits die Feststellung von Schriftsprachschwierigkeiten über standardisiert erfasste Lese- und Rechtschreibleistungen nicht den Lehrkräften, sondern einem außerschulischen Zentrum, das durch die Schulleitung mit der Diagnostik beauftragt wird. In Bayern erfolgt die Diagnostik einer Lese-Rechtschreibstörung über eine Fachärztin/einen Facharzt für Kinder- und Jugendlichen-Psychiatrie, eine/n besonders ausgebildete/n Kinder- und Jugendlichen-Therapeutin/Therapeuten oder über eine Schulpsychologin bzw. einen Schulpsychologen. In den anderen Bundesländern wird erst dann eine fachliche Diagnostik durchgeführt, wenn das Vorliegen einer umschriebenen Lese-Rechtschreibstörung Voraussetzung für besondere Fördermaßnahmen ist. Das hängt in den meisten Bundesländern von der Schulstufe und von den zu wählenden Fördermaßnahmen ab. Dabei können extern erfolgte kinder- und jugendpsychiatrische oder -psychotherapeutische Stellungnahmen eine schulpsychologische Diagnostik ersetzen. Nur in Niedersachsen wird darauf verwiesen, dass außerschulische Gutachten nicht übernommen werden dürfen, sondern durch eine schulische Diagnostik ergänzt sowie pädagogisch ausgewertet und interpretiert werden müssen.

Die Ergebnisse der Diagnostik werden gemeinsam mit den Lernzielen und den gewählten Fördermaßnahmen in einem Förderplan festgehalten, der je nach Bundesland ein- bis zweimal im Schuljahr erstellt werden soll, um die Lernentwicklung zu dokumentieren und den Erfolg der ergriffenen Maßnahmen zu evaluieren. In diesem Zusammenhang wird durch die Kultusministerkonferenz auch von Förderdiagnostik gesprochen, was jedoch irreführend ist, da durch die Diagnostik selbst noch keine Förderung erfolgt, sondern nur eine Zuweisung zu passenden Fördermaßnahmen erreicht werden kann. Daher wäre es passender, von förderrelevanter Diagnostik zu sprechen.

Während des Prozesses vom Feststellen der Leistungsschwierigkeiten über den Einsatz von Fördermaßnahmen bis hin zu ihrer Evaluation ist keine enge Zusammenarbeit zwischen der Schule, den Eltern, der vorangegangenen Bildungseinrichtung und ggf. außerschulischen Fördereinrichtungen vorgeschrieben. Allerdings werden Eltern über die Lernschwierigkeiten, die Leistungsentwicklung ihres Kindes, die angewendeten Förder- und Lehrmethoden und häusliche Übungsmöglichkeiten von der Lehrerin bzw. dem Lehrer des Kindes aufgeklärt. Mit dem zuvor besuchten Kindergarten, einer zuvor besuchten Schule oder außerschulischen Fördereinrichtung werden mit Einverständnis der Erziehungsberechtigten Informationen über die Lernentwicklung des Kindes und einzelne Fördermaßnahmen ausgetauscht.

7.3 Welche Maßnahmen können Schulen ergreifen?

Die Frage nach den möglichen Förder- und Hilfsmaßnahmen ist für Lehrkräfte und Eltern von Kindern mit Schriftsprachschwierigkeiten oft von besonderem Interesse: seitens der Eltern und betroffenen Kinder, da sie sich Hilfestellung, Förderung und Entlastung wünschen, und seitens der Lehrkräfte, da es in ihrer Verantwortung liegt, die betroffenen Kinder in ihrer Entwicklung zu unterstützen und die richtigen Maßnahmen zu ergreifen. Dabei sollen die Fördermaßnahmen wirksam sein, also die Lernentwicklung unterstützen, indem sie die fehlenden Fertigkeiten mit geeigneten didaktischen Mitteln aufbauen, oder indem sie das schulische Selbstkonzept schützen und die Lernmotivation aufrechterhalten. Doch welche Unterstützungsmaßnahmen für Kinder mit Schriftsprachschwierigkeiten stehen in der Schule zur Verfügung?

Die schulischen Fördermöglichkeiten lassen sich inhaltlich in vier Bereiche unterteilen, die aufeinander aufbauen und gestuft Anwendung finden (siehe Abbildung 7.2): Zunächst erfolgt eine individuell ansetzende Förderung im Unterricht, um die Kompetenzlücken zu schließen, die den Schwierigkeiten zugrunde liegen. Wenn eine individuelle Förderung innerhalb des Unterrichts allein nicht ausreicht, kann außerhalb des Klassenverbands eine weitere intensive Förderung in klassenübergreifend eingerichteten Fördergruppen zusätzlich oder parallel zum Regelunterricht stattfinden. Können die Schriftsprachschwierigkeiten durch diese individuellen und intensiven Fördermaßnahmen weiterhin nicht behoben werden, können nachteilsausgleichende Maßnahmen ergriffen werden. Dazu zählen unterstützende Hilfsmittel und Methoden, die im Unterricht und bei der Leistungserfassung einen Ausgleich für die bestehenden Schriftsprachschwierigkeiten bringen sollen. Die Leistungsbewertung ist davon unberührt.

Gelingt es auch anhand solch unterstützender Hilfsmittel nicht zu verhindern, dass die Leistungen dauerhaft schwach ausfallen, kann auf die Vergabe von Noten verzichtet werden oder eine veränderte Form der Leistungsrückmeldung gewählt werden. Ziel dieser Maßnahmen ist es, die Leistungsmotivation zu erhalten und negative Konsequenzen für die Schullaufbahn abzumildern.

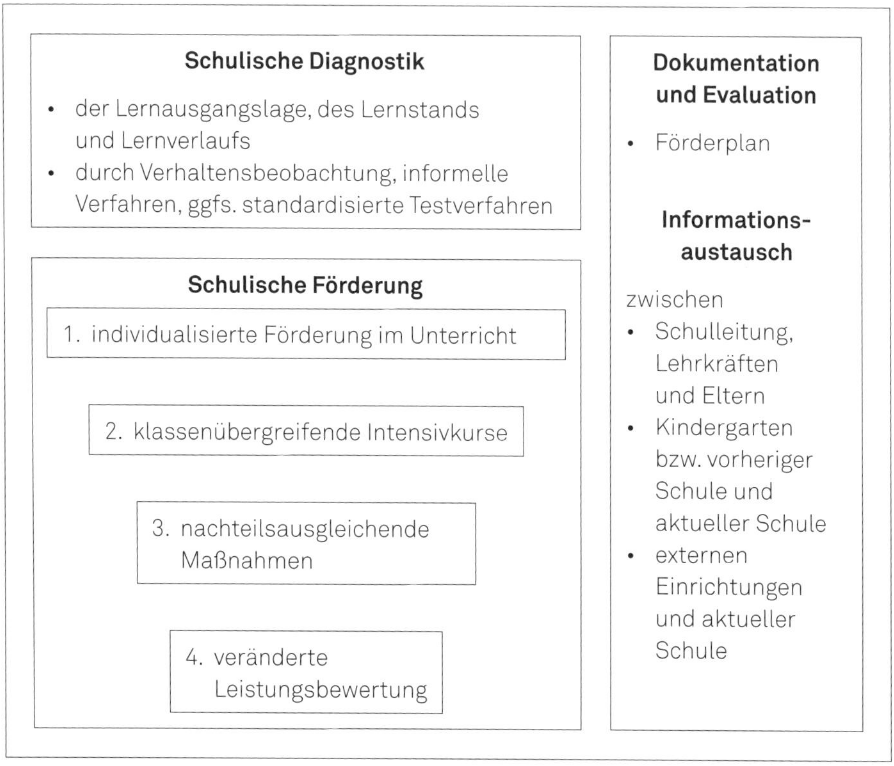

Abbildung 7.2: Überblick über vorgesehene schulische Diagnostik- und Fördermaßnahmen, die nicht notwendigerweise sequentiell (1. bis 4.) umgesetzt werden müssen

Die Umsetzung der Fördermaßnahmen regeln die Bundesländer sehr verschieden. So unterscheiden sich etwa die Bedingungen, die erfüllt sein müssen, damit die Maßnahmen, die über die individualisierte Förderung im Unterricht hinausgehen, gewährt werden. Ein Grund für die bestehende Heterogenität ist, dass bei der Entscheidung über das Gewähren von Hilfsmaßnahmen zwei gegensätzliche schulische Prinzipien gegeneinander abgewogen werden müssen, was in den Bundesländern unterschiedlich umgesetzt wird: Auf der einen Seite steht das Bestreben der Schule, alle Kinder in ihrer Lernentwicklung zu unterstützen und in ihren Stärken zu fördern. So ist die individualisierte Unterrichtsgestaltung zu einem allgemeinen Ziel moderner Unterrichtsdidaktik geworden, um Chancengleichheit und Bildungsgerechtigkeit herzustellen. Auf der anderen Seite beruht das Bildungssystem auf der Vergleichbarkeit von schulischen Leistungen. Durch Noten werden Schullaufbahnen bestimmt, durch Schulabschlüsse der Zugang zur weiterführenden oder zur beruflichen Bildung. Um eine gerechte Steuerung zu ermöglichen, ist es erforderlich, dass weder Einzelne noch bestimmte Schülergruppen systematisch bevorteilt werden.

Doch allen genau die gleichen Lern- und Unterstützungsmöglichkeiten zu bieten, würde einer Benachteiligung derjenigen gleichkommen, die es aufgrund einer Einschränkung schwerer als andere haben, unter den gesetzten Bedingungen die Lernziele zu erreichen. Dies ist insbesondere dann kritisch, wenn die Einschränkung nicht mit dem Lernziel zusammenhängt. Wenn also ein Kind mit Lese-Rechtschreibschwierigkeiten schlecht in Anforderungen abschneidet, die mittels Schriftsprache erlernt oder bewertet werden, ohne dass die Schriftsprachfertigkeiten selbst Lerngegenstand sind, kommt es zu einer Benachteiligung. Unter anderen Voraussetzungen, nämlich ohne die Schriftsprachanforderung, könnte das Kind die Lernleistungen ungehindert erwerben und zeigen.

Die Kultusministerien der Bundesländer bewältigen somit die schwierige Aufgabe, Gleichbehandlung und individuelle Förderung zu ermöglichen, dabei aber eine systematische Benachteiligung zu verhindern und somit die Vergleichbarkeit zu wahren. Aber wie wird dies in den Bundesländern umgesetzt?

7.3.1 Individualisierte Förderung im Unterricht und klassenübergreifende Intensivkurse

Da Kinder individuelle Stärken und Schwächen mitbringen, können sie in ihrer Lernentwicklung am besten unterstützt werden, wenn die Lerninhalte und Lernanforderungen am Lernstand, den verfügbaren Fertigkeiten und individuellen Lernlücken des Kindes ausgerichtet sind. Im differenzierten Unterricht werden die Lehrmethoden, Lernanforderungen und Lernmaterialien individualisiert umgesetzt. Im Schulkontext wird auch von Maßnahmen der inneren Differenzierung oder von Binnendifferenzierung gesprochen, wenn die individualisierte Förderung im Regelunterricht und somit innerhalb des Klassenverbandes stattfindet. Sie umfasst pädagogische, didaktische, methodische und organisatorische Maßnahmen, welche den Erwerb von Fertigkeiten individuell unterstützen sollen. So können Unterrichtsmaterialien angepasst, besondere Arbeitsmittel zugelassen, individuelle Erläuterungen gegeben, geeignete Räumlichkeiten ausgewählt oder individuelle Pausenregelungen geschaffen werden. Die Kinder erhalten beispielsweise geeignete Lese- oder Rechtschreibübungen, motivierendes Lesematerial oder werden in metakognitiven Strategien wie Arbeits- und Lernstrategien sowie im Umgang mit Misserfolgen und angstauslösenden Prüfungssituationen geschult (weitere Beispiele für konkrete didaktische Fördermaßnahmen sind in der Rechtsvorschrift Nordrhein-Westfalens enthalten). Die einzusetzenden Maßnahmen sind in einem Förderkonzept der Schule oder des Landes festgehalten (z. B. in Baden-Württemberg, Hamburg, Schleswig-Holstein).

Maßnahmen der *äußeren Differenzierung* umfassen Förderangebote, die in klassen-, teilweise auch in schulübergreifenden Lerngruppen (sog. Förder- oder Intensivkurse) durchgeführt werden. Hier kann der Fokus auf den Schriftspracherwerb gelegt werden, Lernstoff kann nachgeholt und umfangreichere Förderprogramme können durchgeführt werden, sodass eine intensivere Schriftsprachförderung als im Regelunterricht erfolgen kann. In wenigen Bundesländern (Baden-Württemberg, Mecklenburg-Vorpommern, Sachsen) gibt es im Primarbereich sogenannte Förderklassen oder „LRS-Klassen", die nur von Kindern mit anhaltenden Schriftsprachschwierigkeiten besucht werden und in denen mehr Unterrichtszeit im regulären Stundenplan für den Schriftspracherwerb vorgesehen ist, was für die erforderliche Automatisierung schriftsprachlicher Basiskompetenzen von Vorteil ist.

In den Rechtsvorschriften werden Maßnahmen der inneren Differenzierung entweder als die zuerst gewählte Fördermaßnahme dargestellt (wie in Baden-Württemberg, Niedersachsen) oder als ein allgemein gültiges Prinzip der Förderung verstanden (wie in Mecklenburg-Vorpommern). Auch in Bayern werden Maßnahmen der inneren Differenzierung gewährt, ohne dass hierfür eine Lese-Rechtschreibstörung nachgewiesen sein muss. Auf Maßnahmen der äußeren Differenzierung wird zurückgegriffen, wenn die individualisierte Förderung im Regelunterricht nicht ausreicht. Das hat verschiedene Gründe. Zum einen ist die Einrichtung von zusätzlichen Intensivkursen mit einem höheren Personalaufwand verbunden. Besonders hervorgehoben werden jedoch die Nachteile für die Schulkinder selbst, denn sie müssen entweder für die Teilnahme anderen Fachunterricht versäumen oder zusätzlich zum Regelunterricht an den Kursen teilnehmen. Letzteres stellt eine Mehrbelastung dar, was die Motivation zur Teilnahme beeinträchtigen kann. Zudem ist nicht auszuschließen, dass es durch die Selektion und die Zugehörigkeit zu einer besonders förderbedürftigen Gruppe zu Stigmatisierungen kommen kann und zu einer nachhaltigen negativen Beeinflussung des Selbstkonzeptes.

Vor dem Hintergrund solcher und anderer individueller Vor- und Nachteile wird die Umsetzung von Fördermaßnahmen abgewogen. Maßnahmen der inneren Differenzierung setzt die Deutsch-Lehrkraft nach Bedarf im Unterricht um. Maßnahmen der äußeren Differenzierung müssen hingegen in der Regel durch die Klassenkonferenz beschlossen bzw. durch die Schulleitung genehmigt werden (Baden-Württemberg, Bayern, Berlin, Bremen, Hessen, Niedersachsen, Nordrhein-Westfalen, Saarland). In Mecklenburg-Vorpommern entscheidet sogar die untere Schulbehörde über die Umsetzung äußerer Differenzierungsmaßnahmen. Auch kann für die Teilnahme das Einverständnis der Eltern bzw. der volljährigen Schülerinnen und Schüler erforderlich sein (z. B. in Berlin und Brandenburg).

Abgeschlossen sein sollen die differenzierenden Maßnahmen nach Beschluss der KMK in allgemeinbildenden Schulen bis zum Ende der Jahrgangsstufe 10 und können bei Fortbestehen der Schriftsprachschwierigkeiten in berufsbildenden Schulen fortgesetzt werden. In den Ländern wird demgegenüber teilweise angestrebt, insbesondere die äußeren Differenzierungsmaßnahmen bereits bis zum Ende der Primarstufe abzuschließen (Mecklenburg-Vorpommern), während es andernorts möglich ist, in der Sekundarstufe II differenzierende Fördermaßnahmen einzusetzen (wie in Brandenburg und Hessen).

7.3.2 Nachteilsausgleich und Abweichungen von den allgemeinen Grundsätzen der Leistungsbewertung („Notenschutz")

Wenn Schriftsprachschwierigkeiten trotz der individuellen und intensiven Fördermaßnahmen bestehen bleiben, droht ein anhaltendes und mitunter fächerübergreifendes Leistungsversagen mit negativen Folgen für das schulische Selbstkonzept und für die Lernmotivation sowie weitreichenden Konsequenzen für die Schullaufbahnentwicklung (siehe Kap. 4). Um solche negativen Folgen abzumildern oder zu verhindern, können weitere schulische Hilfsmaßnahmen in Bezug auf die Leistungserfassung ergriffen werden.

Die Idee des Nachteilsausgleichs generell ist es, Nachteile, die eine Schülerin oder ein Schüler in Folge einer Beeinträchtigung hat, und die sich auf das schulische Lernen und die Beurteilung der Leistungen negativ auswirken, durch besondere Maßnahmen auszugleichen, ohne dadurch vom allgemein gültigen Anforderungsprofil abzuweichen. Diese Hilfestellungen beziehen sich auf den Unterricht, aber auch auf bewertungsrelevante Leistungssituationen wie Klassenarbeiten.

Solche ausgleichenden Hilfestellungen können *schul- bzw. unterrichtsorganisatorische Maßnahmen* sein: Hierunter fallen beispielsweise eine Ausweitung der Bearbeitungszeit und individuelle Pausenregelungen. Weiterhin möglich ist der Einsatz *technischer* oder *analoger Hilfsmittel* wie Wörterbücher, spezielle Stifte, Computer und Audiohilfen. Außerdem können *methodisch-didaktische Hilfestellungen* gewährt werden, beispielsweise das Darstellen von Texten in größerer Schrift, das Vorlesen von Aufgabenstellungen oder das mündliche Präsentieren und Beantworten der Aufgaben, sofern der schriftliche Ausdruck nicht selbst Bestandteil einer Leistung ist. Der bestehende Nachteil durch die Schriftsprachschwierigkeiten soll ausgeglichen, jedoch nicht überkompensiert werden. Die Bewertung der erbrachten Leistungen erfolgt letztlich nach den allgemein gültigen Standards.

Wenn auch durch diese nachteilsausgleichenden Maßnahmen nicht verhindert werden kann, dass die Leistungen anhaltend so schwach sind, dass sie nicht als ausreichend bewertet werden können, ist eine weitere Möglichkeit, zeitlich begrenzt von den allgemein gültigen Standards der Leistungsbewertung abzuweichen. Umgangssprachlich wird hier von „Notenschutz" gesprochen, der oftmals als ein Aussetzen der Benotung verstanden wird. In den Rechtsvorschriften wird die Bezeichnung Notenschutz hingegen mehrheitlich nicht verwendet und treffender, wenn auch umständlicher vom „Abweichen von den allgemein gültigen

Grundsätzen der Leistungsbewertung" gesprochen (KMK, 2007, S. 3). Damit wird zum Ausdruck gebracht, dass die Leistungsbewertung in veränderter Form oder mit anderen Maßstäben vorgenommen wird. Ein komplettes Aussetzen der Benotung ist nicht vorgesehen. Stattdessen werden verschiedene Möglichkeiten angeboten, um von den Bewertungskriterien abzuweichen, ohne dabei auf eine Leistungsrückmeldung oder Leistungserhebung gänzlich zu verzichten. Beispielsweise wird lediglich auf die Bewertung der Lese- und Rechtschreibleistung verzichtet, was auch fächerübergreifend möglich ist. Oder es wird eine an den Stärken orientierte verbale Bewertung gegeben und auf die Vergabe einer Note verzichtet. Auch kann statt einer schriftsprachlichen Leistung eine mündliche oder eine andere Ersatzleistung erbracht werden. Teilweise erfolgt eine veränderte Gewichtung der mündlichen und schriftlichen Leistungen. Anders als beim Nachteilsausgleich muss das Abweichen von den allgemeinen Bewertungsstandards im Zeugnis vermerkt werden (KMK, 2007, S. 4).

Ergänzend zu den genannten Maßnahmen, die die Leistungsbewertung betreffen, zählt auch im weiteren Sinne die in den meisten Bundesländern geltende Regelung, dass Schriftsprachschwierigkeiten allein kein Grund für das Nicht-Versetzen in eine höhere Klassenstufe sein und sich auch nicht negativ auf die Schulempfehlung auswirken dürfen. Dazu reicht in einigen Bundesländern das Vorliegen anhaltender Schriftsprachschwierigkeiten aus (wie in Nordrhein-Westfalen und Rheinland-Pfalz), während in anderen eine diagnostizierte Lese-Rechtschreibstörung vorliegen muss (wie in Bremen und im Saarland).

Da Nachteilsausgleich und „Notenschutz" zu Veränderungen in der Leistungserfassung führen, stellen sie eine größere Herausforderung für die Wahrung der Gleichbehandlung und Chancengleichheit dar als die besonderen Fördermaßnahmen während des Unterrichts bzw. in den Förderkursen. Dementsprechend rät die KMK dazu, diese Maßnahmen hochschwellig und somit nur in Einzelfällen einzusetzen. Sie sollen in den ersten Schuljahren beim Erlernen des Lesens und Rechtschreibens in Betracht gezogen werden und in den höheren Klassen, nämlich dann, wenn die andauernde Förderung Wirkung zeigen kann, wieder abgebaut werden (KMK 2007, S. 3).

Tatsächlich bestehen aber große Unterschiede zwischen den Bundesländern in den Regelungen zu den Einsatzbedingungen und -formen. Der Nachteilsausgleich kann bei fortbestehenden Schriftsprachschwierigkeiten teilweise bis einschließlich der Oberstufe und den Abiturprüfungen gewährt werden (wie in Baden-Württemberg, Hessen, Niedersachsen). In Hamburg ist der Einsatz nachteilsausgleichender Maßnahmen nur bis Klasse 8, in Nordrhein-Westfalen und Rheinland-Pfalz bis Klasse 10 möglich. In den übrigen Bundesländern, die sich nicht ohnehin überwiegend auf Lese-Rechtschreibstörungen beziehen, wird der Nachweis einer diagnostizierten Lernstörung ab einer bestimmten Jahrgangsstufe vorausgesetzt (in Brandenburg und Sachsen-Anhalt ab Klasse 5, in Berlin ab Klasse 7, in Bremen ab der Abschlussklasse der Sekundarstufe I). Gewährt werden Maßnahmen des Nachteilsausgleichs von der Klassen- bzw. Jahrgangskonferenz unter Verantwortung der Schulleitung oder im Falle von Abschlussprüfungen vom Prüfungsausschuss. Beratend können Expertinnen und Experten etwa aus den schulpsychologischen oder sonderpädagogischen Diensten einbezogen werden.

Die Anwendung des „Notenschutzes“ unterliegt strengeren Auflagen. Teilweise ist für das Gewähren eine diagnostizierte Lese-Rechtschreibstörung grundlegende Voraussetzung (Bayern, Schleswig-Holstein, Saarland). In den meisten Bundesländern wird ein solcher Nachweis spätestens ab einer bestimmten Jahrgangsstufe vorausgesetzt (in Baden-Württemberg und Berlin ab Klasse 7, in Brandenburg ab Sekundarstufe II, in Bremen ab den Abschlusszeugnissen der Sekundarstufe I und II). In einigen Bundesländern wird der Einsatz des „Notenschutzes“ in der Sekundarstufe II ausgeschlossen (wie in Baden-Württemberg, Berlin, Hamburg, Rheinland-Pfalz, Sachsen, Sachsen-Anhalt und im Saarland), in anderen Ländern ist er möglich (beispielsweise in Bayern, Brandenburg, Bremen, Hessen), wenn auch teilweise unter Ausschluss der Abschlussprüfungen und -zeugnisse (wie in Niedersachsen). Genehmigt werden Maßnahmen des „Notenschutzes“ analog zu den nachteilsausgleichenden Maßnahmen unter Verantwortung der Schulleitung. Zusätzlich müssen diese Maßnahmen in manchen Bundesländern durch die Schulaufsichtsbehörde bzw. durch das zuständige staatliche Schulamt genehmigt werden (in Thüringen; in Bayern und Hessen ab der Sekundarstufe II).

Literatur

Achenbach, T.M., McConaughy, S.H. & Howell, C.T. (1987). Child/adolescent behavioral and emotional problems: Implications of cross-informant correlations for situational specificity. *Psychological Bulletin, 101,* 213–232. https://doi.org/10.1037/0033-2909.101.2.213

Adler, E.S. & Götzinger-Hiebner, M. (2021). *LeSek* 5–9. *Lesetest Sekundarstufe*. Stuttgart: Klett.

Alloway, T.P. & Alloway, R.G. (2010). Investigating the predictive roles of working memory and IQ in academic attainment. *Journal of Experimental Child Psychology, 106,* 20–29. https://doi.org/10.1016/j.jecp.2009.11.003

Araújo, S. & Faísca, L. (2019). A meta-analytic review of naming-speed deficits in developmental dyslexia. *Scientific Studies of Reading, 23,* 349–368. https://doi.org/10.1080/10888438.2019.1572758

Arbeitsgemeinschaft der Wissenschaftlichen Medizinischen Fachgesellschaften AWMF (2015). *Diagnostik und Behandlung von Kindern und Jugendlichen mit Lese- und/oder Rechtschreibstörung.* https://www.awmf.org/uploads/tx_szleitlinien/028-044l_S3_Lese-Rechtschreibstörungen_Kinder_Jugendliche_2015-06-abgelaufen.pdf

Arbeitsgemeinschaft der Wissenschaftlichen Medizinischen Fachgesellschaften AWMF (2018). *Diagnostik und Behandlung der Rechenstörung.* https://www.awmf.org/uploads/tx_szleitlinien/028-046l_S3_Rechenstörung-2018-03_1.pdf

Autorengruppe Bildungsberichterstattung. (2020). *Bildung in Deutschland 2020. Ein indikatorengestützter Bericht mit einer Analyse zu Bildung in einer digitalisierten Welt.* Bielefeld: W. Bertelsmann Verlag.

Bäcker, A. & Neuhäuser, G. (2003). Internalisierende und externalisierende Syndrome bei Lese- und Rechtschreibstörungen. *Praxis der Kinderpsychologie und Kinderpsychiatrie, 52,* 329–337.

Baddeley, A.D. (1986). *Working memory.* Oxford: Oxford University Press.

Bailey, S.K., Aboud, K.S., Nguyen, T.Q. & Cutting, L.E. (2018). Applying a network framework to the neurobiology of reading and dyslexia. *Journal of Neurodevelopmental Disorders, 10:*37.

Banales, E., Kohnen, S. & McArthur, G. (2015). Can verbal working memory training improve reading? *Cognitive Neuropsychology, 32,* 104–132. https://doi.org/10.1080/02643294.2015.1014331

Bar-Kochva, I., Korinth, S. & Hasselhorn, M. (2020). Effects of a morpheme-based training procedure on the literacy skills of readers with a reading disability. *Applied Psycholinguistics, 41,* 1061–1082.

Bäuerlein, K., Beinicke, A., Berger, N., Faust, G., Jost, M. & Schneider, W. (2021). *Fähigkeitsindikatoren Primarschule (FIPS).* Göttingen: Hogrefe.

Bäuerlein, K., Lenhard, W. & Schneider, W. (2012a). *Lesetestbatterie für die Klassenstufen 6–7 (LESEN 6–7).* Göttingen: Hogrefe.

Bäuerlein, K., Lenhard, W. & Schneider, W. (2012b). *Lesetestbatterie für die Klassenstufen 8–9 (LESEN 8–9).* Göttingen: Hogrefe.

Berger, N., Küspert, P., Lenhard, W., Marx, P., Schneider, W. & Weber, J. (2009). *WorT – Würzburger orthographisches Training.* Berlin: Cornelsen.

Birkel, P. (2007a). *Weingartener Grundwortschatz Rechtschreib-Test für zweite und dritte Klassen (WRT 2+).* Göttingen: Hogrefe.

Birkel, P. (2007b). *Weingartener Grundwortschatz Rechtschreib-Test für dritte und vierte Klassen (WRT 3+).* Göttingen: Hogrefe.

Birkel, P. (2007c). *Weingartener Grundwortschatz Rechtschreib-Test für vierte und fünfte Klassen (WRT 4+).* Göttingen: Hogrefe.

Birkel, P. & Berwanger, D. (2022). *Weingartener Grundwortschatz Rechtschreib-Test für erste und zweite Klassen (WRT 1+)* (3. Auflage). Göttingen: Hogrefe.

Birkel, P. & Stammet, C. (2008). Die Entwicklung der Rechtschreibfähigkeit aus der Sicht einer Neueichung. In W. Schneider, H. Marx & M. Hasselhorn (Hrsg.), *Diagnostik von Rechtschreibleistungen und -kompetenz.* (Tests und Trends, N.F., Bd. 6, Jahrbuch der pädagogisch-psychologischen Diagnostik, S. 61–91). Göttingen: Hogrefe.

Brandenburg, J., Fischbach, A., Labuhn, A.S., Rietz, C.S., Schmid, J. & Hasselhorn, M. (2016). Overidentification of learning disorders among language-minority students. Implications for the standardization of school achievement tests. *Journal for Educational Research Online, 8,* 42–65.

Brandenburg, J., Fischbach, A., Schuchardt, K., Büttner, G., Grube, D., Mähler, C. & Hasselhorn, M. (2022). Welche kognitiven Funktionen begünstigen das Überwinden einer Lesestörung? *Sprache – Stimme – Gehör, 46,* 76–81. https://doi.org/10.1055/a-1767-9884

Brandenburg, J., Huschka, S.S., Visser, L., Cartschau, F. & von Goldammer, A. (2023). Wie fair testet der WÜRT 1 die Rechtschreibleistungen von mehrsprachigen Kindern? Eine Überprüfung mittels Differential Item Functioning. *Diagnostica,* 1–12. https://doi.org/10.1026/0012-1924/a000319

Brandenburg, J., Klesczewski, J., Fischbach, A., Büttner, G., Grube, D., Mähler, C. & Hasselhorn, M. (2013). Arbeitsgedächtnisfunktionen von Kindern mit Minderleistungen in der Schriftsprache. Zur Dissoziation von Lese- und Rechtschreibfertigkeiten und zur Relevanz des IQ-Diskrepanzkriteriums. *Lernen und Lernstörungen, 2,* 147–159. https://doi.org/10.1024/2235-0977/a000037

Breuk, R.E., Clauser, C.A.C., Stams, G.J.J.M., Slot, N.W. & Doreleijers, T.A.H. (2007). The validity of questionnaire self-report of psychopathology and parent–child relationship quality in juvenile delinquents with psychiatric disorders. *Journal of Adolescence, 30,* 761–771. https://doi.org/10.1016/j.adolescence.2006.10.003

Brook, U., Watemberg, N. & Geva, D. (2000). Attitude and knowledge of attention deficit hyperactivity disorder and learning disability among high school teachers. *Patient Education and Counseling, 40,* 247–252. https://doi.org/10.1016/S0738-3991(99)00080-4

Büttner, G. & Hasselhorn, M. (2011). Learning disabilities: Debates on definitions, causes, subtypes, and responses. *International Journal of Disability Development and Education, 58,* 75–87. https://doi.org/10.1080/1034912X.2011.548476

Calsyn, R.J. & Kenny, D.A. (1977). Self-concept of ability and perceived evaluation of others: Cause or effect of academic achievement? *Journal of Educational Psychology, 69,* 136–145. https://doi.org/10.1037/0022-0663.69.2.136

Carroll, J.M., Maughan, B., Goodman, R. & Meltzer, H. (2005). Literacy difficulties and psychiatric disorders: Evidence for comorbidity. *Journal of Child Psychology and Psychiatry, 46,* 524–532. https://doi.org/10.1111/j.1469-7610.2004.00366.x

Catts, H.W. (2021). Commentary: The critical role of oral language deficits in reading disorders: Reflections on Snowling and Hulme. *The Journal of Child Psychology and Psychiatry, 62,* 654–656. https://doi.org/10.1111/jcpp.13389

Catts, H.W., Adlos, S.M., Hogan, T.P. & Weismer, S.E. (2005). Are specific language impairment and dyslexia distinct disorders? *Journal of Speech, Language, and Hearing Research, 48,* 1378–1396. https://doi.org/10.1044/1092-4388(2005/096)

Chen, Y.-J.I., Thompson, C.G., Xu, Z., Irey, R.C. & Georgiou, G.K. (2021). Rapid automatized naming and spelling performance in alphabetic languages: A meta-analysis. *Reading and Writing, 34,* 2559–2580. https://doi.org/10.1007/s11145-021-10160-7

Dahle, A.E. & Knivsberg, A.-M. (2014). Internalizing, externalizing and attention problems in dyslexia. *Scandinavian Journal of Disability Research, 16,* 179–193. https://doi.org/10.1080/15017419.2013.781953

DeFries, J.C. & Alarcón, M. (1996). Genetics of specific reading disability. *Mental Retardation and Developmental Disabilities Research Reviews, 2,* 39–47. https://doi.org/10.1002/(SICI)1098-2779(1996)2:1<39::AID-MRDD7>3.0.CO;2-S

Dilling, H., Mombour, W. & Schmidt, M.H. (Hrsg.) (2015). *Internationale Klassifikation psychischer Störungen: ICD-10 Kapitel V (F) – Klinisch-diagnostische Leitlinien.* Göttingen: Hogrefe.

Dilling, H., Mombour, W., Schmidt, M.H. & Schulte-Markwort, E. (2016). *Internationale Klassifikation psychischer Störungen: ICD-10 Kapitel V (F) – Diagnostische Kriterien für Forschung und Praxis.* Göttingen: Hogrefe.

D'Mello, A.M. & Gabrieli, J.D.E. (2018). Cognitive neuroscience of dyslexia. *Language, Speech, and Hearing Services in Schools, 49,* 798–809. https://doi.org/10.1044/2018_LSHSS-DYSLC-18-0020

Döpfner, M. & Görtz-Dorten, A. (2008). Psycho- und Verhaltensdiagnostik. In F. Petermann (Hrsg.), *Lehrbuch der Klinischen Kinderpsychologie* (6. Auflage, S. 149–170). Göttingen: Hogrefe.

Döpfner, M. & Petermann, F. (2012). *Diagnostik psychischer Störungen im Kindes- und Jugendalter.* Göttingen: Hogrefe.

Dummer-Smoch, L. & Hackethal, R. (2011). *Kieler Leseaufbau.* Kiel: Veris.

Durkin, C. (2000). Dyslexia and bilingual children – Does recent research assist identification? *Dyslexia, 6,* 248–267. https://doi.org/10.1002/1099-0909(200010/12)6:4<248::AID-DYS173>3.0.CO;2-O

Ehlert, A., Schroeders, U. & Fritz-Stratmann, A. (2012). Kritik am Diskrepanzkriterium in der Diagnostik von Legasthenie und Dyskalkulie. *Lernen und Lernstörungen, 1,* 169–184. https://doi.org/10.1024/2235-0977/a000018

Ehm, J.-H., Hasselhorn, M. & Schmiedek, F. (2019). Analyzing the developmental relation of academic self-concept and achievement in elementary school children: Alternative models point to different results. *Developmental Psychology, 55,* 2336–2351. https://doi.org/10.1037/dev0000796

Ehm, J.-H., Lindberg, S. & Hasselhorn, M. (2014). Reading, writing, and math self-concept in elementary school children: Influence of dimensional comparison processes. *European Journal of Psychology of Education, 29,* 277–294. https://doi.org/10.1007/s10212-013-0198-x

Ehri, L., Nunes, S., Willows, D., Schuster, B., Yaghoub-Zadeh, Z. & Shanahan, T. (2001). Phonemic awareness instruction helps children learn to read: Evidence from the National Reading Panel's meta-analysis. *Reading Research Quarterly, 36,* 250–287. https://doi.org/10.1598/RRQ.36.3.2

Elliott, J.G. & Grigorenko, E.L. (2014). *The dyslexia debate.* Cambridge University Press. https://doi.org/10.1017/CBO9781139017824

Endlich, D., Dummert, F., Schneider, W. & Schwenck, C. (2014). Verhaltensprobleme bei Kindern mit umschriebener und kombinierter schulischer Minderleistung. *Kindheit und Entwicklung, 23,* 61–69. https://doi.org/10.1026/0942-5403/a000128

Esser, G. & Schmidt, M. (1993). Die langfristige Entwicklung von Kindern mit Lese-Rechtschreibschwäche. *Zeitschrift für Klinische Psychologie, 22,* 100–116.

Esser, G., Wyschkon, A. & Schmidt, M. (2002). Was wird aus Achtjährigen mit einer Lese- und Rechtschreibstörung. *Zeitschrift für Klinische Psychologie und Psychotherapie, 31,* 235–242. https://doi.org/10.1026/0084-5345.31.4.235

Falkai, P. & Wittchen, U. (Hrsg.) (2018). *Diagnostisches und Statistisches Manual Psychischer Störungen DSM-5®*. Göttingen: Hogrefe. https://doi.org/10.1026/02803-000

Fischbach, A., Schuchardt, K., Brandenburg, J., Klesczewski, J., Balke-Melcher, C., Schmidt, C., Büttner, G., Grube, D., Mähler, C. & Hasselhorn, M. (2013). Prävalenz von Lernschwächen und Lernstörungen: Zur Bedeutung der Diagnosekriterien. *Lernen und Lernstörungen, 2,* 65–76. https://doi.org/10.1024/2235-0977/a000035

Fischbach, A., Schuchardt, K., Mähler, C. & Hasselhorn, M. (2010). Zeigen Kinder mit schulischen Minderleistungen sozio-emotionale Auffälligkeiten? *Zeitschrift für Entwicklungspsychologie und Pädagogische Psychologie, 42,* 201–210. https://doi.org/10.1026/0049-8637/a000025

Fischer, M.Y. & Pfost, M. (2015). Wie effektiv sind Maßnahmen zur Förderung der phonologischen Bewusstheit? Eine meta-analytische Untersuchung der Auswirkungen deutschsprachiger Trainingsprogramme auf den Schriftspracherwerb. *Zeitschrift für Entwicklungspsychologie und Pädagogische Psychologie, 47,* 35–51. https://doi.org/10.1026/0049-8637/a000121

Friend, A., DeFries, J.C. & Olson, R.K. (2008). Parental education moderates genetic influences on reading disability. *Psychological Science, 19,* 1124–1130. https://doi.org/10.1111/j.1467-9280.2008.02213.x

Gabriel, T., Griepenburg, C. & Schuchardt, K. (2021). Grundschulkindern Lernstörungen erklären: Evaluation einer psychoedukativen Lehreinheit zur Aufklärung über Lernstörungen. *Praxis der Kinderpsychologie und Kinderpsychiatrie, 70,* 315–331. https://doi.org/10.13109/prkk.2021.70.4.316

Gadeyne, E., Ghesquière, P. & Onghena, P. (2004). Psychosocial functioning of young children with learning problems. *Journal of Child Psychology and Psychiatry, 45,* 510–521. https://doi.org/10.1111/j.1469-7610.2004.00241.x

Galuschka, K., Görgen, R., Kalmar, J., Haberstroh, S., Schmalz, X. & Schulte-Körne, G. (2020). Effectiveness of spelling treatment approaches for learners with dyslexia – A meta-analysis and systematic review. *Educational Psychologist, 55,* 1–20. https://doi.org/10.1080/00461520.2019.1659794

Galuschka, K., Ise, E., Krick, K. &Schulte-Körne, G. (2014). Effectiveness of treatment approaches for children and adolescents with reading disabilities: A meta-analysis of randomized controlled trials. *PLOS ONE, 9,* e89900. https://doi.org/10.1371/journal.pone.0089900

Galuschka, K. & Schulte-Körne, G. (2015). Evidenzbasierte Interventionsansätze und forschungsbasierte Programme zur Förderung der Leseleistung bei Kindern und Jugendlichen mit Lesestörung – Ein systematischer Review. *Zeitschrift für Erziehungswissenschaft, 18,* 473–487. https://doi.org/10.1007/s11618-015-0650-6

Gold, A. (2016). *Lernen leichter machen. Wie man im Unterricht mit Lernschwierigkeiten umgehen kann.* Göttingen: Vandenhoek & Ruprecht. https://doi.org/10.13109/9783666701948

Gold, A., Mokhlesgerami, J., Rühl, K., Schreblowski, S. & Souvignier, E. (2004). *Wir werden Textdetektive.* Göttingen: Vandenhoek & Ruprecht.

Goodman, R (1997). The Strengths and Difficulty Questionnaire: A research note. *Journal of Child Psychology and Psychiatry, 38,* 581–586.

Goodman R. (2001). Psychometric properties of the strengths and difficulties questionnaire. *Journal of the American Academy of Child and Adolescent Psychiatry, 40,* 1337–1345. https://doi.org/10.1097/00004583-200111000-00015

Görgen, R., Huemer, S., Schulte-Körne, G. & Moll, K. (2020). Evaluation of digital game-based reading training for German children with reading disorder. *Computers & Evaluation, 150*(3): 103834.

Gray, S., Fox, A.B., Green, S., Alt, M., Hogan, T.P., Petscher, Y. & Cowan, N. (2019). Working memory profiles of children with dyslexia, developmental language disorder, or both. *Journal of Speech, Language, and Hearing Research, 62,* 1839–1858. https://doi.org/10.1044/2019_JSLHR-L-18-0148

Griepenburg, C., Schuchardt, K., Lautenschläger, P. & Mähler, C. (2021). Wirksamkeit einer strukturierten, kindgerechten Psychoedukation bei Lernstörungen. *Lernen und Lernstörungen, 10,* 75–87. https://doi.org/10.1024/2235-0977/a000301

Grimm, H. (2012). *Störungen der Sprachentwicklung. Grundlagen – Ursachen – Diagnose – Intervention – Prävention* (3. Aufl.). Göttingen: Hogrefe.

Grimm, H., Aktas, M., Jungmann, T., Peglow, S., Stahn, D. & Wolter, E. (2004). Sprachscreening im Vorschulalter: Wie viele Kinder brauchen tatsächlich eine Sprachförderung? *Frühförderung Interdisziplinär, 23,* 108–117.

Groth, K., Hasko, S., Bruder, J., Kunze, S. & Schulte-Körne, G. (2013). Interventionseffekte bei Lese-Rechtschreibstörung: Evaluation von zwei Förderkonzepten unter besonderer Betrachtung methodischer Aspekte. *Lernen und Lernstörungen, 2,* 161–175.

Grund, M., Leonhart, R. & Naumann, C.L. (2017a). *Diagnostischer Rechtschreibtest für 4. Klassen (DRT 4).* Göttingen: Hogrefe.

Grund, M., Leonhart, R. & Naumann, C.L. (2017b). *Diagnostischer Rechtschreibtest für 5. Klassen (DRT 5).* Göttingen: Hogrefe.

Guay, F., Marsh, H.W. & Boivin, M. (2003). Academic self-concept and academic achievement: Developmental perspectives on their causal ordering. *Journal of Educational Psychology, 95,* 124–136. https://doi.org/10.1037/0022-0663.95.1.124

Hart, S.A., Logan, J.A.R., Soden-Hensler, B., Kershaw, S., Taylor, J. & Schatschneider, C. (2013). Exploring how nature and nurture affect the development of reading: An analysis of the Florida Twin Project on Reading. *Developmental Psychology, 49,* 1971–1981. https://doi.org/10.1037/a0031348

Hasselhorn, M. & Büttner, G. (2017). Lernstörungen. In U. Hartmann, M. Hasselhorn & A. Gold (Hrsg.), *Entwicklungsverläufe verstehen – Kinder mit Bildungsrisiken wirksam fördern. Forschungsergebnisse des Frankfurter IDeA-Zentrums* (S. 65–79). Stuttgart: Kohlhammer.

Hasselhorn, M., Decristan, J. & Klieme, E. (2019). Individuelle Förderung. In O. Köller, M. Hasselhorn, F.W. Hesse, K. Maaz, J. Schrader, H. Solga, C.K. Spieß & K. Zimmer (Hrsg.), *Das Bildungswesen in Deutschland. Bestand und Potenziale* (S. 375–401). Bad Heilbrunn: UTB/Klinkhardt.

Hasselhorn, M. & Körkel, J. (1983). Gezielte Förderung der Lernkompetenz am Beispiel der Textverarbeitung. *Unterrichtswissenschaft, 11,* 370–382.

Hasselhorn, M. & Schneider, W. (2022). Prevention of dyslexia and dyscalculia: Best practice and policy in early education. In M.A. Skeide (Ed.), *The Cambridge Handbook of dyslexia and dyscalculia* (pp. 410–422). Cambridge: Cambridge University Press.

Heckhausen, H. (1989). *Motivation und Handeln.* Heidelberg: Springer. https://doi.org/10.1007/978-3-662-08870-8

Helmke, A. & van Aken, M.A. (1995). The causal ordering of academic achievement and self-concept of ability during elementary school. A longitudinal study. *Journal of Educational Psychology, 87,* 624–637. https://doi.org/10.1037/0022-0663.87.4.624

Henschel, S., Heppt, B., Rjosk, C. & Weirich, S. (2022). Zuwanderungsbezogene Disparitäten. In P. Stanat, S. Schipolowski, R. Schneider, K.A. Sachse, S. Weirich & S. Henschel (Hrsg.). *IQB-Bildungstrend 2021. Kompetenzen in den Fächern Deutsch und Mathematik am Ende der 4. Jahrgangsstufe im dritten Ländervergleich* (S. 181–219). Münster: Waxmann. Verfügbar unter https://www.iqb.hu-berlin.de/bt/BT2021/Bericht/

Hintikka, S., Landerl, K., Aro, M. & Lyytinen, H. (2008). Training reading fluency: Is it important to practice reading aloud and is generalization possible? *Annals of Dyslexia, 58,* 59–79. https://doi.org/10.1007/s11881-008-0012-7

Hjetland, H. N., Brinchmann, E. I., Scherer, R. & Melby-Lervåg, M. (2017). Preschool predictors of later reading comprehension ability: A systematic review. *Campbell Systematic Reviews, 13*(1), 1–155. https://doi.org/10.4073/csr.2017.14

Holmes, J., Byrne, E. M. & Graham, A. J. (2022). Working memory and classroom learning. In J. W. Schwieter & Z. Wen (Eds.), *The Cambridge handbook of working memory and language* (pp. 835–858). Cambridge: Cambridge University Press.

Hulme, C. & Snowling, M. J. (2013). Learning to read: What we know and what we need to understand better. *Child Development Perspectives, 7,* 1–5. https://doi.org/10.1111/cdep.12005

Huschka, S. S., Georgiou, G. K., Brandenburg, J., Ehm, J.-H. & Hasselhorn, M. (2021). Examining the contribution of RAN components to reading fluency, reading comprehension, and spelling in German. *Reading and Writing, 34,* 2317–2336. https://doi.org/10.1007/s11145-021-10145-6

Ihle, W. & Esser, G. (2002). Epidemiologie psychischer Störungen im Kindes- und Jugendalter: Prävalenz, Verlauf, Komorbidität und Geschlechtsunterschiede. *Psychologische Rundschau, 53,* 159–169. https://doi.org/10.1026//0033-3042.53.4.159

Ise, E., Engel, R. R. & Schulte-Körne, G. (2012). Was hilft bei Lese-Rechtschreibstörung? Ergebnisse einer Metaanalyse zur Wirksamkeit deutschsprachiger Förderansätze. *Kindheit und Entwicklung, 21,* 122–136. https://doi.org/10.1026/0942-5403/a000077

Jansen, H. (2008). Rechtschreibdiagnostik in pädagogisch-psychologischen Interventionen: Leistungen und Grenzen heutiger Rechtschreibtests in der praktischen Anwendung. In W. Schneider, H. Marx. & M. Hasselhorn (Hrsg.), *Diagnostik von Rechtschreibleistungen und -kompetenzen* (Tests und Trends, N. F., Bd. 6. Jahrbuch der pädagogisch-psychologischen Diagnostik, S. 159–189). Göttingen: Hogrefe.

Kargl, R. (2021). *Förderdiagnostik Rechtschreibung – Testbatterie (MORPHEUS-TB).* Göttingen: Hogrefe.

Kargl, R. & Purgstaller, P. (2010). *MORPHEUS – Morphemgestütztes Grundwortschatz-Segmentierungstraining.* Göttingen: Hogrefe.

Kavale, K. A., (1984). A meta-analytic evaluation of the Frostig test and training program. *The Exceptional Child, 31,* 134–141.

Kersting, M. (2018). Zur Information über und Dokumentation von Instrumenten zur Erfassung menschlichen Erlebens und Verhaltens – Die DIN SCREEN Checkliste 1, Version 3. In Diagnostik- und Testkuratorium (Hrsg.), *Personalauswahl kompetent gestalten: Grundlagen und Praxis der Eignungsdiagnostik nach DIN 33430* (S. 223–244). Berlin: Springer. https://doi.org/10.1007/978-3-662-53772-5

Kirby, J. R., Georgiou, G. K., Martinussen, R. & Parrila, R. (2010). Naming speed and reading: From prediction to instruction. *Reading Research Quarterly, 45,* 341–362. https://doi.org/10.1598/RRQ.45.3.4

Kjeldsen, A.-C., Kärnä, A., Niemi, P., Olofsson, A. & Witting, K. (2014). Gains from training in phonological awareness in kindergarten predict reading comprehension in grade 9. *Scientific Studies of Reading, 18,* 452–467. https://doi.org/10.1080/10888438.2014.940080

Klatte, M., Steinbrink, C., Bergström, K. & Lachmann, T. (2016). Lautarium: Ein computerbasiertes Trainingsprogramm für Grundschulkinder mit Lese-Rechtschreibschwierigkeiten. In M. Hasselhorn & W. Schneider (Hrsg.), *Förderprogramme für Vor- und Grundschule* (S. 115–141). Göttingen: Hogrefe.

Klesczewski, J., Brandenburg, J., Fischbach, A., Grube, D., Hasselhorn, M. & Büttner, G. (2015). Working memory functioning in children with poor mathematical skills. Relationships to IQ–

achievement discrepancy and additional reading and spelling difficulties. *Zeitschrift für Psychologie, 223,* 83–92. https://doi.org/10.1027/2151-2604/a000206

Klicpera, C., Rainer, S. & Gelautz, N. (2005). Einfluss eines klassenweisen Mitschüler-Tutoring auf die Entwicklung des Lesens und Rechtschreibens sowie das Sozialverhalten in der 2. Klasse Grundschule. *Heilpädagogische Forschung, 31,* 145–152.

Kohn, J., Wyschkon, A., Ballaschk, K., Ihle, W. & Esser, G. (2013). Verlauf von Umschriebenen Entwicklungsstörungen: Eine 30-Monats-Follow-up-Studie. *Lernen und Lernstörungen, 2,* 77–89. https://doi.org/10.1024/2235-0977/a000032

Kohn, J., Wyschkon, A. & Esser, G. (2013). Psychische Auffälligkeiten bei Umschriebenen Entwicklungsstörungen: Gibt es Unterschiede zwischen Lese-Rechtschreib- und Rechenstörungen? *Lernen und Lernstörungen, 2,* 7–20. https://doi.org/10.1024/2235-0977/a000027

Kultusministerkonferenz KMK (2007). *Grundsätze zur Förderung von Schülerinnen und Schülern mit besonderen Schwierigkeiten im Lesen und Rechtschreiben oder im Rechnen. (Beschluss der Kultusministerkonferenz vom 04.12.2003 i.d.F. vom 15.11.2007).* https://www.kmk.org/fileadmin/Dateien/veroeffentlichungen_beschluesse/2003/2003_12_04-Lese-Rechtschreibschwaeche.pdf

Küspert, P. & Schneider, W. (2018). *Hören, lauschen, lernen. Sprachspiele für Kinder im Vorschulalter. Würzburger Trainingsprogramm zur Vorbereitung auf den Erwerb der Schriftsprache* (7. Aufl.). Göttingen: Vandenhoeck & Ruprecht.

Landerl, K. (2009). Lese-/Rechtschreibstörung. In S. Schneider & J. Margraf (Hrsg.), *Störungen im Kindes- und Jugendalter, Bd. 3: Lehrbuch der Verhaltenstherapie* (S. 396–410). Heidelberg: Springer.

Landerl, K. & Wimmer, H. (2008). Development of word reading fluency and spelling in a consistent orthography: An 8-year follow-up. *Journal of Educational Psychology, 100,* 150–161. https://doi.org/10.1037/0022-0663.100.1.150

Lehrl, S., Ebert, S., Roßbach, H.-G. & Weinert, S. (2012). Die Bedeutung der familiären Lernumwelt für Vorläufer schriftsprachlicher Kompetenzen im Vorschulalter. *Zeitschrift für Familienforschung, 24,* 115–133.

Lenhard, A. & Lenhard, W. (2017). *Diagnostik von Lesestörungen mit ELFE II bei Kindern mit Migrationshintergrund (inklusive adaptierter Normen).* Dettelbach: Psychometrica.

Lenhard, W., Hasselhorn, M. & Schneider, W. (2011). *Kombiniertes Leistungsinventar zur allgemeinen Schulleistung und für Schullaufbahnempfehlungen in der 4. Klasse (KLASSE 4).* Göttingen: Hogrefe.

Lenhard, W. & Lenhard, A. (2018). Diagnostik von Lesestörungen bei Mehrsprachigkeit. *Lernen und Lernstörungen, 7,* 1–11. https://doi.org/10.1024/2235-0977/a000212

Lenhard, W. & Lenhard, A. (2020). *Diagnose von Lernstörungen.* Abgerufen unter: https://www.psychometrica.de/tls.html. Dettelbach: Psychometrica.

Lenhard, W., Lenhard, A. & Schneider, W. (2022). *ELFE II – Ein Leseverständnistest für Erst- bis Siebtklässler* (5. Auflage). Göttingen: Hogrefe.

Lenhart, J., Segerer, R., Marx, P. & Schneider, W. (2020). *R-FIT* 9–10. *Fehleridentifikationstest – Rechtschreibung für neunte und zehnte Klassen.* Göttingen: Hogrefe.

Levlin, M. & Nakeva von Mentzer, C. N. (2020). An evaluation of systematized phonics on reading proficiency in Swedish second grade poor readers: Effects on pseudoword and sight word reading skills. *Dyslexia, 26,* 427–441. https://doi.org/10.1002/dys.1669

Lorenz, R., McElvany, N., Schilcher, A. & Ludewig, U. (2023). Lesekompetenz von Viertklässlerinnen und Viertklässlern im internationalen Vergleich: Testkonzeption und Ergebnisse von IGLU 2021. In N. McElvany, R. Lorenz, A. Frey, F. Goldhammer, A. Schilcher & T. C. Stubbe (Hrsg.), *IGLU* 21 – *Lesekompetenz von Grundschulkindern im internationalen Vergleich und im Trend über 20 Jahre* (S. 53–87). Münster: Waxmann.

Lundberg, I., Frost, J. & Petersen, O.-P. (1988). Effects of an extensive program for stimulating phonological awareness in preschool children. *Reading Research Quarterly, 23,* 263–284. https://doi.org/10.1598/RRQ.23.3.1

Mähler, C. (2021). Diagnostik von Lernstörungen: Zeit zum Umdenken. *Zeitschrift für Pädagogische Psychologie, 35,* 217–221. https://doi.org/10.1024/1010-0652/a000291

Mähler, C., Grube, D. & Schuchardt, K. (2017). Interindividuelle Unterschiede kognitiver Kompetenzen als Herausforderung für die frühkindliche Bildung. *Pädagogische Rundschau, 71,* 349–366.

Maehler, C., Joerns, C. & Schuchardt, K. (2019). Training working memory of children with and without dyslexia. *Children, 6:*47.

Mannhaupt, G. (1999). Strategische und entwicklungsorientierte Fördermaßnahmen für das Rechtschreiben. *Kindheit und Entwicklung, 8,* 158–161. https://doi.org/10.1026//0942-5403.8.3.158

Martinez Méndez, R., Schneider, M. & Hasselhorn, M. (2015). *Deutscher Rechtschreibtest für fünfte und sechste Klassen (DERET* 5–6+*)*. Göttingen: Hogrefe.

Maughan, B. (1995). Annotation: Long-term outcomes of developmental reading problems. *Journal of Child Psychology and Psychiatry, 36,* 357–371. https://doi.org/10.1111/j.1469-7610.1995.tb01296.x

May, P. (2012). *Hamburger Schreib-Probe* 1–*10 (HSP* 1–10). Göttingen: Hogrefe.

May, P. (2013a). *Kompetenzerfassung in Kindergarten und Schule (KEKS) Deutsch 1. Schuljahr*. Berlin: Cornelsen.

May, P. (2013b). *Kompetenzerfassung in Kindergarten und Schule (KEKS) Deutsch 2. Schuljahr*. Berlin: Cornelsen.

May, P. (2013c). *Kompetenzerfassung in Kindergarten und Schule (KEKS) Deutsch 3. Schuljahr*. Berlin: Cornelsen.

May, P. (2013d). *Kompetenzerfassung in Kindergarten und Schule (KEKS) Deutsch 4. Schuljahr*. Berlin: Cornelsen.

Mayringer, H. & Wimmer, H. (2014). *Salzburger Lese-Screening für die Schulstufen 2–9 (SLS* 2–9). Göttingen: Hogrefe.

McArthur, G., Sheehan, Y., Badcock, N.A., Francis, D.A., Wang, H.-C., Kohnen, S. et al. (2018). Phonics training for English-speaking poor readers. *Cochrane Database of Systematic Reviews, 12,* CD009115. https://doi.org/10.1002/14651858.CD009115.pub3

McCall, W.A. (1922). *How to measure in education*. New York: Macmillan Company.

McLaughlin, M.J., Speirs, K.E. & Shenassa, E.D. (2014). Reading disability and adult attained education and income: Evidence from a 30-year longitudinal study of a population-based sample. *Journal of Learning Disabilities, 47,* 374–386. https://doi.org/10.1177/0022219412458323

McWeeny, S., Choi, S., Choe, J., LaTourrette, A., Roberts, M.Y. & Norton, E.S. (2022). Rapid automatized naming (RAN) as a kindergarten predictor of future reading in English: A systematic review and meta-analysis. *Reading Research Quarterly, 57*(4), 1187–1211. https://doi.org/10.1002/rrq.467

Melby-Lervåg, M., Lyster, S.-A.H. & Hulme, C. (2012). Phonological skills and their role in learning to read: A meta-analytic review. *Psychological Bulletin, 138,* 322–352. https://doi.org/10.1037/a0026744

Moll, K., Gangl, M., Banfi, C., Schulte-Körne, G. & Landerl, K. (2020). Stability of deficits in reading fluency and/or spelling. *Scientific Studies of Reading, 24,* 241–251. https://doi.org/10.1080/10888438.2019.1659277

Moll, K., Kunze, S., Neuhoff, N., Bruder, J. & Schulte-Körne, G. (2014). Specific learning disorder: Prevalence and gender differences. *PLOS ONE, 9*(7), e103537. https://doi.org/10.1371/journal.pone.0103537

Moll, K. & Landerl, K. (2009). Double dissociation between reading and spelling deficits. *Scientific Studies of Reading, 13,* 359–382. https://doi.org/10.1080/10888430903162878

Moll, K. & Landerl, K. (2014). *Lese- und Rechtschreibtest (SLRT-II). Weiterentwicklung des Salzburger Lese- und Rechtschreibtests (SLRT).* Bern: Hans Huber.

Moll, K., Landerl, K., & Kain, W. (2008). Der Rechtschreibteil des SLRT. In W. Schneider, H. Marx & M. Hasselhorn (Hrsg.), *Diagnostik von Rechtschreibleistungen und -kompetenz* (Tests und Trends, N.F., Bd. 6. Jahrbuch der pädagogisch-psychologischen Diagnostik, S. 129–157). Göttingen: Hogrefe.

Moll, K., Ramus, F., Bartling, J., Bruder, J., Kunze, S., Neuhoff, N., Streiftau, S., Lyytinen, H., Leppänen, P.H., Lohvansuu, K., Tóth, D., Honbolygó, F., Csépe, V., Bogliotti, C., Iannuzzi, S., Démonet, J., Longeras, E., Valdois, S., George, F., Soares-Boucaud, I., Heuzey, M.F., Billard, C., O'Donovan, M.C., Hill, G., Williams, J., Brandeis, D., Maurer, U., Schulz, E., Mark, S.V., Müller-Myhsok, B., Schulte-Körne, G. & Landerl, K. (2014). Cognitive mechanisms underlying reading and spelling development in five European orthographies. *Learning and Instruction, 29,* 65–77.

Möller, J., Kuska, S.K. & Zaunbauer, A. (2011). Einflussfaktoren auf die Entwicklung des Selbstkonzepts im Grundschulalter. In F. Günther & F. Hellmich (Hrsg.), *Selbstkonzepte im Grundschulalter* (S. 159–172). Stuttgart: Kohlhammer.

Mrazek, P.J. & Haggerty, R.J. (1994). *Reducing risks for mental disorders.* Washington: National Academy Press.

Müller, B., Richter, T. & Otterbein-Gutsche, G. (2020). *Lesen mit Willy Wortbär. Ein phonembasiertes Training zur Förderung der Worterkennung beim Lesen.* Göttingen: Hogrefe.

Müller, R. (im Druck). *Diagnostischer Rechtschreibtest für dritte Klassen – DRT 3* (5., korrigierte Auflage). Göttingen: Hogrefe.

Mugnaini, D., Lassi, S., La Malfa, G. & Albertini, G. (2009). Internalizing correlates of dyslexia. *World Journal of Pediatrics, 5,* 255–264. https://doi.org/10.1007/s12519-009-0049-7

Nachtigall, C. & Suhl, U. (2002). Der Regressionseffekt. Mythos und Wirklichkeit. *Schriftenreihe des Lehrstuhls für Psychologische Methodenlehre und Evaluationsforschung am Institut für Psychologie der Friedrich-Schiller-Universität Jena, 4*(2). https://www.metheval.uni-jena.de/materialien/reports/report_2002_02.pdf

Nelson, J.M. & Harwood, H. (2011). Learning disabilities and anxiety: A meta-analysis. *Journal of Learning Disabilities, 44,* 3–17. https://doi.org/10.1177/0022219409359939

Olson, R.K., Keenan, J.M., Byrne, B. & Samuelsson, S. (2017). Genetic and environmental influences on the development of reading and related skills. In K. Cain, D.L. Compton & R.K. Parilla (Eds.), *Theories of reading development* (pp. 33–54). Amsterdam: John Benjamins Publishing Company. https://doi.org/10.1075/swll.15.03ols

Paleczek, L., Seifert, S., Obendrauf, T., Schwab, S. & Gasteiger-Klicpera, B. (2017). *Differenzierter Lesetest – Dekodieren (DiLe-D).* Göttingen: Hogrefe.

Palincsar, A.S. & Brown, A.L. (1984). Reciprocal teaching of comprehension-fostering and comprehension-monitoring activities. *Cognition and Instruction, 1,* 117–175. https://doi.org/10.1207/s1532690xci0102_1

Paris, S.G. & Jacobs, J.E. (1984). The benefits of informed instruction for children's reading awareness and comprehension skills. *Child Development, 55,* 2083–2093. https://doi.org/10.2307/1129781

Pennington, B.F., McGrath, L.M. & Peterson, R.L. (2019). *Diagnosing learning disorders. From science to practice* (3rd ed.). New York: The Guilford Press.

Petermann, F. (2005). Zur Epidemiologie psychischer Störungen im Kindes- und Jugendalter. *Kindheit und Entwicklung, 14,* 48–57. https://doi.org/10.1026/0942-5403.14.1.48

Petermann, F. & Daseking, M. (2019). *Zürcher Lesetest – II (ZLT-II). Weiterentwicklung des Zürcher Lesetests (ZLT) von Maria Linder und Hans Grissemann*. Bern: Hans Huber.

Pfost, M. (2015). Children's phonological awareness as a predictor of reading and spelling: A systematic review of longitudinal research in German-speaking countries. *Zeitschrift für Entwicklungspsychologie und Pädagogische Psychologie, 47,* 123–138. https://doi.org/10.1026/0049-8637/a000141

Pfost, M., Blatter, K., Artelt, C., Stanat, P. & Schneider, W. (2019). Effects of training phonological awareness on children's reading skills. *Journal of Applied Developmental Psychology, 65,* 101063. https://doi.org/10.1016/j.appdev.2019.101067

Plume, E. & Schneider, W. (2004). *Hören, lauschen, lernen 2. Spiele mit Buchstaben und Lauten im Vorschulalter*. Göttingen: Vandenhoeck & Ruprecht.

Pohlmann, B. & Möller, J. (2009). On the benefit of dimensional comparisons. *Journal of Educational Psychology, 101,* 248–258. https://doi.org/10.1037/a0013151

Polanczyk, G., de Lima, M.S., Horta, B.L., Biederman, J. & Rohde, L.A. (2007). The worldwide prevalence of ADHD: A systematic review and metaregression analysis. *American Journal of Psychiatry, 164,* 942–948. https://doi.org/10.1176/ajp.2007.164.6.942

Preßler, A.-L., Könen, T. Hasselhorn, M. & Krajewski, K. (2014). Cognitive preconditions of early reading and spelling: A latent-variable approach with longitudinal data. *Reading and Writing, 27,* 383–406. https://doi.org/10.1007/s11145-013-9449-0

Preßler, A.-L., Krajewski, K. & Hasselhorn, M. (2013). Working memory capacity in preschool children contributes to the acquisition of school relevant precursor skills. *Learning and Individual Differences, 23,* 138–144. https://doi.org/10.1016/j.lindif.2012.10.005

Remschmidt, H., Schmidt, M.H. & Poustka, F. (Hrsg.). (2017). *Multiaxiales Klassifikationsschema für psychische Störungen des Kindes- und Jugendalters nach ICD-10*. Göttingen: Hogrefe.

Reuter-Liehr, C. (1992). *Lautgetreue Rechtschreibförderung*. Bochum: Winkler.

Reuter-Liehr, C. (2020). *Lautgetreue Lese-Rechtschreibförderung* (4. Aufl.). Bochum: Winkler.

Richter, T., Naumann, J., Isberner, M.-B., Neeb, Y. & Knoepke, J. (2017). *Prozessbezogene Diagnostik von Lesefähigkeiten im Grundschulalter (ProDi-L)*. Göttingen: Hogrefe.

Rietz, C.S., Hasselhorn, M. & Labuhn, A.S. (2012). Are externalizing and internalizing difficulties of young children with spelling impairment related to their ADHD symptoms? *Dyslexia, 18,* 174–185. https://doi.org/10.1002/dys.1442

Ritter, C. & Scherer-Neumann, G. (2009). *PotsBlitz. Das Potsdamer Lesetraining – Förderung der basalen Lesefertigkeiten*. Köln: ProLog.

Rosebrock, C., Nix, D., Rieckmann, C. & Gold, A. (2021). *Leseflüssigkeit fördern. Lautleseverfahren für die Primar- und Sekundarstufe* (7. Aufl.). Seelze: Friedrich.

Rühl, K. & Souvignier, E. (2006). *Wir werden Lesedetektive (Lehrermanual und Arbeitsheft)*. Göttingen: Vandenhoeck & Ruprecht.

Sachse, K.A., Jindra, C., Schumann, K. & Schipolowski, S. (2022). Soziale Disparitäten. In P. Stanat, S. Schipolowski, R. Schneider, K.A. Sachse, S. Weirich & S. Henschel (Hrsg.). *IQB-Bildungstrend 2021. Kompetenzen in den Fächern Deutsch und Mathematik am Ende der 4. Jahrgangsstufe im dritten Ländervergleich* (S. 151–180). Münster: Waxmann. Verfügbar unter https://www.iqb.hu-berlin.de/bt/BT2021/Bericht/

Sala, G. & Gobet, F. (2017). Working memory training in typically developing children: A meta-analysis of the available evidence. *Developmental Psychology, 53,* 671–685. https://doi.org/10.1037/dev0000265

Scheerer-Neumann, G. (1979). *Intervention bei Lese-Rechtschreibschwäche. Überblick über Themen, Methoden und Ergebnisse*. Bochum: Kamp.

Scheerer-Neumann, G. (2015). *Lese-Rechtschreibschwäche und Legasthenie. Grundlagen, Diagnostik und Förderung*. Stuttgart: Kohlhammer.

Schmitterer, A.M.A. & Schroeder, S. (2019). Effects of reading and spelling predictors before and after school entry: Evidence from a German longitudinal study. *Learning and Instruction, 59,* 46–53. https://doi.org/10.1016/j.learninstruc.2018.09.005

Schneider, M., Martinez Méndez, R. & Hasselhorn, M. (2014). *Fehleridentifikationstest – Rechtschreibung für fünfte und sechste Klassen (R-FIT-5-6+).* Göttingen: Hogrefe.

Schneider, S. & Popp, L. (2019). *Emotionale Störungen und Verhaltensauffälligkeiten.* Göttingen: Hogrefe. https://doi.org/10.1026/02898-000

Schneider, W. (2017). *Lesen und Schreiben lernen. Wie erobern Kinder die Schriftsprache?* Berlin: Springer. https://doi.org/10.1007/978-3-662-50319-5

Schneider, W. (2018). Nützen Sprachförderprogramme im Kindergarten, und wenn ja, unter welcher Bedingung? *Zeitschrift für Pädagogische Psychologie, 32,* 53–74. https://doi.org/10.1024/1010-0652/a000213

Schneider, W., Blanke, I., Faust, V. & Küspert, P. (2011). *Würzburger Leise Leseprobe – Revision (WLLP-R).* Göttingen: Hogrefe.

Schneider, W., Küspert, P., Roth, E., Visé, M. & Marx, H. (1997). Short- and long-term effects of training phonological awareness in kindergarten: Evidence from two German studies. *Journal of Experimental Child Psychology, 66,* 311–340. https://doi.org/10.1006/jecp.1997.2384

Schneider, W., Roth, E. & Ennemoser, M. (2000). Training phonological skills and letter knowledge in children at risk for dyslexia: A comparison of three kindergarten intervention programs. *Journal of Educational Psychology, 92,* 284–295. https://doi.org/10.1037/0022-0663.92.2.284

Schneider, W., Schlagmüller, M. & Ennemoser, M. (2017). *Lesegeschwindigkeits- und Verständnistest für die Klassen 5–12+ (LGVT 5–12+).* Göttingen: Hogrefe.

Schreblowski, S. & Hasselhorn, M. (2001). Zur Wirkung zusätzlicher Motivänderungskomponenten bei einem metakognitiven Textverarbeitungstraining. *Zeitschrift für Pädagogische Psychologie, 15,* 145–154. https://doi.org/10.1024//1010-0652.15.34.145

Schuchardt, K., Brandenburg, J., Fischbach, A., Büttner, G., Grube, D., Mähler, C. & Hasselhorn, M. (2015). Die Entwicklung des akademischen Selbstkonzeptes bei Grundschulkindern mit Lernschwierigkeiten. *Zeitschrift für Erziehungswissenschaft, 18,* 513–526. https://doi.org/10.1007/s11618-015-0649-z

Schuchardt, K., Brandenburg, J., Fischbach, A. & Mähler, C. (2017). Kognitive Profile bei leserechtschreibschwachen Kindern mit und ohne Aufmerksamkeitsprobleme. *Lernen und Lernstörungen, 6,* 16–181. https://doi.org/10.1024/2235-0977/a000188

Schuchardt, K., Fischbach, A., Balke-Melcher, C. & Mähler, C. (2015). Die Komorbidität von Lernschwierigkeiten mit ADHS-Symptomen im Grundschulalter. *Zeitschrift für Kinder- und Jugendpsychiatrie und Psychotherapie, 43,* 185–193. https://doi.org/10.1024/1422-4917/a000352

Schuchardt, K., Griepenburg, C. & Mähler, C. (2021). Umgang mit Lernstörungen in der Schulklasse: Gegen Stigmatisierung und Ausgrenzung. In C. Bätge, P. Cloos, F. Gerstenberg & K. Riechers (Hrsg.), *Inklusive Bildungsforschung der frühen Kindheit. Empirische Perspektiven und multidisziplinäre Zugänge* (S. 302–319). Weinheim: Beltz.

Schuchardt, K., Kunze, J., Grube, D. & Hasselhorn, M. (2006). Arbeitsgedächtnisdefizite bei Kindern mit schwachen Rechen- und Schriftsprachleistungen. *Zeitschrift für Pädagogische Psychologie, 20,* 261–268. https://doi.org/10.1024/1010-0652.20.4.261

Schuchardt, K., Maehler, C. & Hasselhorn, M. (2008). Working memory deficits in children with specific learning disorders. *Journal of Learning Disabilities, 41*(6), 514–523. https://doi.org/10.1177/0022219408317856

Schulte-Körne, G. & Galuschka, K. (2019). *Lese-/Rechtschreibstörung (LRS).* Göttingen: Hogrefe. https://doi.org/10.1026/02721-000

Schulte-Körne, G. & Mathwig, F. (2009). *Das Marburger Rechtschreibtraining.* Bochum: Winkler.

Schulz, P. (2013). Sprachdiagnostik bei mehrsprachigen Kindern. *Sprache, Stimme, Gehör, 37,* 191–195. https://doi.org/10.1055/s-0033-1358700

Schulz, W., Dertmann, J. & Jagla, A. (2003). Kinder mit Lese- und Rechtschreibstörungen: Selbstwertgefühl und Integrative Lerntherapie. *Kindheit und Entwicklung, 12,* 231–242. https://doi.org/10.1026//0942-5403.12.4.231

Seiffge-Krenke, I. & Kollmar, F. (1998). Discrepancies between mothers' and fathers' perceptions of sons' and daughters' problem behaviour: A longitudinal analysis of parent-adolescent agreement on internalising and externalising problem behaviour. *Journal of Child Psychology and Psychiatry, 39,* 687–697. https://doi.org/10.1017/S0021963098002492

Sénéchal, M. & LeFevre, J.-A. (2002). Parental involvement in the development of children's reading skill: A five-year longitudinal study. *Child Development, 73,* 445–460. https://doi.org/10.1111/1467-8624.00417

Sexton, C.C., Gelhorn, H.L., Bell, J.A. & Classi, P.M. (2012). The cooccurrence of reading disorder and ADHD: Epidemiology, treatment, psychosocial impact, and economic burden. *Journal of Learning Disabilities, 45,* 538–564. https://doi.org/10.1177/0022219411407772

Skowronek, M., Schuchardt, K. & Mähler, C. (2018). Die Entwicklung von Kindern mit umfassenden Lernschwierigkeiten im Verlauf der Grundschuljahre – Schulleistungen, Arbeitsgedächtnis, phonologische Informationsverarbeitung und Selbstkonzept. *Zeitschrift für Pädagogische Psychologie, 32,* 223–236. https://doi.org/10.1024/1010-0652/a000228

Snowling, M.J. & Hulme, C. (2011). Evidence-based interventions for reading and language difficulties: Creating a virtuous circle. *British Journal of Educational Psychology, 81,* 1–23. https://doi.org/10.1111/j.2044-8279.2010.02014.x

Snowling, M.J. & Melby-Lervåg, M. (2016). Oral language deficits in familial dyslexia: A meta-analysis and review. *Psychological Bulletin, 142,* 498–545. https://doi.org/10.1037/bul0000037

Souvignier, E., Förster, N. & Salaschek, M. (2014). quop: Ein Ansatz internet-basierter Lernverlaufsdiagnostik und Testkonzepte für Mathematik und Lesen. In M. Hasselhorn, W. Schneider & U. Trautwein (Hrsg.), *Lernverlaufsdiagnostik* (Tests und Trends, N.F., Bd. 12. Jahrbuch der pädagogisch-psychologischen Diagnostik, S. 129–157). Göttingen: Hogrefe.

Statistisches Bundesamt (2022). *Bevölkerung mit Migrationshintergrund – Ergebnisse des Mikrozensus 2021 (Erstergebnisse).* https://www.destatis.de/DE/Themen/Gesellschaft-Umwelt/Bevoelkerung/Migration-Integration/Publikationen/Downloads-Migration/migrationshintergrund-2010220217004.pdf

Steinbrink, C. & Lachmann, T. (2014). *Lese-Rechtschreibstörung. Grundlagen – Diagnostik – Intervention.* Berlin: Springer VS.

Streblow, L., Holodynski, M. & Schiefele, U. (2007). Entwicklung eines Lesekompetenz- und Lesemotivationstraining für die siebte Klassenstufe. *Psychologie in Erziehung und Unterricht, 54,* 287–297.

Streblow, L., Schiefele, U. & Riedel, S. (2012). Überprüfung des revidierten Trainings zur Förderung der Lesekompetenz und Lesemotivation (LekoLemo) für die Sekundarstufe I. *Zeitschrift für Entwicklungspsychologie und Pädagogische Psychologie, 44,* 12–26. https://doi.org/10.1026/0049-8637/a000058

Strehlow, U., Kluge, R., Möller, H. & Haffner, J. (1992). Der langfristige Verlauf der Legasthenie über die Schulzeit hinaus: Katamnesen aus einer kinderpsychiatrischen Ambulanz. *Zeitschrift für Kinder- und Jugendpsychiatrie, 20,* 254–265.

Stromswold, K. (2001). The heritability of language: A review and metaanalysis of twin, adoption, and linkage studies. *Language, 77,* 647–722. https://doi.org/10.1353/lan.2001.0247

Stubbe, T.C., Kleinkorres, R., Krieg, M., Schaufelberger, R. & Schlitter, T. (2023). Soziale und migrationsbedingte Disparitäten in der Lesekompetenz von Viertklässlerinnen und Viertklässlern. In N. McElvany, R. Lorenz, A. Frey, F. Goldhammer, A. Schilcher & T.C. Stubbe

(Hrsg.), *IGLU 21 – Lesekompetenz von Grundschulkindern im internationalen Vergleich und im Trend über 20 Jahre* (S. 151–177). Münster: Waxmann.

Stuebing, K.K., Barth, A.E., Trahan, L.H., Reddy, R.R., Miciak, J. & Fletcher, J.M. (2015). Are child cognitive characteristics strong predictors of responses to intervention? A meta-analysis. *Review of Educational Research, 85*(3), 395–429. https://doi.org/10.3102/0034654314555996

Suggate, S.P. (2016). A meta-analysis of the long-term effects of phonemic awareness, phonics, fluency, and reading comprehension interventions. *Journal of Learning Disabilities, 49,* 77–96. https://doi.org/10.1177/0022219414528540

Sullivan, A.L. & Bal, A. (2013). Disproportionality in special education: Effects of individual and school variables on disability risk. *Exceptional Children, 79,* 475–494. https://doi.org/10.1177/001440291307900406

Swanson, H.L. (2022). Specific learning disorders as a working memory deficit. In J.W. Schwieter & Z. Wen (Eds.), *The Cambridge handbook of working memory and language* (pp. 749–775). Cambridge: Cambridge University Press.

Tacke, G. (2005). Evaluation eines Lesetrainings zur Förderung lese-rechtschreibschwacher Grundschüler der zweiten Klasse. *Psychologie in Erziehung und Unterricht, 52,* 198–209.

Tacke, G. (2012). *Flüssig lesen lernen*. Donauwörth: Auer.

Thiels, C. & Schmitz, G.S. (2008). Selbst- und Fremdbeurteilung von Verhaltensauffälligkeiten bei Kindern und Jugendlichen. Zur Validität von Eltern- und Lehrerurteilen. *Kindheit und Entwicklung, 17,* 118–125. https://doi.org/10.1026/0942-5403.17.2.118

Thomé, G. & Thomé, D. (2020). *OLFA* 3–9. *Oldenburger Fehleranalyse für die Klassen* 3–9 (6. Auflage). Oldenburg: isb-Fachverlag.

Thomé, G. & Thomé, D. (2021). *OLFA* 1–2. *Oldenburger Fehleranalyse für die Klassen 1 und 2* (6. Auflage). Oldenburg: isb-Fachverlag.

Tiffin-Richards, M.C., Hasselhorn, M., Woerner, W., Rothenberger, A. & Banaschewski, T. (2008). Phonological short-term memory and central executive processing in attention-deficit/hyperactivity disorder with/without dyslexia – evidence of cognitive overlap. *Journal of Neural Transmission, 115,* 227–234. https://doi.org/10.1007/s00702-007-0816-3

Trolldenier, H.-P. (2014). *Würzburger Rechtschreibtest für 1. und 2. Klassen (WÜRT 1–2): Ein Verfahren für Grund- und Förderschüler*. Göttingen: Hogrefe.

Tsapkini, K. & Hillis, A. (2014). Cognitive neuroscience of written language: Neural substrates of reading and writing. In K.N. Ochsner & S. Kosslyn (Eds.), *The Oxford handbook of cognitive neuroscience, volume 1: Core topics* (pp. 491–506). New York: Oxford University Press.

Vander Stappen, C. & Van Reybroeck, M. (2018). Phonological awareness and rapid automatized naming are independent phonological competencies with specific impacts on word reading and spelling: An intervention study. *Frontiers in Psychology, 9*:320.

Visser, L. Büttner, G. & Hasselhorn, M. (2019). Komorbidität spezifischer Lernstörungen und psychischer Auffälligkeiten: Ein Literaturüberblick. *Lernen und Lernstörungen, 8,* 7–20. https://doi.org/10.1024/2235-0977/a000246

Visser, L., Cartschau, F., Goldammer, A. von, Brandenburg, J., Timmerman, M., Hasselhorn, M. & Mähler, C. (2023). Measurement invariance in relation to first language: An evaluation of German reading and spelling tests. *Applied Measurement in Education, 36,* 115–131. https://doi.org/10.1080/08957347.2023.2201701

von Suchodoletz, W. (2006). Alternative Therapieangebote im Überblick. In W. von Suchodoletz (Hrsg.), *Therapie der Lese-Rechtschreib-Störung (LRS) – Traditionelle und alternative Behandlungsmethoden im Überblick* (S. 167–279). Stuttgart: Kohlhammer.

Wagner, R.K. & Torgesen, J.K. (1987). The nature of phonological processing and its causal role in the acquisition of reading skills. *Psychological Bulletin, 101*(2), 192–212. https://doi.org/10.1037/0033-2909.101.2.192

Walter, J. (2006). *REMO-2. Multimediales Rechtschreibpaket auf Morphembasis.* Göttingen: Hogrefe.

Walter, J. (2009). *Lernfortschrittsdiagnostik Lesen (LDL).* Göttingen: Hogrefe.

Walter, J. (2013). *Verlaufsdiagnostik sinnerfassenden Lesens (VSL).* Göttingen: Hogrefe.

Walter, J. & Clausen-Suhr, K. (2018). *Lernfortschrittsdiagnostik Orthographie (LDO) – Ein computergestütztes Verfahren zur längsschnittlichen Erfassung orthographischer Kompetenzen für Zweit- und Drittklässler.* Göttingen: Hogrefe.

Walter, J., Schliebe, L. & Barzen, S. (2007). Evaluation eines morphemorientiert-strategischen Rechtschreibtrainings in schulischen Fördergruppen mit Grundschülern der 3. Klasse. *Heilpädagogische Forschung, 33,* 143–153.

Weber, J.-M., Marx, P. & Schneider, W. (2002). Profitieren Legastheniker und allgemein lese-rechtschreibschwache Kinder in unterschiedlichem Ausmaß von einem Rechtschreibtraining? *Psychologie in Erziehung und Unterricht, 49,* 56–70.

Weirich, S., Wittig, J. & Stanat, P. (2017). Kompetenzstufenbesetzungen im Ländervergleich. In P. Stanat, S. Schipolowski, C. Rjosk, S. Weirich & N. Haag (Hrsg.), *IQB-Bildungstrend 2016* (S. 129–139). Münster: Waxmann.

Weis, M., Müller, K., Mang, J., Heine, J.-H., Mahler, N. & Reiss, K. (2019). Soziale Herkunft, Zuwanderungshintergrund und Lesekompetenz. In K. Reiss, M. Weis, E. Klieme & O. Köller (Hrsg.), *PISA 2018. Grundbildung im internationalen Vergleich* (S. 129–162). Münster: Waxmann.

Willcutt, E.G. & Pennington, B.F. (2000). Psychiatric comorbidity in children and adolescents with reading disability. *Journal of Child Psychology and Psychiatry, 41,* 1038–1048. https://doi.org/10.1111/1469-7610.00691

Willcutt, E.G., Pennington, B.F. & DeFries, J.C. (2000). Twin study of the etiology of comorbidity between reading disability and attention-deficit/hyperactivity disorder. *American Journal of Medical Genetics, 96,* 293–301. https://doi.org/10.1002/1096-8628(20000612)96:3<293::AID-AJMG12>3.0.CO;2-C

Willcutt, E.G., Petrill, S.A., Wu, S., Boada, R., Defries, J.C., Olson, R.K. & Pennington, B.F. (2013). Comorbidity between reading disability and math disability: Concurrent psychopathology, functional impairment, and neuropsychological functioning. *Journal of Learning Disabilities, 46,* 500–516. https://doi.org/10.1177/0022219413477476

Wolf, K., Schroeders, U. & Kriegbaum, K. (2016). Metaanalyse zur Wirksamkeit einer Förderung der phonologischen Bewusstheit in der deutschen Sprache. *Zeitschrift für Pädagogische Psychologie, 30,* 9–33. https://doi.org/10.1024/1010-0652/a000165

Wolf, M. & Bowers, P.G. (1999). The double-deficit hypothesis for the developmental dyslexias. *Journal of Educational Psychology, 91,* 415–438. https://doi.org/10.1037/0022-0663.91.3.415

Wolf, M. Bowers, P.G. & Biddle, K. (2000). Naming-speed processes, timing, and reading: A conceptual review. *Journal of Learning Disabilities, 33,* 387–407. https://doi.org/10.1177/002221940003300409

Wolff, U. (2014). RAN as a predictor of reading skills, and vice versa: Results from a randomised reading intervention. *Annals of Dyslexia, 64,* 151–165. https://doi.org/10.1007/s11881-014-0091-6

Wu, H., Guo, Y., Yang, Y., Zhao, L. & Guo, C. (2021). A meta-analysis of the longitudinal relationship between academic self-concept and academic achievement. *Educational Psychology Review, 33,* 1749–1778. https://doi.org/10.1007/s10648-021-09600-1

Wyschkon, A. & Esser, G. (2015). Testleiterfehler und Beurteilung von Testnormen: Empfehlungen für Testentwickler und -anwender. In G. Esser, M. Hasselhorn & W. Schneider (Hrsg.), *Diagnostik im Vorschulalter* (Tests und Trends, N.F., Bd. 13, S. 165–179). Göttingen: Hogrefe.

Wyschkon, A., Kohn, J., Ballaschk, K. & Esser, G. (2009). Sind Rechenstörungen genau so häufig wie Lese-Rechtschreibstörungen? *Zeitschrift für Kinder- und Jugendpsychiatrie und Psychotherapie, 37,* 499–512. https://doi.org/10.1024/1422-4917.37.6.499

Wyschkon, A., Schulz, F., Gallit, F.S., Poltz, N., Kohn, J., Moraske, S., Bondü, R., von Aster, M. & Esser, G. (2018). 5-Jahres-Verlauf der LRS: Stabilität, Geschlechtseffekte, Schriftsprachniveau und Schulerfolg. *Zeitschrift für Kinder- und Jugendpsychiatrie und Psychotherapie, 46,* 107–122. https://doi.org/10.1024/1422-4917/a000535

Zeleke, S. (2004). Self-concepts of students with learning disabilities and their normally achieving peers: A review. *European Journal of Special Needs Education, 19,* 145–170. https://doi.org/10.1080/0885625041000 1678469

Zuk, J., Dunstan, J., Norton, E., Yu, X., Ozernov-Palchik, O., Wang, Y., Hogan, T.P., Gabrieli, J.D.E. & Gaab, N. (2021). Multifactorial pathways facilitate resilience among kindergarteners at risk for dyslexia: A longitudinal behavioral and neuroimaging study. *Developmental Science, 24*: e12983. https://doi.org/10.1111/desc.12983